IN DEN STRASSEN DER BRONX

DETECTIVE EDWARD CONLON
ÜBER LEBEN UND STERBEN IN NEW YORK

IN DEN STRASSEN DER BRONX

Detective Edward Conlon über Leben und Sterben in New York

Deutsche Erstausgabe, Oktober 2015
Alle Rechte vorbehalten
© 2015 by Ankerherz Verlag GmbH, Hollenstedt
© 2004 by Edward Conlon

Gekürzte Ausgabe der englischsprachigen Originalausgabe »Blue Blood«,
erschienen 2004 bei Riverhead Books, New York.

Übersetzung: Olaf Kanter, Hamburg
Fotografien: Antonio Bolfo, New York
Fotos von Edward Conlon (Umschlag und Titelei): Michael Kamber, New York
Lektorat: Patrick Schär, Berlin
Korrektorat: Wolfgang Sand, Landsberg
Gestaltung und Satz: Daniela Greven, Berlin
Illustrationen: Daniel T. Geiger, Stuttgart
Herstellung: Peter Löffelholz, Berlin

Druck und Bindung: Friedrich Pustet, Regensburg
Gedruckt auf FSC-zertifiziertem, holz- und säurefreiem Papier
der Firma Munkedals, Schweden.
Printed in Germany
Bibliografische Informationen der Deutschen Nationalbibliothek:
Die Deutsche Nationalbibliothek verzeichnet diese Publikation
in der Deutschen Nationalbibliografie; detaillierte bibliografische
Angaben sind im Internet unter http://d-nb.de abrufbar.

Ankerherz Verlag GmbH, Hollenstedt
info@ankerherz.de
www.ankerherz.de
ISBN: 978-3-940138-97-2

INHALT

BRONX-COP

Alle fragen immer: »Ist es wirklich so wie im Fernsehen?« Nichts produzieren TV-Sender so gerne wie Polizeiserien, und die meisten von ihnen spielen in New York. Streifen-Cops, Mordkommission, Spezialeinheiten für Sexualdelikte, Kriminaltechniker, fast jede Abteilung des New York Police Departments scheint ihre eigene Serie zu haben – viele laufen auch in Deutschland zur besten Sendezeit. Fast vergessen sind wahrscheinlich die vielen Episoden von *Gnadenlose Stadt* oder *Wagen 54, bitte melden.* An den Glatzkopf Kojak aus den späten Siebzigern werden sich bestimmt einige noch erinnern, *NYPD Blue, Law & Order* und die diversen *CSI*-Ableger sind heute fest im Programm verankert.

Wenn einer sich den Spaß an diesen Serien verderben lassen möchte, muss er sie nur einmal mit einem echten Cop zusammen anschauen. Er wird an jeder Kleinigkeit etwas auszusetzen haben. Jede Abweichung von der Realität, wie er sie kennt, wird er garantiert mit großem Zetern kommentieren. Paradoxerweise lieben die Zuschauer die inszenierten Ausflüge in die Welt der Polizeiarbeit, weil sie glauben, darin das echte Leben wiederzuerkennen. Tatsächlich geht es wohl um etwas ganz anderes, wie meine Kollegen Batman, Superman und Spiderman gerne bestätigen werden: In der Traumwelt von Film und Fernsehen wird der ewige Kampf zwischen Gut und Böse ausgetragen, ein Scheingefecht mit therapeutischer Wirkung. Mag sein, dass Gangster sich im Kino bei den *Paten* Marlon Brando und Al Pacino abgucken, wie man zu einem richtigen Gangster wird. Doch die Polizeiakademie hat sogar einen speziellen Test ersonnen, um Kandidaten auszusortieren, die in ihrer Jugend zu viel Räuber-und-Gendarm-TV aufgesaugt haben.

Ich wollte als Kind nie Polizist werden, und was ich später an Frust und Enttäuschung erlebt habe, geht nicht auf das Konto von irgendwelchen

Produzenten in Hollywood, die in mir falsche Erwartungen geweckt haben. Wenn ich mir eine Polizeiserie angucke, machen mir die Fehler genauso viel Spaß wie die raren Momente, in denen sie der Realität sehr nahe kommt – vor allem dann, wenn die Handlung zurückgeht auf historische Fälle oder solche, die Schlagzeilen gemacht haben. Dann schaue ich genau hin, was ich für meine eigene Arbeit mitnehmen kann. Die besten Filme und Serienepisoden sind wie die Tagträume, die einem die Zeit vertreiben, wenn sich auf der Wache die Ansagen der Chefs mal wieder endlos hinziehen. Du beobachtest dich vor dem inneren Auge bei heldenhaften Rettungsaktionen und der Aufklärung schwieriger Fälle, die dich während der anstehenden Schicht kaum erwarten dürften – aber sie sind eben auch nicht völlig aus der Luft gegriffen. Selbst wenn es nur die Fiktion einer Wunschvorstellung ist, musst du dir immer wieder bewusst machen: Heute ist der Tag, der alles verändern kann. Heute ist vielleicht *dein* Tag.

KAPITEL 1 / ROOKIE IN DER BRONX

Meine erste Streife in New York City führte mich auf der East 156 Street in Richtung der Sozialbausiedlung an der Courtlandt Avenue im Süden der Bronx. Ich war erst wenige Schritte gegangen, da brummte von irgendwoher eine tiefe Stimme: »Leute, guckt mal. Wir haben einen neuen Sheriff.« Man hatte uns gesagt, dass jeder uns sofort als »Rookie« erkennen würde, als Anfänger – am Leder unserer Gürtel und Schuhe, das so schön neu glänzte, und an den etwas dusseligen Gesichtern, denen noch jede Härte fehlte. Die Leute können einen neuen Polizisten förmlich riechen, wie frische Farbe. Ich drehte mich verlegen um in die Richtung, aus der die Stimme kam, und sah, dass sie zu einem besoffenen Obdachlosen gehörte, der unter einem riesigen Cowboyhut aus Styropor die Straße entlangtorkelte. Ich sagte im Geist das Credo des New York Police Departments auf, das mit den Worten beginnt: »Im Dienst der Gemeinde geloben wir, das Leben und das Eigentum unserer Mitbürger zu schützen und das Gesetz zu wahren, ohne je Partei zu ergreifen ...« Während unserer Ausbildung an der Polizeiakademie hatten wir den Spruch immer wieder heruntergebetet, so wie wir im Schulsport vor jedem Wettkampf das *Ave Maria* aufgesagt hatten. Den Beginn meines Dienstes für die Allgemeinheit hatte ich mir zwar anders vorgestellt, aber es zeigte sich mal wieder, dass Lernen viel mit der Anpassung von Erwartungen zu tun hat, und auch wenn ich meine Ausbildung an der Akademie abgeschlossen hatte, sollte mein eigentlicher Lernprozess erst jetzt beginnen.

Ich wurde der Polizeiinspektion 7 zugeteilt, oder PSA 7, wie wir sagen, was in unserem Kürzeljargon für »Police Service Area« steht. Unser Einsatzgebiet umfasste die Sozialbausiedlungen von fünf Polizeirevieren im Süden der Bronx – dem 40., 41., 42., 44. und 46. Schwerpunkt unserer Arbeit waren die Vier-Null und die Vier-Zwei.

An unserem ersten Tag im Dienst war die Wache mit purpurfarbenem und schwarzem Krepp geschmückt, zu Ehren eines Polizisten aus der Führungsetage, der an Aids gestorben war. Mehr wussten wir nicht, bis ein Typ in unseren Versammlungssaal stürmte und auf uns einbrüllte: »Es interessiert mich einen Scheiß, was diese Arschlöcher sagen. Mike war ein echter Kumpel und ein verdammt guter Polizist. Wenn ihr also etwas anderes hört, dann sagt denen, dass sie sich zum Teufel scheren sollen, und zwar mit einem schönen Gruß von mir!« So plötzlich, wie er aufgetaucht war, verschwand er auch wieder, und wir stiegen in die Busse, die uns zur Beerdigung fuhren. Wir wussten nicht, was wir dort sollten, und ließen es stumm über uns ergehen.

Das also war unsere Einführung in das Innenleben des Reviers – herzlich ging es zu, nur gewannen manchmal eben doch Korpsgeist und Tradition die Oberhand. Die meisten von uns hatten es nicht eilig damit, sich in das Gefüge einzuordnen; es würde sich schon früh genug ein Platz für jeden finden.

Die älteren Kollegen empfingen uns mit Spott oder Pöbeleien, was wir weder erwartet noch in irgendeiner Weise provoziert hatten. Ein Chef stellte sich beim Morgenappell hin und schiss uns erst einmal zusammen, als hätten wir monatelang die Miete nicht bezahlt; ein anderer begann ganz freundlich mit einem »Schön, euch zu sehen«. Manche der älteren Cops nahmen uns unter ihre Fittiche, andere hatten für uns Rookies bloß Verachtung übrig. Einig waren sie sich nur in einem: dass wir die besten Zeiten natürlich verpasst hatten, die größten Polizisten genauso wie die schlimmsten Verbrechen und die fiesesten Gangster. Überhaupt war früher alles besser, vor allem die Truppe, die unter dem Namen »Housing Police« firmierte und in den Sozialbausiedlungen der Stadt für Recht und Ordnung sorgte. Drei Monate bevor wir unseren Dienst antraten, hatte New York nämlich noch drei verschiedene Polizeibehörden gehabt: Um den Frieden in den sozialen Brennpunkten kümmerte sich die Housing Police; für den Kosmos der U-Bahnen war die Transit Police zuständig; und den ganzen Rest erledigte das NYPD. Im April 1995 verordnete Bürgermeister Rudolph Giuliani[1] der Polizei eine Strukturreform

---

1

Rudolph Giuliani, Jahrgang 1944, hatte selbst Erfahrung in der Verbrechensbekämpfung – als Staatsanwalt führte er in den Achtzigern einen spektakulären Prozess gegen die Mafia. 1994 wurde der Republikaner zum Bürgermeister gewählt, 1998 für weitere vier Jahre im Amt bestätigt.

10

und vereinigte die drei Behörden unter dem Dach der NYPD zu einer einzigen vierzigtausend Mann starken Truppe.

Für die älteren Kollegen war unsere neue Wache – ein moderner Betonklotz mit Schließfächern für alle und sogar einem Fitnessraum im Keller – der Stein gewordene Beweis, dass wir niemals verstehen würden, wie es früher war. Die alte Wache hatte aus wenigen Räumen im Keller eines Wohnblocks in den Projects[2] bestanden; außer den Cops hausten dort unzählige Ratten, und wenn es kräftig regnete, stand der ganze Laden unter Wasser. Unsere Generation würde die kernige Polizeiarbeit der alten Schule also nicht mehr erleben, das war die Botschaft. Wir kannten nur das reformierte NYPD, und unser Job war strenger reguliert und kälter als früher. Einen Tag frei machen? Das ging nicht mehr so leicht. Und auf Streife mal eine Tür eintreten, wenn Gefahr im Verzug war? Auch dafür gab es heute strikte Vorgaben. Wir waren winzige Figuren in einem großen Spiel – und zu spät an den Start gegangen.

Wir waren wie die Ausrüstung, die wir trugen: komplett neu und schon gefährlich. Ich hatte meine blaue Polyesterhose an und das passende Uniformhemd; schwarze Stiefel; Gurt und Holster für die Dienstwaffe; zwei Magazine mit jeweils fünfzehn Schuss Neun-Millimeter-Munition; Funkgerät, Pfefferspray; Handschellen; Taschenlampe. Unsere kugelsichere – oder technisch genauer: durchschusshemmende – Weste bestand aus zwei Lagen Kevlar, die in einen Träger aus Stoff eingearbeitet waren. Ein Kollege malte Bibelverse auf seine Weste: *Und ob ich schon wanderte in finsterem Tal ...* Andere notierten ihre Blutgruppe. Wenn man die Sommeruniform trug, also das Hemd mit den kurzen Ärmeln und dem offenen Kragen, war die Weste im Ausschnitt zu sehen. Guckte aber auch das T-Shirt raus, bekam man von einigen Vorgesetzten einen Anschiss oder gar eine schriftliche Ermahnung. Die Dienstmarke wurde mit einer Kiltnadel am Hemd befestigt, und zwar über dem Schild mit dem Namen. Ich selbst hatte außerdem einen Zettel mit einem Gebet an den Erzengel Michael, den Schutzheiligen der Streifenpolizisten, in der Dienstmütze.

2
Projects, kurz für Public Housing Projects (Sozialbausiedlungen).
Der Begriff stand einmal für die guten Absichten des Sozialstaats – heute ist er das Synonym
für einen sozialen Brennpunkt.

Sie spendierten uns ein paar Wochen Praxistraining; ein Cop namens Vinnie Vargas zeigte uns am Beispiel der Wohnblöcke Melrose und Jackson, die in unmittelbarer Nachbarschaft der Wache lagen, worin unser Job bestand. Wir gingen auf Streife, kontrollierten Parkplätze und stiegen auf die Dächer der Wohnblocks. Einmal am Tag bekamen wir über Funk die Aufforderung, unsere Notizbücher vorzulegen und unterzeichnen zu lassen – und uns eine Einschätzung unserer Arbeit abzuholen. Mal war alles klasse, mal unter aller Kanone, das Urteil schien allein von der Willkür unserer Vorgesetzten abzuhängen. Einmal sind direkt vor meinen Augen drei Autos zusammengekracht. Ich brauchte an die fünf Stunden, um den Unfall komplett zu bearbeiten: Führerscheine und Fahrzeugpapiere kontrollieren, Versicherungsdaten prüfen, Aussagen aufnehmen, Skizzen anfertigen, wo und wie die Wagen zum Stehen kamen und welcher Zeuge in welchem Auto saß. Als ich alles im Kasten hatte, kam ich mir vor, als würde ich nun auch die französische Sprache oder die Vertracktheiten der Infinitesimalrechnung meistern können. Drei- oder viermal am Tag kriegten wir über Funk einen Notruf rein, meistens Fälle von häuslicher Gewalt oder weil Fahrstühle stecken geblieben waren. Abends hörten wir schon mal Schüsse und rannten in die Richtung, aus der sie zu kommen schienen. Krampfhaft hielten wir dabei unsere Funkgeräte und Gummiknüppel fest, damit sie uns beim Laufen nicht vom Gürtel fielen – und kamen natürlich jedes Mal zu spät. Wir waren wie Katzenjunge, die versuchten, den Lichtkegel einer Taschenlampe auf dem Boden zu erhaschen. Einmal saß ich nachts in der Kantine der Wache, als draußen eine Schießerei losging. Ich schaute aus dem Fenster und sah zwei junge Männer die Straße herunterkommen. Ich starrte sie an, sie starrten zurück – und dann zeigten sie beide mit dem Daumen in Richtung der Projects. Ich nickte ihnen kurz zu und widmete mich wieder meinem Essen. Die Schüsse kamen von Drogenhändlern, die entweder aus Spaß rumballerten oder weil sie gerade einen ihrer Kriege ausfochten. Aber einen Trupp von Anfängern ausgerechnet im Kreuzfeuer der Drogenbarone in die hohe Kunst der Festnahme einzuführen, war ein riskantes Unterfangen, und Vinnie hatte sich dagegen entschieden. Wahrscheinlich ein weiser Entschluss, aber mit der traurigen Konsequenz, dass der wild wuchernde Handel mit Crack und Heroin sich vor unseren Augen unkontrolliert ausbreitete. Die Drogenhändler hätten sich

Schneeballschlachten liefern können mit dem Zeug, ohne dass jemand eingeschritten wäre. Der Streifenpolizist für Melrose-Jackson war ein Typ namens Scott Mackay, und ich war schwer beeindruckt, wie er im Einsatz auftrat – mal freundlich-entspannt, mal energisch-konsequent, wie es die Lage eben erforderte. Ich sagte ihm, dass ich den Posten nicht besonders aufregend fand, und er lachte nur.

Als unsere Lehrstunden in der Praxis absolviert waren, drängten wir uns um den großen Tisch im Versammlungsraum, um zu sehen, für welchen Job man uns eingeteilt hatte. Es gab drei Möglichkeiten: Entweder konnten wir als PCO eingesetzt werden, als Project Community Officer, der als Streifenpolizist für einen bestimmten Wohnblock in den sozialen Brennpunkten zuständig war. Oder man landete in einem so genannten Target Team, einem Trupp von fünf oder sechs Leuten, der immer in die Siedlungen geschickt wurde, in denen gerade Not am Mann war. Dritte Möglichkeit und bei den Kollegen besonders begehrt: Streife fahren. Abgesehen davon, dass die meisten lieber im Auto saßen, als zu Fuß unterwegs zu sein, kam die Arbeit im Streifenwagen den Vorstellungen am nächsten, die sich Berufsanfänger vom Job des Polizisten machten – Blaulicht, Sirene, quietschende Reifen, das ganze Programm. Doch ich war als Kind der Großstadt mit einer gewissen Gleichgültigkeit gegenüber Autos aufgewachsen, mich reizte das überhaupt nicht, ich hatte erst ein paar Monate zuvor überhaupt meinen Führerschein gemacht. Außerdem hatte man als PCO oder in einem Target Team regelmäßig zwei Tage am Wochenende frei, entweder Freitag und Samstag oder Sonntag und Montag. Im Streifenwagen hingegen arbeitete man in einem rotierenden Schichtsystem: fünf Tage Dienst, dann zwei Tage frei; dann wieder fünf Tage Dienst und danach drei Tage frei. Dass die freien Tage auf ein Wochenende fielen, kam im Laufe eines Jahres also nur selten vor. Ich wollte einen Job als PCO – und den bekam ich auch: Posten 151, die Morris-Wohnblöcke in der Claremont-Siedlung, die zum 42. Revier zählten. Von ein paar Kollegen kam spontan Mitleid: »Da kannst du dich auf was gefasst machen.«

Claremont war einer der größeren Brennpunkte, für die wir zuständig waren. Zu dem Komplex gehörten die Wohnblöcke mit den Namen Morris, Butler, Webster und Morrisania, insgesamt dreißig Wohntürme, jeder zwischen sechzehn und einundzwanzig Stockwerke hoch, dazwischen Gärten und Spielplätze. Wie die meisten Sozialbauten in New York war die Architektur von dem kühlen Optimismus beseelt, der so typisch war für die Vordenker der Sechziger- und Siebzigerjahre: Hochhäuser und großzügige Grünanlagen, so stellten sich die Stadtplaner damals die »Stadt der Zukunft« vor. Hauptsache, die alten und hoffnungslos überfüllten Mietskasernen, in denen die armen Leute in den letzten hundert Jahren gehaust hatten, konnten endlich abgerissen werden. Wenn man als Betrachter weit genug weg ist oder den richtigen Blickwinkel erwischt, kann man ahnen, was die Architekten gemeint haben müssen: Zwischen den Hochhäusern wandelt man im Schatten von Ahorn und Platanen, es gibt Blumenrabatten und Rasen und Spielplätze, auf denen es nur so wimmelt vor Kindern. Ganze Familien versammeln sich zum Grillen auf den Wiesen, alte Damen sitzen auf den Bänken und lesen in der Bibel, die Männer hocken paarweise und tief in Gedanken versunken vor ihren Schachbrettern. Heerscharen von Hausmeistern, Klempnern, Zimmerleuten, Malern und Fahrtstuhltechnikern sorgen dafür, dass die Anlagen immer tipptopp in Schuss sind. Die Apartments selbst werden von ihren Bewohnern oft liebevoll gepflegt, manche Flure wirken geradezu sauber und werden an Feiertagen geschmückt wie die Schaufenster bei Macy's.

In den eher verborgenen Räumen sah das anders aus: Treppen und Keller waren buchstäblich das Scheißhaus des Blocks. Überreste selbstzerstörerischer Freizeitgestaltung prägten das Bild: Crack-Ampullen, Injektionsnadeln, Patronenhülsen. Graffiti überall, sie wurden immer wieder entfernt und waren doch sofort wieder da. Ungleich schwerer zu beseitigen waren Brandspuren oder Einschusslöcher. Fahrstühle und Dachterrassen waren von menschlichen Ausscheidungen gezeichnet: Bierdosen und zerbrochene Rumflaschen lagen in Pfützen aus Pisse, und neben abgenagten Hühnerknochen türmten sich die Scheißhaufen. Man lernte schnell, sich nirgendwo an die Wände zu lehnen, damit sich keine Kakerlaken in den Klamotten einnisteten. Mehr als zehntausend Menschen lebten in diesem Viertel – und etwa dreitausend von ihnen waren schuld daran, dass man es nur als Ghetto bezeichnen konnte.

Es gab einige wirklich üble Gegenden in New York, aber der Süden der Bronx war der Inbegriff des Slums. Er hatte nie eine Blütezeit erlebt wie Harlem, und es waren nirgendwo Zeichen einer Erneuerung oder gar einer Gentrifizierung zu entdecken wie in Teilen von Brooklyn. »Fort Apache«[3] nannten wir das 41. Revier, das im Osten an mein Revier grenzte, auch wenn für den gleichnamigen Film die Wache des 42. verwendet wurde. Die geschilderten Fälle von Mord und Korruption waren wie die Liebesgeschichte zwischen dem irisch-stämmigen Cop Murphy und der Latina-Krankenschwester Isabella frei erfunden – die Darstellung der kaputten Stadt war es nicht. »Fort Apache« hieß später auch »Unsere kleine Farm«[4], weil große Teile des Viertels abgefackelt wurden. Mein Onkel Gerry war bei der Feuerwehr in der Bronx, und er hat mir erzählt, dass sie in den Siebzigern öfter zu Einsätzen ausrücken mussten als die Feuerwehr in London während der deutschen Luftangriffe im Zweiten Weltkrieg.

Ich wurde in der Bronx geboren, doch meine Familie siedelte nach Yonkers um, also ein Stückchen weiter nach Norden, als ich noch klein war. Ich kann mich gut daran erinnern, wie wir mit dem Auto durch das benachbarte Arbeiterviertel Kingsbridge gefahren sind und mein Vater mir zeigte, wo Leute wie der Boxer Joe Louis oder der Gewerkschaftsboss Mike Quill zu Hause waren. Noch mehr Eindruck auf mich machten allerdings die Straßen eine Meile weiter im Süden – mit ihren vielen leer stehenden Häusern. Die Stadt hatte Klebefolien auf den Fenstern anbringen lassen, von Gardinen oder Rollos und Blumenvasen, um dem Betrachter vorzugaukeln, dass hier glückliche Familien lebten und nicht Obdachlose und Junkies. In den USA hat ja alles Mögliche ein Motto, jeder Bundesstaat, jede Stadt – und eben auch die Bronx. »Ne cede malis« lautet der offizielle Wahlspruch: »Weiche nicht dem Bösen.« Ein Journalist hat einmal treffend formuliert, dass es eigentlich »Hau ab, Trottel, und zwar so schnell du

---

3
Fort Apache, The Bronx *heißt der Film im amerikanischen Original. Der Streifen von 1981 – mit Paul Newman in der Hauptrolle – schildert die Arbeit von Polizisten im Drogenmilieu. Der Ausdruck »Fort Apache« stammt aus einem Bürgerkriegsepos mit John Wayne – er steht im Jargon der Cops für einen Außenposten im Feindesland.*
4
In der US-Fernsehserie Little House on the Prairie *aus den Siebzigerjahren brennen die Bewohner eines Dorfes alle Häuser nieder, damit ihr Hab und Gut nicht in die Hände eines Großgrundbesitzers fällt, der sie von ihrem Land vertreiben will.*

kannst« heißen müsste. Zu den amerikanischen Bräuchen zählt außerdem, dass sich politische Einheiten, vom Bundesstaat bis zur Gemeinde, eine Symbolblume wählen. New York als Ganzes hat die Rose als Leitmotiv auserkoren – in der Bronx fiel die Wahl auf die Titanenwurz, ein riesenhaftes Gewächs aus dem Dschungel Indonesiens, das im Englischen »Corpse Flower« genannt wird – Leichenblume –, weil es einen Geruch absondert wie verwesendes Fleisch. 1937 gelang es zum ersten Mal, diese sonderbare Blume in Nordamerika zur Blüte zu bringen – und zwar ausgerechnet in der Bronx. Und so verfiel der damalige Bürgermeister auf die bizarre Idee, die mehr als zwei Meter große *Amorphophallus titanum* – so genannt wegen ihres penisförmigen Blütenstands – zum Symbol für Wachstum und Wohlstand des Stadtbezirks im Norden New Yorks zu erklären. Ob ihm bewusst war, dass die Pflanze nur alle dreißig Jahre blüht – und die Blüte innerhalb weniger Tage stinkend vergeht? Ich kann mir beim besten Willen nicht erklären, was sich die Stadtväter dabei gedacht haben.

Bei der Arbeit mied ich den Kontakt zu den Kollegen, so gut es eben ging, ich beschränkte meine Konversation auf den obligatorischen Gruß und ein Minimum an Smalltalk. Ich hatte immer ein Buch dabei, das ich unter meine Weste oder in die Jackentasche steckte. Wenn mich jemand nach dem Grund dafür fragte, sagte ich mit großem Ernst: »Man kann nie wissen, wann einmal nichts passiert.« Außer mir waren zwei weitere Cops für die Morris-Blöcke eingeteilt und noch einmal sechs für die übrigen drei Einheiten der Claremont-Siedlung. Die anderen gingen meistens gemeinsam auf Streife. Mir war es schon früh lieber, allein unterwegs zu sein, aber wenn ich einmal doch Begleitung hatte, waren Angel Suazo und Osvaldo Rivera an meiner Seite. Wir waren allesamt blutige Anfänger in unserem Job, ein ungewöhnliches Trio. Angel, dunkelhäutig und glatzköpfig, war im Alter von achtzehn Jahren aus Honduras in die USA eingewandert. Er sprach mit einem starken Akzent und verblüffte uns immer wieder mit seltsam verbauten Sätzen. »Mach mich halblang« war so ein Klassiker, wenn er eigentlich sagen wollte: »Mach mal halblang.« Seine gute Laune war durch nichts zu erschüttern, und er hatte eine Nase wie ein Bluthund – einen Joint konnte er eine halbe Meile gegen den Wind riechen. Er war außerdem erstaunlich gewandt. Als einmal ein Spatz in ein Restaurant geflogen war, fing er ihn mit seinen bloßen Händen und setzte ihn draußen vor der Tür unversehrt wieder aus.

Osvaldo stammte aus Puerto Rico und war im Süden der Bronx aufgewachsen. Sein Markenzeichen war, dass er niemals seine Dienstmütze abnahm, und er rauchte doppelt so viel wie ich, er qualmte also genug für zwei Schornsteine. Auf Streife sang er manchmal vor sich hin oder machte Stimmen aus irgendwelchen Kung-Fu-Filmen nach. Er weigerte sich, uns zu sagen, wie alt er war, telefonierte dauernd mit seiner Frau und redete viel über Hunde. Obwohl die Vierbeiner in den Projects eigentlich verboten waren, schien jeder zweite Bewohner einen Pitbull zu haben, von denen wiederum jeder zweite auf den Namen »Tyson« hörte. Osvaldo hatte für alle gute Ratschläge, denn er war selbst stolzer Besitzer eines riesigen Schäferhunds. Weil auch bei ihm zu Hause Hunde verboten waren, schleppte er das Tier jedes Mal in einer übergroßen Reisetasche die Treppe runter, wenn er mit ihm vor die Tür wollte. Ich fragte Osvaldo, wie es dem Hund denn gefiel, tagein, tagaus in so eine Tasche gestopft zu werden, und er versicherte mir, dass der Hund genauso reagierte wie seine Artgenossen, wenn sie sahen, dass Herrchen mit der Leine ankam.

Angel und Osvaldo nahmen ihre Rolle als Familienväter und Beschützer richtig ernst. Wo ich eine ordentliche Dosis Toleranz an den Tag legte, vielleicht ein Erbe meiner irischen Abstammung oder ein Überbleibsel der Ausbildung am College, zeigten sie null Verständnis für die Obdachlosen und Gesetzesbrecher. Sie waren fest davon überzeugt, dass es diese Leute eigentlich besser wissen mussten – und es war für mich immer wieder wichtig, auch mit dieser Sichtweise konfrontiert zu werden.

Wir funktionierten als Team bald ziemlich gut, und die Leute hatten sich schnell an unseren Anblick gewöhnt: ein Schwarzer, ein Latino und ein Weißer. Angel war schnell dabei, Verwarnungen zu schreiben, ich neigte eher dazu, auch mal jemanden festzunehmen und auf die Wache zu bringen, und Osvaldo mischte sich nicht ein. Ich hatte begonnen, Spanisch zu lernen, aber das reichte noch nicht aus, wenn wir im Stakkato mit seltsamen Dialekten bombardiert wurden. Ich denke, dass wir in unseren Blöcken eine knappe schwarze Mehrheit hatten, der Rest waren aber Latinos – und drei Weiße sind mir auch begegnet. Wegen meiner mangelnden Sprachkenntnisse, aber auch weil ich den Umgang mit den diversen Formularen schnell lernen wollte, konzentrierte ich mich auf den Papierkram – Anzeigen aller Art, Berichte über hilflose Personen, Verkehrsunfälle oder Vorkommnisse häuslicher Gewalt. Das war die Grammatik der Polizeiarbeit, jeder musste sie perfekt beherrschen. Wir unternahmen zahllose Patrouillen durch die Wohnblöcke, die in unserem Jargon »Vertical Patrol« hießen: Wir fuhren mit dem Fahrstuhl bis ganz nach oben und schauten, was auf den Dächern los war. Wir schalteten unsere Funkgeräte auf lautlos, zogen die Waffe und schoben die Dienstmütze nach hinten, damit uns die Lichtreflexe vom glänzenden Schild nicht verrieten. Nach der Inspektion auf dem Dach machten wir uns auf den Weg nach unten. Jeder nahm sich ein separates Treppenhaus vor, auf den Stockwerken dazwischen trafen wir uns kurz und berichteten, was wir gesehen hatten. Da ließen Bewohner ihre Hunde zum Kampf aufeinander los, andere hatten sich für einen schnellen Blowjob in die Treppenhäuser zurückgezogen, und immer wieder stiegen wir über Betrunkene, Zugedröhnte, Bewusstlose. Anfangs war ich noch geneigt, sie in Ruhe ihren Rausch ausschlafen zu lassen, doch dann überlegte ich mir, wie es mir selbst vorkommen würde, wenn ich auf meinem Weg zur Arbeit erst einmal über einen Haufen Schnapsleichen steigen müsste. Auch die arbeitende Bevölkerung der Siedlung hatte unsere Rücksichtnahme verdient. Wenn das Wetter grausam war oder wenn es sich um saubere und ordentliche Gestalten handelte, die hier nur vorübergehend Unterschlupf gesucht hatten, ließ ich die Gestrandeten der Treppenhäuser in Ruhe. Aber eine gute Erklärung mussten sie schon haben, einen Streit mit der Frau beispielsweise. Um eine Festnahme herum kamen auch solche Kandidaten, die besonders schlimm stanken – die wurden von uns nur aus dem Haus geworfen. Die Übrigen landeten oft mit einer Anzeige wegen Hausfriedensbruchs auf der Wache, was mit großer Sicherheit manche Straftat verhindert hat – Raub oder Vergewaltigung und vielleicht sogar den ein oder anderen Mord. Eine Festnahme wegen Hausfriedensbruchs ist so etwas wie das Schweizer Taschenmesser des Streifenpolizisten, jederzeit einsetzbar, für viele Zwecke brauchbar. Es ist leider so: Wer keinen guten Grund hat, sich in einem Gebäude aufzuhalten, wird wohl böse Absichten haben, und wenn man im Treppenhaus auf so einen Typen trifft, liegt die Beweislast ganz allein bei ihm.

Wir gingen auf Streife und hörten dabei ständig den Funkverkehr ab; aus dem Hintergrundrauschen krächzten die kodierten Botschaften aus der

Zentrale und die kryptischen Erwiderungen von der Straße. Wir entwickelten ein Gefühl dafür, die für uns relevanten Nachrichten herauszufiltern – wie zum Beispiel diese: *»151, kümmert euch um einen 34 auf eine weibliche Person, 1458 Webster, Waffen nicht bekannt, meldet euch, wenn 84!«* Als wir unser Einsatzgebiet etwas besser kennengelernt hatten, verstanden wir die ganze Geschichte hinter dem Telegramm: »Ah, wieder Krach bei den Petersons ...« Denn die Frau, die unter der angegebenen Adresse tätlich angegriffen wurde, meldete sich immer am Zahltag. Weil das der Tag war, an dem sich ihr Alter so richtig besoff – und ihr dann eine Tracht Prügel verpasste.

Und so ging es pausenlos über Funk, ein steter und chaotischer Strom an Details, manche dramatisch, viele oft komisch:

»Frau erfordert umgehend Hilfe, wird in ihrer Wohnung von großem Nagetier bedroht ...«

»Opfer angeblich ein Baby mit aufgeplatztem Schädel ...«

»Täter ist Hispano-Amerikaner, weißes T-Shirt, Jeans, hat möglicherweise einen Schnurrbart, wiederhole: trägt möglicherweise Schnurrbart ... K.«

»K« hieß so viel wie »Ende der Durchsage«, so wie das Militär und der Rest der Welt »over« sagt. Keine Ahnung, ob das NYPD eine Begründung hat, warum wir es so machen. Wahrscheinlich nur deshalb, um uns von den anderen zu unterscheiden.

»Bei euch alles okay? K.«

»Absolut okay. K.«

»Okey-dokey. K.«

Es war eben ein Code, und sein Sinn und Zweck war es ja, dass er für Außenseiter keinen Sinn ergab. Ein Code ist wie ein braves Kind – einem Fremden sagt es nichts. Und die offizielle Terminologie bleibt kurz und trocken, immer neutral, sie hält die grellen und bisweilen entsetzlichen Details der Sachlage auf Distanz. Ich habe mal mitbekommen, wie die Zentrale einen Auftrag an einen Streifenwagen korrigiert hat: *»Bitte nehmt zur Kenntnis, dass der Fall von häuslicher Gewalt sich nun als abgetrennte Gliedmaßen darstellt.«*

Logisch, dass Cops außerdem eine Menge aus dem Jargon der Kriminellen in die eigene Sprache übernehmen, vor allem, wenn es um Drogen geht, denn der Wortschatz des braven Bürgers kennt oft gar keine Entsprechungen für die Begriffe aus der Szene. Man kann beispielsweise kurz und bündig von einem

»Deck«[5] sprechen – oder etwas umständlicher von einem »Plastiktütchen mit einer weißen pulverartigen Substanz, bei der es sich vorgeblich um Heroin handeln soll«. Als die Dealer anfingen, Crack in kleine Plastikbeutel einzuschweißen und das Ganze als »Slab« – also Platte – zu verkaufen, wurde das schnell zum offiziellen juristischen Fachbegriff. Sprache entwickelt sich eben, das ist ganz natürlich, auch Vokabeln aus dem Jargon der Gosse gehen irgendwann in den allgemeinen Wortschatz ein.

Aber wir lernten nicht nur den richtigen Text, wir fanden uns auch immer besser in der neuen Rolle zurecht. Wir marschierten morgens von der Wache los und ließen uns entweder von einem Streifenwagen chauffieren oder nahmen den Bus von der 156. bis zur 170. Straße. Am Ziel meldeten wir uns erst einmal bei der Managerin der Wohnanlage, die noch genauso neu in ihrem Job war wie wir. Doch diese Mrs. Brockington war eine respekteinflößende Lady, die jeden in ihrer Umgebung antrieb, so hart zu arbeiten wie sie selbst, und ihre Mieter mit all ihrer Energie unterstützte oder mächtig unter Druck setzte – ganz wie es die Lage gerade erforderte. Ihre Sekretärin, Sarah DeBoissiere, machte den Job in den Morris-Blöcken schon seit mehr als zwanzig Jahren, und sie war so elegant und hart wie ein Spazierstock aus Malakka-Rattan. Sie rauchte lange und dünne Zigaretten und weigerte sich standhaft, ihren Aschenbecher auszuleeren, damit sie immer sehen konnte, wie viele Glimmstängel sie gequalmt hatte. Im Laufe der Jahre hatte sie eine Art Kartei der auffälligsten Mieter angelegt, wobei sie sich auch auf die Erkenntnisse ihres ewigen Verlobten stützen konnte – sie war mit dem legendären Detective Irwin »Silky« Silverman zusammen, der fast vierzig Jahre lang Mörder gejagt hatte. Seine Karriere endete allerdings mit einer juristischen Niederlage: Ein Gericht wies seine Klage ab, die Altersgrenze von dreiundsechzig für Polizeibeamte abzuschaffen.

Es waren seit vielen Jahren, in einigen Fällen sogar seit Generationen, dieselben Mieter, die Ärger machten, und auch wenn manche dieser Unruhestifter verheerenden Schaden anrichteten, war es bis vor Kurzem schier unmöglich, sie zwangsweise auszuquartieren. Ein Clan von Brüdern – die

---

5
Ein Deck ist eine kleine Portion Heroin, Kokain oder Morphin.

Söhne eines Pastors aus South Carolina – soll Schätzungen zufolge mehr als 1500 Gewaltverbrechen begangen haben, und dass es schließlich gelang, sie aus den Morris-Blöcken zu verbannen, hatten ihre Nachbarn nicht der Hausverwaltung direkt zu verdanken, sondern einem Gericht. Die Sozialbehörden waren nämlich dazu übergegangen, bei straffälligen Mietern auf gerichtlich sanktionierte Zwangsräumung zu drängen oder zumindest eine Vereinbarung zu erreichen, die den Rauswurf einzelner Familienmitglieder einschloss. So wurde einer älteren Dame ein Bleiberecht unter der Bedingung eingeräumt, dass ihr mit Crack dealender Neffe Hausverbot bekam. Und solche Maßnahmen fingen an zu greifen. Nach unserem Besuch bei Mrs. Brockington und Sarah genehmigten wir uns einen Kaffee und lasen die Tageszeitungen, bevor wir uns auf den üblichen Rundgang machten.

Die Mieter hatten selbst so eine Art Schutz der Gebäude organisiert, auf dem Papier wenigstens. Ich kann nicht einschätzen, wie unsere Morris-Blöcke im Vergleich zu anderen Projekten des sozialen Wohnungsbaus dastehen, aber ich denke, sie werden wohl nicht die Einzigen sein, wo sich ein paar Leute heldenhaft in den Dienst der Gemeinschaft stellen und helfen, wann immer sie können. Jeder Block hatte zum Beispiel seinen eigenen Vorsteher, einen »Captain«, und auch wenn ich die meisten von ihnen nicht kannte und manche sich bloß an den Ehrentitel hielten wie an ihre Baseballpokale aus der Jugend, nahmen einige von ihnen den Job sehr ernst. So wie Curtis Johnson, der »seine« Lobby selbst mit dem Mopp auswischte, obwohl sie jeden Tag von einer Reinigungsfirma gesäubert wurde. In jedem dritten Gebäude bildeten die Mieter ihren eigenen Sicherheitsdienst: Da saßen dann ein paar Figuren um einen Tisch im Eingangsbereich, spielten Bridge und passten auf, dass sich jeder Besucher in ein Gästebuch eintrug. Auch wir meldeten uns jedes Mal schriftlich an, bevor wir Dach und Treppenhaus inspizierten. Klar, in manchen Wohnblöcken saßen alte Damen in der Lobby, die nur dann von ihrer Bibel hochgeschaut hätten, wenn der Heilige Geist höchstselbst erschienen wäre. Doch in etlichen Wohntürmen hielten sich die freiwilligen Aufpasser an ein striktes Schichtsystem, und ihre Mühen zeigten Wirkung, wenigstens in den Stunden, in denen sie die Stellung hielten. Wenn es außerhalb ihrer Wache Ärger mit Drogen gab, ließen sie uns das wissen – diskret, versteht sich. Insgesamt hatte sich die Lage im Viertel bereits verbessert, auch durch das

Engagement vieler Bewohner, aber es gab keine Garantie, dass es so bleiben würde. Und die Vertreter der Gegenseite dachten nicht daran, ihre weiteren Absichten publik zu machen.

Die Realität war leider noch oft so, dass Kinder auf dem Weg durch den Eingangsbereich in die Scherben von Crack-Ampullen treten konnten und dass die meisten Bewohner, jung wie alt, genau wussten, wie sich der Schuss aus einer Feuerwaffe anhörte; nie würden sie eine Pistole mit Silvesterböllern oder der Fehlzündung bei einem Auto verwechseln. Ein Schuss klang kurz und trocken, als würde man einen Besenstiel glatt durchbrechen. Weil aber jeder auf das Schlimmste vorbereitet war – auch dass es Tote gab –, verlief der Alltag der Menschen erstaunlich normal. Mich hat es immer wieder überrascht, wie mustergültig vieles im Chaos der Projects funktionierte. Die Leute schickten morgens ihre Kinder zur Schule, sie gingen zur Arbeit und fragten sich, ob ihr Auto noch ein Jahr durchhalten würde oder ob sie einen neuen Wintermantel brauchten. Das Leben im innerstädtischen Sozialbau war auch nicht anders als in den Vorstädten, nur dass auf den Straßen mehr Verkehr herrschte und die Wohnungen weniger Platz boten.

Einmal stand ich bei einer Patrouille auf dem Dach eines Wohnblocks und sah direkt vor mir einen Falken auf dem Geländer. Dazu die großartige Kulisse der Stadt im Hintergrund, die Türme und nadelgleichen Wolkenkratzer, die funkelnden Lichter, imposant und chaotisch zugleich, wie die verrückte Geometrie eines Bergkristalls. An einem solchen Tag konnten einem die Menschen nur leidtun, die ihr Leben in irgendwelchen Büros fristeten und so etwas nie zu Gesicht bekamen.

Es war außerdem schon fast so etwas wie eine Offenbarung, zu sehen, wie positiv die Menschen in der Bronx Polizisten gegenüber eingestellt waren. In einem sicheren Viertel fällt ein Cop gar nicht weiter auf, die meisten Leute schenken ihm keine Beachtung. Bevor ich selbst zur Polizei ging, waren Cops für mich wie Briefkästen – ich habe sie nur dann wahrgenommen, wenn ich mal einen brauchte. Aber in meinem Revier, das stellte ich ziemlich schnell fest, registrierten die Menschen, dass ich da war. Und manchen – vor allem älteren Leuten, Kindern, alleinstehenden Frauen, Kirchgängern – war regelrecht Erleichterung anzusehen. Ich war ihre Versicherung, dass sie an diesem Abend auf dem Weg nach Hause niemand anmachen würde. Manchmal sagten sie mir das sogar geradeheraus, das fühlte sich natürlich besonders gut an. Ärger machten typischerweise nur die Jüngeren, die sich auf der Straße herumtrieben – mit dreizehn, vierzehn ging das los, bis sie um die zwanzig waren; bei Arbeitslosen dauerte die Phase schon mal länger. Manchmal wollten sie einfach nur Dampf ablassen, gelegentlich drohte mehr daraus zu werden, und dann stand ich ihnen im Weg. Für sie war ich das unübersehbare Signal, dass die Nacht nicht ganz so wild werden würde, wie sie sich das vorgestellt hatten, und es kam schon mal vor, dass sie ihrem Frust Ausdruck verliehen. Ein Teil der Bevölkerung erkannte in uns den Beschützer, andere sahen nur den Ordnungshüter, und beide Seiten hatten Recht. Von beiden lernte ich, was es heißt, ein richtiger Polizist zu sein.

Anfangs hätte ich Fremden, wenn sie mir so begegneten, egal ob sie mir nun ihre Dankbarkeit demonstrierten oder ob ihnen vor Wut die Halsadern anschwollen, am liebsten zugerufen: »Hey, ich bin doch gerade erst auf der Bildfläche erschienen, regt euch nicht gleich so auf. Gebt mir mal eine Minute oder vielleicht auch ein ganzes Jahr, und dann werden wir schon sehen, ob ihr Gründe findet, mich zu lieben oder zu hassen. Aber jetzt wisst ihr doch noch gar nicht, woran ihr seid!« Manchmal sagte ich es genau so, wenn Leute kurz davor waren, durch die Decke zu gehen – mit wechselndem Erfolg. Auf jeden Fall fing ich an zu verstehen, wie ich auf die Leute wirkte, welche Rolle ich spielte – irischer Cop, weißer Cop, guter Cop, böser Cop, Ghetto-Cop. Für manche hatte ich ein Herz aus Stein, andere fanden mich verständnisvoll, und wieder andere dachten, sie könnten mich leicht einschüchtern. Ich kam mir vor wie ein Schauspieler, dem die Leute partout nicht abnehmen wollten, dass er nicht der Mensch war, den sie aus dem Fernsehen kannten. Ich spielte doch nur eine Rolle – und zwar selbst in dem Moment, in dem ich versuchte, ihnen das zu verklickern. Ich war nicht ich selbst, sondern einfach nur ein Cop. Ich war beladen mit den Symbolen des Rechtsstaats – und ich war bewaffnet. Für die Menschen in meinem Revier stand ich für das System.

Als ich 1995 beim NYPD anfing, war der Laden viermal so groß wie das FBI und zählte fast so viele Mitarbeiter wie die Vereinten Nationen. Es gibt in New York mehr Cops, als Beverly Hills Einwohner hat. Wie die meisten amerikanischen

Großstädte hatte auch New York in den Jahren seit dem Zweiten Weltkrieg einen ständigen Zuwachs an Kriminalität zu verzeichnen, mal ging es stetig bergauf, dann gab es wieder einen richtigen Schub, und bei der Polizei hatte sich der Glaube festgesetzt, dass man eh nicht mehr ausrichten konnte, als dafür zu sorgen, dass die Flut der Verbrechen nicht ganz so schnell stieg. Doch dann verlieh Bürgermeister Giuliani dem NYPD mit seinen Reformen neue Kraft, mit Polizeichef William Bratton und dessen Stellvertretern Jack Maple, John Timoney und Louis Anemone folgte der Apparat einer ganz neuen Philosophie. Vor Giuliani galt es als absolute Verschwendung von Manpower, Schwarzfahrer zu jagen oder Leuten eine Strafe aufzubrummen, weil sie in aller Öffentlichkeit an eine Mauer pinkelten. Was sollte man sich mit Petitessen aufhalten, solange die Kriminalstatistik immer neue Rekorde verzeichnete? Die Reformer verfolgten einen anderen Ansatz: Räuber und Mörder begehen nicht nur Kapitalverbrechen, sie zeigen auch sonst wenig Respekt für das Gesetz. Wenn man also jemanden erwischt, der einen Joint raucht, kann es sich durchaus lohnen, ihn gründlicher zu filzen und seine Daten durch den Computer laufen zu lassen – vielleicht wird er ja wegen schwerer Delikte gesucht. Gut möglich, dass so manche vielversprechende internationale Verbrecherkarriere in New York endete, weil sich der Gangster auf offener Straße einen Drink genehmigte. Mit der neuen Politik änderte sich auch das Verhalten der Kriminellen, was das Tragen von Waffen betraf. In den Achtzigern und in den frühen Neunzigern steckten sich die Drogenhändler ihre Knarre einfach in den Hosenbund, und bis zur Entscheidung, jemanden abzuknallen, weil er sie beleidigt hatte oder in ihr Territorium eingedrungen war, vergingen vielleicht drei Sekunden. Auch unter Brattons Kommando behielten die Gangster ihre Waffen – aber sie lagen gut versteckt unter einem Bett oder auf einem Dachboden. Und die Zeit, die verging, bis sie sich das Schießeisen besorgt hatten, reichte häufig aus, um die Gemüter wieder zu beruhigen.

Nicht weniger revolutionär war das System, das Jack Maple unter dem Namen »CompStat« aus der Taufe gehoben hatte. Das Kürzel stand für »Computer Statistics« und verlangte von jedem Verantwortlichen, regelmäßig Rechenschaft darüber abzulegen, was in seinem Revier vorgefallen war, wie viele Festnahmen erfolgt waren, wie viele Anzeigen geschrieben wurden. Man saß im großen Versammlungssaal in der NYPD-Zentrale zusammen, die Daten wurden auf einem großen Bildschirm angezeigt und im ganzen Forum diskutiert. Und das klang dann schon mal wie bei der Inquisition:

»Auf der 163. Straße, Ecke Tinton, hatten Sie an vier aufeinanderfolgenden Freitagen Raubüberfälle. Warum haben Sie da noch keinen festen Posten eingerichtet?«

»Ihre Statistik weist drei Einbrüche an derselben Adresse auf. Wie viele auf Bewährung Entlassene wohnen dort?«

»Die letzten drei Morde in Ihrem Revier fallen unter die Rubrik Drogenkriminalität. Wie kann es sein, dass bei Ihnen in sechs Monaten nicht eine einzige Hausdurchsuchung erfolgt ist?«

Am unteren Ende der Hierarchie war uns die Tragweite dieser Revolution nicht bewusst, die unsere Vorgesetzten in Angst und Schrecken versetzte. CompStat führte zu einer Reihe von Kündigungen oder Versetzungen von Leuten aus der Chefetage, die die gewünschten Verbesserungen nicht lieferten. Dabei schenkte ihnen das neue System im Prinzip größere Freiheiten und verteilte die Verantwortung auf mehr Schultern, weil von den verschiedenen Abteilungen – Streifenpolizei, Rauschgiftdezernat und Mordkommission – erwartet wurde, dass sie sich gegenseitig unterstützten und gemeinsam Lösungen fanden. Für normale Polizeibeamte wie uns, egal ob Anfänger oder schon lange im Dienst, hieß das allerdings, dass wir unter größerer Beobachtung standen als je zuvor. Man gab uns zu verstehen, dass es wirklich auf jede Festnahme ankam. Und dass es, irgendwann, vielleicht sogar einmal auf uns ankommen würde.

Als wir noch neu waren, fragten wir uns ständig gegenseitig: »Und, schon einen erwischt?« Festnahmen waren die Währung, die zählte. Manche Cops unternahmen keine großen Anstrengungen, Leute einzubuchten. Andere gaben alles. Ich zählte zu denjenigen, die immer die Augen offen hielten und schnell die Handschellen parat hatten. Es gab Situationen, in denen eine Festnahme unvermeidlich war, wie zum Beispiel bei Fällen häuslicher Gewalt, wo der Täter einem direkt gegenüberstand. Wenn ein Cop sich nicht wohlfühlte in so einem Moment, konnte er natürlich über Funk einen Kollegen rufen, der sich weniger schwertat mit einer Festnahme. Aber manchmal musste man da einfach durch.

Manche Kollegen nahmen Leute fest, weil sie Überstunden sammeln wollten; bei anderen war es der reine Jagdinstinkt, der sie antrieb; und bei vielen die Hoffnung, dass sich die Mühe letztlich doch lohnen würde. Festnahmen machten Arbeit, und das war ein Argument der Cops, die lieber nicht zu den Handschellen griffen. Der Tag war auch so schon lang genug, oder? Außerdem musste man Geduld und Kampfgeist mitbringen, wenn man seinen Fall vor Gericht vortrug. Und nicht zuletzt waren wir seit der Polizeireform und der Zusammenlegung von Housing Police und NYPD angewiesen, unsere Häftlinge nicht auf dem eigenen Revier, sondern auf der nächstgelegenen Wache abzuliefern, und da waren wir nicht immer willkommen. Denn wir verursachten zusätzliche Arbeit: Die Beamten auf der Wache mussten unseren Bericht durchsehen und unterzeichnen – und vor allem waren sie für unsere Gefangenen verantwortlich, wenn die krank wurden oder später wegen angeblicher Übergriffe während ihrer Haft Beschwerde einlegten. Eigentlich sollten unsere direkten Vorgesetzten jede Festnahme schriftlich absegnen, aber weil ein Sergeant für fünf Reviere zuständig war, schaffte er es nur selten, rechtzeitig da zu erscheinen, wo wir unseren Häftling abgeliefert hatten. Die Desk Officer[6] dort waren also eher genervt, wenn wir erschienen. Einer war auf dem rechten Auge blind und auf dem linken Ohr taub – oder andersherum. Jedenfalls musste man immer wie ein Idiot vor ihm hin- und herspringen, wenn er einen hören oder sehen sollte.

Der bürokratische Prozess, der auf eine Festnahme folgt, ist tatsächlich sehr aufwendig, um nicht zu sagen: umständlich. Nehmen wir einmal an, dass wir einen Typen eingebuchtet haben, der mit einer Eisenstange auf seine Freundin eingeprügelt hat, und beim Filzen haben wir in seiner Jackentasche eine Ampulle mit Crack entdeckt. Dann muss zuerst der Formbericht über einen Fall häuslicher Gewalt geschrieben werden, der an einen Sozialarbeiter weitergeleitet wird, der dem Paar später einen Folgebesuch abstattet. Weiter muss das Formular 61 ausgefüllt werden, die eigentliche Anzeige der Straftat, die den Vorgang selbst im Detail sowie Täter und Opfer beschreibt. Dann muss ein Report über eventuell für das Opfer geleistete medizinische

---

6
Der Desk Officer – oder kurz DO – ist der wachhabende Beamte auf dem Revier, die erste Anlaufstation am Tresen für Anfragen, Anzeigen, Beschwerden der Bürger.

Hilfe abgefasst werden, »Aided Card« nennen wir das entsprechende Papier. Strafanzeige und Aided Card bekommen eigene Fallnummern, die in alle relevanten Papiere eingetragen werden müssen. Handschriftlich müssen die wichtigsten Informationen inklusive der Fallnummern im On-Line Booking Sheet oder OLBS erfasst werden, bevor sie in den Computer übertragen werden. Im Rechner wird dann eine Indexnummer für die Festnahme angelegt. Außerdem sind zwei Belege für die vorliegenden Beweisstücke auszustellen – Eisenstange und Crack-Ampulle. Beide erhalten ebenfalls eine Seriennummer, die wiederum im Formular 61 und im OLBS vermerkt werden. Die Eisenstange bekommt ein Siegel, die Ampulle wird in einen Umschlag gesteckt, der vor den Augen des Desk Officers mit Namen, Dienstmarkennummer und Datum versehen und ebenfalls versiegelt wird. Nächster Schritt: den Antrag an das Labor ausfüllen und an den Umschlag mit der Ampulle tackern, denn das sichergestellte Rauschgift – »Controlled Substance«[7] im Polizeijargon – muss untersucht werden. Danach setzt man sich an den Computer und prüft, ob für den Festgenommenen bereits in anderen Strafsachen ein Haftbefehl vorliegt. Obligatorisch ist selbstverständlich auch die Abnahme von Fingerabdrücken, und zwar dreifach, für die Behörden der Stadt, des Bundesstaats und für die landesweiten Dateien. Wenn der Desk Officer und der Straftäter selbst die Karte mit den Fingerabdrücken unterzeichnet haben, wird der Festgenommene den Kriminalbeamten vorgeführt, die wissen wollen, ob er von anderen Verbrechen Kenntnis hat – und eventuell eine Aussage dazu machen möchte.

In der Regel versuchen die Ermittler, ein bestimmtes Verbrechen aufzuklären, und wenn sie jemanden verhören, sind sie auf ein Geständnis oder eine anderweitig belastende Aussage aus. Aber die klassische Verhörsituation, in der ein Kommissar den Verbrecher abwechselnd unter Druck setzt oder ihm gut zuredet, um ihm schließlich ein Eingeständnis seiner Schuld zu entlocken, hat nur wenig mit der Arbeit eines Streifenpolizisten zu tun. Auf Streife trifft man eher auf die stinknormalen Probleme – Hausfriedensbruch, vermisste Kinder, Drogenkonsum. Wenn sich die Ermittler also mit unseren Kleinkriminellen

---

7

Controlled Substance, weil die Herstellung, Verbreitung und Anwendung gesetzlicher Kontrolle unterliegt. In die Kategorie fallen außer Drogen auch Medikamente (etwa Anabolika) und Chemikalien (wie Benzylcyanid), die bei der Produktion von Betäubungsmitteln (wie Phenobarbital) Verwendung finden.

befassen, geht es ihnen darum, sich ein allgemeines Bild zu machen. Viele Vergehen spielen sich allein in der Privatsphäre einer Wohnung ab – Sexualstraftaten beispielsweise oder häusliche Gewalt. Ein Mann, der seine Frau schlägt, spricht sich nicht vorher mit anderen Typen ab, ein Vergewaltiger braucht keine Organisation für seine Tat. Raubüberfälle und Drogendelikte hingegen erfordern ein Netz von Verbrechern, die Beihilfe leisten: Ein Dieb braucht einen Hehler, ein Drogendealer seinen Lieferanten. Wer zu einem solchen Netz gehört, kennt Leute und hat Informationen. Und wenn man jemanden von diesem Kaliber eingebuchtet hat, nimmt man sich die Zeit herauszufinden, was er weiß – und ob er dieses Wissen unter Umständen preisgeben mag.

Danach wird der Gefangene erneut durchsucht (zweimal ist er bereits gefilzt worden: bei der Festnahme selbst und auf der Wache) und zum Strafgericht befördert, wo er in einer Zelle wartet, bis er dem Haftrichter vorgeführt werden kann. Bronx Central Booking ist unsere Anlaufstelle für alle Gefangenen, dort müssen wir sie fotografieren lassen. Ein Foto wird an das OLBS-Formular geheftet, ein zweites an den Begleitschein, den jeder Gefangene mit auf den Weg durch die Instanzen bekommt. Ein Arzt muss sich den Gefangenen ansehen, dann ein Vertreter der Criminal Justice Agency, der seine Chancen prüft, auf Kaution wieder freizukommen. Es folgt eine weitere, vierte Durchsuchung – und endlich ist man den Gefangenen los. Jetzt ist er im System, Job fast erledigt. Nun muss man zum Büro der Staatsanwaltschaft, um ein weiteres Formular auszufüllen und zu beeiden, das sich auch Strafanzeige nennt. Das Opfer der Straftat muss ebenfalls vor der Staatsanwaltschaft auftreten, es sei denn, es wurde in ein Krankenhaus eingewiesen oder es liegen sonstige außerordentliche Gründe vor, die ein Erscheinen unmöglich machen – oder die Anzeige wurde zurückgezogen. Diese gesamte Prozedur kann sechs bis acht Stunden dauern und gerne auch mal doppelt so lang, wenn ein Gefangener krank wird, ein Computer abstürzt oder sich bei der zentralen Registratur am Gericht die Fälle stauen.

Wenn man jemanden festnimmt, ist das wie ein Blind Date. Man verbringt Stunden mit einem absolut fremden Menschen, der keinen Meter weit entfernt sitzt, und man sagt Dinge wie: »Erzähl doch mal, was machst du so?« Man fragt: »Und wie viel wiegst du?« Oder: »Gehörst du zu einer Gang? Echt? Zu welcher denn?« Okay, ist möglicherweise eine Weile her, dass ich ein Blind Date hatte.

Aber es ist schon so, dass man bei einer Festnahme sogar Händchen hält, für ein paar Minuten wenigstens, während man die Fingerabdrücke nimmt. Man rollt erst jede Fingerspitze unten auf der Dateikarte in die vorgesehenen Felder, dann vier Finger gemeinsam und zum Schluss den Daumen. Für Erwachsene in drei Ausfertigungen, bei Jugendlichen müssen es sogar vier Karten sein. Die Leute versuchen häufig, einem dabei zu helfen und die Rollbewegung mitzumachen, aber das Resultat sind dann verwischte Abdrücke – das ist wahrscheinlich auch die Absicht. Bei Crack-Süchtigen lassen sich oft gar keine verwertbaren Abdrücke nehmen, weil sie ihre Fingerkuppen an den glühend heißen Glaspfeifen buchstäblich weggebrannt haben. Und wenn Junkies gerade von ihrem Trip runterkommen, kann sich ihr Körper komplett verkrampfen, sodass ihre Hände so steif sind wie die Scheren eines Hummers. Verdächtige, die wegen eines Gewaltverbrechens festgenommen wurden, haben auch schon mal geschwollene oder blutige Finger. Dann versucht man eben, das Ganze sehr vorsichtig zu machen. Und man zieht Latexhandschuhe an, immer.

Bei der Prozedur kommt man dem Straftäter sehr nahe, und Nähe bedeutet immer auch Verwundbarkeit. Man schließt die Dienstwaffe weg, bevor man die Handschellen aufschließt. Einmal war ich schon dabei, einem Typen die Fingerabdrücke abzunehmen, als er endlich kapierte, dass er keine Verwarnung mehr bekam, sondern in der Zelle landen würde. Er fing an, den Desk Officer laut zu beschimpfen und zu verfluchen (was übrigens der beste Weg ist, den Aufenthalt hinter Gittern noch zu verlängern), aber es nützte alles nichts – die nächsten zwanzig Stunden oder so würde er erst mal einsitzen. Er wurde richtig sauer, stieß die schlimmsten Schimpfwörter hervor, die er kannte, und ich hatte schon Angst, dass er richtig durchdrehen und auf mich losgehen würde. Aber ich hielt seine Hand und spürte, dass sie ganz ruhig und entspannt war, als würde er in einem schönen, heißen Bad sitzen, als würde sein Körper den Hass in seiner Stimme nicht registrieren. Also machte ich einfach weiter. Ich rollte seine Finger in der Tinte und auf die Karteikarte, er brüllte seine Verwünschungen. Wir konzentrierten uns beide auf die Aufgaben, die gerade anstanden.

E s dauerte nicht lange, und die rund vierzig Absolventen meiner Klasse begannen sich im Revier einen Namen zu machen. Manche, weil sie hart arbeiteten, andere wegen sonderbarer Gewohnheiten, und einige wurden schlicht das Opfer irgendeines unvorhersehbaren Spektakels. Wie zum Beispiel im Fall eines Festgenommenen, der auf der Wache durchdrehte und einen Kollegen mit dem Kopf voran durch eine Fensterscheibe stieß. Oder die beiden Cops, die gemütlich in der Kneipe saßen, als ihnen ein Typ Peyote[8] andrehen wollte. Sie haben ihn natürlich gleich einkassiert. Oder die Kollegin, die ihre Waffe zog und schoss, weil ein Obdachloser sie erschreckt hatte. Nachrichten über haarsträubende Patzer oder sensationelle Festnahmen machten rasch die Runde, und die resultierenden Spitznamen wurde man so schnell nicht wieder los: »Smiley«, »Wimpy«, »Stix«. Wenn auch ich mir einen solchen Namen verdient haben sollte, hat mir das jedenfalls keiner gesagt. Während eines Morgenappells, als Namen aufgerufen und Jobs verteilt wurden, empfand ich fast so etwas wie Mitleid für einen Kollegen, der ganz offensichtlich entweder taub war oder sich unerlaubt von der Truppe entfernt hatte, denn der diensthabende Lieutenant brüllte seinen Namen nun schon zum dritten Mal, ohne dass eine Antwort kam.

»Coyne!«

»Coyne!«

»Coyne, wo zum Teufel steckst du?«

Während die Beschimpfungen und Verwünschungen immer heftiger wurden, vertiefte ich mich in mein Notizbuch, bis ich den Atem des Lieutenants

---

8

Peyote (Lophophora williamsii) ist ein Kaktus, der in Mittelamerika wächst – und den Rohstoff für das Halluzinogen Meskalin liefert. Peyote ist zum Synonym für die Droge geworden.

in meinem Nacken spürte. »Was zur Hölle ist los mit dir, Coyne! Soll ich dich zum Arzt schicken, damit er mal nachguckt, was in deinem verdammten Schädel vorgeht? Willst du mich hier verarschen?!«

»Äh, ich bin Conlon, Sir, nicht Coyne.«

Der Lieutenant knurrte etwas Unverständliches und drehte wütend ab, als hätte ich ihn absichtlich reingelegt. Bobby Coyne war auch so ein schweigsamer irischer Schlaks, und dass wir uns sogar entfernt ähnlich sahen, konnte hilfreich sein, wenn wir mal nicht auffallen wollten. Osvaldo ist etwas Ähnliches widerfahren, allerdings war sein Fall noch eine Nummer verstörender. Er bekam nämlich eine Aufforderung von der Innenrevision, sechs Wochen später zu einer Anhörung in der Zentrale zu erscheinen, am besten gleich in Begleitung eines Anwalts. Selbstverständlich erkundigte er sich sofort, worum es ging, aber man verweigerte ihm jede Auskunft, was anscheinend mit den vertraulichen Ermittlungen in dieser heiklen Angelegenheit zu tun hatte. Es nützte nichts, er musste den Termin einfach abwarten, was ihm manche schlaflose Nacht beschert haben dürfte. Als der Tag endlich gekommen war, stellte sich schnell heraus, dass man den falschen Mann einbestellt hatte. Es gab noch einen zweiten Cop mit demselben Namen, und der sollte in dem Korruptionsfall verhört werden, der unter dem Namen »Dirty Thirty«[9] Schlagzeilen gemacht hatte.

Solche Erfahrungen hinterlassen ihre Spuren, sie prägen das Bild, das sich ein Cop von seinem Arbeitgeber macht. Wie funktioniert das Räderwerk der Bürokratie? Wie laufen die Machtspiele im Hintergrund? Was verlangt der Apparat von einem? Was gibt er zurück? Ich selbst betrachtete die inneren Angelegenheiten des NYPD aus einer nüchternen Distanz; von den meisten Chefs hielt ich eine ganze Menge – und nur von einer Minderheit eher weniger. Aber selbst von Letzteren hatte ich schlimmstenfalls einen ungerechtfertigten Anschiss zu erwarten oder einen langweiligen Nachteinsatz. Überhaupt hatte ich nur selten mit Vorgesetzten zu tun, in meiner Funktion als Streifenpolizist stand ich kaum unter Beobachtung. Angeblich soll es einen Sergeant gegeben

---

9

Die »Dirty Thirty« waren eine Gang krimineller Cops in Harlem, die Drogendealer ausraubten und den Stoff auf eigene Rechnung verkauften. 33 Beamte wurden festgenommen; einige Vorgesetzte wussten offenbar Bescheid, doch sie drückten beide Augen zu.

haben, der für uns zuständig war, aber wir waren immerhin an die vierzig Leute und auf so viele verschiedene Reviere verteilt, dass ich selbst nie wusste, welcher Chef gerade das Kommando hatte. Wenn ein Polizist in New York jemanden festnimmt, soll eigentlich immer ein Sergeant an den Tatort gerufen werden, was mir anfangs nicht bewusst war. Und später dachte ich, dass ich auch alleine klarkomme – aber meistens wäre sowieso kein Sergeant verfügbar gewesen. Für mich fand Polizeiarbeit draußen auf der Straße statt, nicht in den Büros auf der Wache. Was mich an meinem Job faszinierte, war der öffentliche Raum, in dem sich alles abspielte. Dass ich mich auf dieser Bühne bewähren konnte, schenkte mir das Selbstvertrauen, das ich für meinen Beruf brauchte. Ein leicht erregbarer Lieutenant im Büro machte mich nervöser, als nachts alleine ein Dach in der Bronx zu inspizieren. Draußen ist für mich das, was zählt, nicht drinnen.

Weil ich in der Regel nicht mit anderen Cops zusammenarbeitete, die einen höheren Dienstgrad oder mehr Erfahrung hatten, lernte ich früh, selbst die Initiative zu ergreifen und Entscheidungen zu treffen. Ich fand meinen eigenen Rhythmus und wusste, wann ich bestimmt auftreten musste oder auch mal einen Gang zurückschalten konnte. Gute Polizisten sind wie Schauspieler, die bei Lee Strasberg in die Schule gegangen sind – sie haben ein Gespür dafür, wie sie ihre Emotionen ausspielen, sie beherrschen die ganze Bandbreite von Mitgefühl bis Wutausbruch. Es kommt eben darauf an, ob man einer feindlich gesinnten Meute gegenübersteht oder eine verwirrte Person überreden möchte, sich in ein Krankenhaus einweisen zu lassen. Einmal hat uns eine Frau alarmiert, weil ihr Brecher von einem Sohn, der unter Schizophrenie litt, gerade dabei war durchzudrehen, weil er seine Medikamente nicht genommen hatte. Mir ist es dann gelungen, ihn in den Krankenwagen zu bugsieren, indem ich ihm versicherte, dass ich ihm glaubte, dass seine Pillen nicht wirkten, dass aber nur ein Arzt das wieder richtig einstellen könne – und er wolle doch seiner Mutter keinen Kummer bereiten, oder? Als ich zur Tür rausging, klammerte sich diese kurz an meinen Arm und sagte: »Danke, Officer, vielen, vielen Dank. Das ist das erste Mal, dass er mitgegangen ist, ohne eine Schlägerei anzufangen.«

Die Arbeit der Polizei, wie man sie aus den Nachrichten kennt oder aus Hollywood – das pure Adrenalin der Konfrontation inklusive Nahkampf und

Verfolgungsjagd –, ist tatsächlich ein Teil unseres Geschäfts. Viel häufiger kommt es allerdings darauf an, was wir sagen und wie wir es tun, denn das richtige Wort zur rechten Zeit kann verhindern, dass die Schusswaffen überhaupt erst ins Spiel kommen. Ein geschickter Redner kann Dinge in Bewegung bringen – oder eine Eskalation rechtzeitig aufhalten. Ich weiß von Cops, denen es gelungen ist, potenzielle Selbstmörder so lange zu bequatschen, bis sie vom Dach runtergekommen sind, oder Gangster zu überreden, die Kinder freizulassen, die sie als Geiseln genommen hatten. Meistens geht es aber nur darum, die Leute überhaupt zum Reden zu bringen – bloß zu reden und nicht rumzubrüllen oder mit dem Messer zu fuchteln. Es gibt Sätze oder sogar nur Worte, mit denen man einen Kampf beginnt. Und es gibt das Gegenteil: Jeder Mensch hat so eine Art Passwort – das kann eine bestimmte Formulierung sein oder auch nur der Ton –, das ihn runterbringt. Dieser Code kann an den Verstand appellieren, an den Anstand oder auch das Schamgefühl, aber auf diesem Weg lassen sich die meisten Menschen irgendwie erreichen. Ich habe einmal erlebt, wie ein achtjähriger Junge in einer Pizzeria einen unflätig brüllenden Besoffenen mit einem einzigen Ausruf zum Schweigen gebracht hat: »Ey, chill mal, es sind Damen anwesend!«

Und man muss zuhören können. Den meisten Leuten wird man Glauben schenken, wenn sie um Hilfe rufen – weil sie verletzt sind oder krank oder weil ihnen etwas gestohlen wurde. Am besten versucht man dann, sie erst einmal zum Reden zu bekommen, damit sie ihre ganze Aufregung rauslassen können und schließlich die Details schildern, die für uns wichtig sind. Das ist der Moment, in dem man aufpassen muss, denn nicht alle Zeugen sind mit großer Beobachtungsgabe gesegnet. Eines meiner Lieblingsbeispiele: »Der Täter war riesenhaft! Bestimmt einssiebzig!« Das mutmaßliche Opfer eines Raubüberfalls, eine Frau, hat Osvaldo und mir einmal berichtet, drei Männer in weißen Anzügen seien in ihre Wohnung eingebrochen, hätten sie im Badezimmer eingesperrt und seien mit ihrem gesamten Vorrat an Zigaretten getürmt. Mir war klar, dass ich da ein wenig nachbohren musste, bevor ich die Bee Gees zur Fahndung ausschrieb. Ihr Englisch war nicht eben toll, und sie kaute beim Sprechen auf ihrem Gebiss rum, als würde sie mit der Zunge einen Eiswürfel jonglieren. Als ich vorsichtig andeutete, dass ich einen Krankenwagen rufen wollte, schüttelte sie den Kopf.

»Auch wenn man direkt nach so einem Überfall nichts merkt, ist es eine gute Idee, sich erst einmal durchchecken zu lassen. Wegen des Schocks und so«, insistierte ich. »Sind Sie denn aktuell in ärztlicher Behandlung, nehmen Sie irgendwelche Medikamente?«

Sie nickte. »Ja, gegen die Stimmen.«

Man muss also immer nachfragen. Die Qualität der Antworten, die man erhält, ist immer nur so gut wie die Fragen, die man stellt, und manchmal bekommt man die entscheidenden Details erst heraus, wenn man die Fragen immer wieder aufs Neue in immer neuen Variationen wiederholt. Man muss jede Aussage auf ihre Schwachpunkte abklopfen, so wie man in einem Altbau nach dem Schwamm im Gemäuer sucht. Deshalb fragt man eben nicht: »*Haben Sie* eine Waffe?« Weil es dann in der Logik des Täters völlig okay ist, Nein zu sagen, wenn es nicht seine eigene Waffe ist und er sie nur verwahrt. Besser also, man fragt: »*Gibt es* eine Waffe im Haus?« Oder noch besser: »*Wo ist* die Knarre?« Die Annahme, dass irgendwo ein Schießeisen liegt, spart wertvolle Zeit.

Trotzdem liegt man gelegentlich voll daneben, auch wenn man sich noch so clever anstellt. Als ich einmal vor dem Geschworenengericht aussagen sollte, nachdem ich einen Vergewaltiger festgenommen hatte, empfing mich der Vertreter der Anklage mit einem Satz, den ich so gar nicht hören wollte: »Ihnen ist schon klar, dass der Mann einen eineiigen Zwillingsbruder hat?« Ich hätte natürlich meinen Frust am liebsten laut herausgebrüllt, aber ich konnte mich zurückhalten. Wobei so ein Ausbruch übungshalber vielleicht nicht schlecht gewesen wäre, denn man muss als Cop jederzeit bereit sein, seine Stimme zu erheben oder wenigstens die Zähne zu zeigen. Auf Streife hatte ich es mir allerdings zur Regel gemacht, nicht sofort laut zu werden, damit ich noch etwas in der Hinterhand behielt, wenn eine Konfrontation eskalierte. Und es kam in den Hinterhöfen meines Reviers nicht selten vor, dass ich an meiner Technik zur Konfliktbewältigung feilen konnte. Leere Drohungen hat es von meiner Seite nie gegeben, die Leute wussten, woran sie bei mir waren, und dazu gehörte auch, dass ich mir keine Provokation gefallen ließ. Wenn einer mir Gewalt androhte, egal wie konkret die Gefahr war, dann kamen die Handschellen raus, sofort. Ich brauchte aber nie wirklich handgreiflich zu werden, es reichte schon, wenn ich mir mein Gegenüber schnappte und gegen die Wand drückte. Auf den Auftritt kam es an, das hatte ich mir bei den alten und erfahrenen Streifenpolizisten abgeguckt, die nur lässig ihren Schlagstock schwingen mussten, um sich den nötigen Respekt zu verschaffen. In einem Revier wie meinem bekamen Straftäter schnell ein Gespür dafür, womit sie durchkamen und womit nicht. Und es war schon deshalb wichtig, enge Grenzen zu ziehen, damit man nicht den nächsten Cop in Verlegenheit brachte, der vielleicht nicht ganz so beherzt einschritt und sich nun einem Fiesling gegenübersah, der bereit war, einen Konflikt auf die Spitze zu treiben. Gleichzeitig durfte man den Typen auch nicht auf den Leim gehen und gleich bei der ersten Provokation überreagieren, nur weil sie blöde Bemerkungen über deine Hautfarbe, deine Mutter oder deinen angeblichen Liebhaber machten. Denn wenn man in einer solchen Auseinandersetzung die Kontrolle verlor, stand alles auf dem Spiel, auch dein Job. Einmal ausgerastet, und schon wird aus dem Apparat, der dich eben noch unterstützt hat, dein schlimmster Feind. Aber selbst gut gemeinte Unterstützung durch das System konnte ins Gegenteil umschlagen, wenn man nicht aufpasste. Ein Cop aus meiner Klasse an der Polizeiakademie hat mal einen Straftäter verhaftet, der dann drohte, ihn umzubringen. Mein Kollege hat zwar nicht viel auf die Drohung gegeben, sie aber sicherheitshalber doch seinen Vorgesetzten gemeldet. Kaum hatte er diesen formalen Akt vollzogen, lief der Polizeiapparat auf Hochtouren und leitete alle nur denkbaren Gegenmaßnahmen ein: Es gab Gespräche, Verhöre, Risikobewertungen – und am Ende die Empfehlung, den Kollegen auf einen anderen Posten zu versetzen. Wenn das mir passiert wäre, hätte ich es als klare Niederlage empfunden – denn der Straftäter würde in sein Revier zurückkehren, aus dem ich nun verbannt sein würde.

Tatsächlich war ich gerade dabei, mir mein Revier zu erobern. Was den Job des Streifenpolizisten für mich so reizvoll macht, ist die Abwechslung, das Unvorhersehbare; man bewegt sich im Rhythmus der Straße, wo es mal friedlich zugeht und dann wieder das Chaos ausbricht, wo einen das Funkgerät mit einem Alarm jederzeit von null auf hundert beschleunigen kann – für eine Verfolgungsjagd, um einen Streit zu schlichten, weil ein Cop als Geburtshelfer gebraucht wird. Kein anderer Job beim NYPD hielt einen so auf Trab – ich hatte manchmal mehr als ein Dutzend Einsätze pro Tag. Und langsam kam ich dahinter, was in meinem Revier ablief, wie die wichtigsten Akteure tickten, was sie im Schilde führten. In Absprache mit Leo, dem Leiter der Morris-Blöcke, stellte ich an neuralgischen Punkten, wo die Dealer nachts besonders aktiv waren, Flutlichter auf. Als wir einmal die Fahrstühle nach versteckten Drogen absuchten, zeigte uns einer der Servicemechaniker, wie wir auf das Dach der Fahrstühle steigen und in den Schächten auf und ab surfen konnten.

Wenn ich bei Dienstantritt meine Montur angelegt hatte, ging ich auf der Wache des 42. Reviers immer erst bei den Detectives vorbei und erkundigte mich, ob für meinen Posten irgendwelche Fahndungen vorlagen. Die meisten Ermittler waren froh über jeden ehrgeizigen Anfänger bei der Streife, der ihnen Arbeit abnehmen wollte. Nur Howie Denton, genannt »der Bucklige«, machte sich jedes Mal einen Spaß daraus, meine Kopie einer Anzeige zusammenzuknüllen, ohne sie auch nur angesehen zu haben, und mir an den Kopf zu werfen: »Danke, Kleiner, kannste abhaken.« Ganz anders die Detectives Donovan und Duarte, die mich zu einer Art Maskottchen erkoren hatten. Sie drückten mir das Polaroid eines Gesuchten in die Hand und sagten: »Los, Tiger, hol ihn dir.«

Manchmal erwischte ich die Übeltäter wirklich – aber gelegentlich tat ich mir damit keinen Gefallen. Als ich das erste Mal das zehnjährige Opfer einer Vergewaltigung befragen musste, fiel es mir sehr schwer, meine Gefühle zu verbergen. Wenn man das Opfer eines Sexualverbrechens befragt, muss man sehr genau sein und sehr direkt. Man fragt: »Hat er seinen Penis in deine Scheide eingeführt? Hat er dabei ein Kondom verwendet?« Jedes Unbehagen deinerseits überträgt sich sofort auf das Opfer, und das verstärkt das Gefühl von Scham nur zusätzlich. Mit dem Resultat, dass die Frau dir noch weniger vertraut, sich noch weniger sicher fühlt. Man darf nicht einen Moment zögern, wenn man ein Mädchen fragt: »Weißt du, ob aus seinem Penis etwas herausgekommen ist?« Als ich das zweite Mal das zehnjährige Opfer einer Vergewaltigung befragen musste, blieb mir keine Zeit, mir über meine eigenen Gefühle klarzuwerden. Ich musste so schnell wie möglich eine Beschreibung des Täters über Funk absetzen, Informationen über das Opfer sammeln, einen erwachsenen Verwandten interviewen, mit dem Sanitäter sprechen, das Krankenhaus kontaktieren und gleichzeitig dafür sorgen, dass der Tatort für die Kriminaltechniker abgesperrt wird. Und nicht zuletzt natürlich die Vorgesetzten informieren, die jetzt einer nach dem anderen vor Ort erschienen.

An diesem Nachmittag war es Thomas Mullen, ein alter Freund der Familie, der als Erster am Tatort auftauchte, und ich war geradezu stolz, mit welcher Selbstverständlichkeit er mich fragte: »Und? Was ist hier los, Eddie?« Doch als alles vorbei war, wollte ich nur noch nach Hause.

»Was ist hier los?« Das ist die Frage, die der Boss stellt, wenn er am Tatort eintrifft, weil er dann Entscheidungen treffen will – oder eine revidieren muss, die du vorher getroffen hast. Du musst eine Geschichte parat haben, wenn er dich fragt, und deshalb beginnst du mit einer Kurzfassung der Ereignisse: »Es gab Streit, hier die blutigen Nasen. Ein Halskettenraub, die Beschreibung des Täters ist eher dürftig.« Oder: »Eigentlich habe ich hier ein gerichtlich angeordnetes Kontaktverbot, und ich müsste den Typen aus der Wohnung schmeißen. Nur hat er das Sorgerecht für die drei Kinder, weil die Mutter drogenabhängig ist, und die Kids können sonst nirgendwohin.« Man hat oft siebenundzwanzig Fakten vor sich, viel zu viele und doch nicht genug, weil alles nur Bruchstücke sind, als wäre die ganze Geschichte von einem Lastwagen gefallen, der bereits gestern weitergefahren ist. Man hat oft nur wenige Sekunden für eine erste Bestandsaufnahme, blitzschnell muss man zu einer Bewertung kommen und einen Kern von Wahrheit finden in dem Durcheinander von Anschuldigungen, Verletzungen und Beleidigungen, einen roten Faden entdecken in der langen Geschichte des Konflikts zwischen Nachbarn oder Brüdern, Liebhabern und Exliebhabern. »Halt, halt«, sagst du dann, »ich will nur wissen, was heute passiert ist.« Und wieder ergießen sich die Geschichten über dich, es geht im Wettlauf der Wahrheiten zu wie bei einem Pferderennen, alle kämpfen um die beste Position, da wird gedrängelt und gezerrt, alle wollen ins Ziel mit ihrer Version des Hergangs. Manchmal geht es allerdings eher zu wie bei einem Vierfach-Crash an einer Kreuzung, wo alle auf ihrer Vorfahrt bestehen. Bei Schlägereien gibt es meistens einen solchen Schwall sich komplett widersprechender Darstellungen, dass man nicht ganz verkehrt liegt, wenn man die Verlierer im Krankenhaus abliefert und die Sieger erst einmal einsperrt. Rechtlich ist der Unterschied zwischen Belästigung und Körperverletzung allein der, ob das Opfer eine Verletzung davongetragen oder zumindest »erhebliche Schmerzen« erlitten hat. Bei manchen körperlichen Beschwerden ist das nicht leicht auszumachen. Wenn es einen Bluterguss gibt oder eine Platzwunde oder wenigstens eine Schwellung, hat man einen eindeutigen Beweis, dass eine Körperverletzung vorliegt. Doch ich habe schon Leute mit der Taschenlampe nach winzigen Kratzern abgesucht, als würde ich auf einer Landkarte nach einem Feldweg fahnden, um dem Opfer dann möglichst sanft beizubringen, dass es offensichtlich nicht genug gelitten hat.

Es gibt Fälle und Festnahmen, auf die Polizisten hoffen und für die sie trainieren wie Athleten, und die Goldmedaille in diesen Olympischen Spielen der Verbrechen gewinnt, wer einen Mörder erwischt, eine Verbrechensserie aufklärt oder kiloweise Rauschgift beschlagnahmt. So ein Fall hieß bei uns »die Tür«, denn wenn im Anzeigeformular dein Name hinter dem Son of Sam[10] oder einem Verbrecherring wie der French Connection[11] stand, öffnete sich die Tür zum beruflichen Aufstieg. Manchmal hörte es sich an, als würde sich der Schlüssel im Schloss drehen: Wenn man einen Verdächtigen auf dem Highway rausgewunken hatte und man beim Filzen sofort wusste, dass einen dieser Straftäter weiter voranbringen würde, als der Polizeichef es jemals tun könnte – selbst wenn man seine Tochter heiratete. Aber die Wahrscheinlichkeit, dass bei einer solchen Festnahme etwas schiefging, schien mit zunehmender Wichtigkeit des Falls ins Unermessliche zu steigen. Unser Justizsystem kennt zu viele Winkelzüge, die einem die Sache noch vermasseln können, und dazu kommen die Launen des Zufalls. Bei wichtigen Fällen fühlt man sich oft wie ein Kunstspringer, der erst auf dem Sprungturm merkt, dass alle Kampfrichter aus Russland sind.

Es gab da eine Serie von Sexualdelikten: Ein Mann folgte älteren Frauen in den Wohnblock und schleppte sie mit vorgehaltenem Messer ins Treppenhaus, wo er sich an ihnen verging. Nach den Aussagen der Opfer wurde ein Phantombild des Täters angefertigt: ein Latino, Mitte zwanzig, dunkles Haar und der Ansatz eines Schnurrbarts. Die Beschreibung traf wahrscheinlich

---

10

»Son of Sam« nannte sich der Serienmörder David Berkowitz, der in der zweiten Hälfte der Siebzigerjahre in New York sechs Menschen ermordete und weitere Opfer schwer verletzte. Er wurde zu 365 Jahren Gefängnis verurteilt – und sitzt noch heute ein.

11

Ein Ring von Drogenschmugglern, der große Mengen an Heroin aus der Türkei über Frankreich in die USA schaffte. Die epische Jagd auf die Gangster wurde 1971 verfilmt – mit Gene Hackman und Roy Scheider in den Hauptrollen – und holte fünf Oscars.

auf zehn Prozent der Männer im Viertel zu, aber dieser hatte ein besonderes Merkmal, das ihn von allen anderen unterschied – er hatte angeblich leuchtend grüne Augen. Nach ein paar Fehlalarmen erhielten wir über den Notruf eine Reihe von übereinstimmenden Hinweisen, dass im Treppenhaus, in dem es zur letzten Vergewaltigung gekommen war, eine verdächtige Person herumlungerte, und zwar zwischen dem 12. und dem 16. Stockwerk. Osvaldo und ich rannten also hin. Im Eingangsbereich des Wohnblocks trafen wir auf zwei Leute, die ihn gerade noch gesehen haben wollten. Angeblich hatte er zuletzt im 16. Stock wie wild an eine Wohnungstür geklopft. Wir riefen über Funk Verstärkung, und Osvaldo sicherte die Lobby, während ich den Fahrstuhl nach oben nahm.

Es stellte sich heraus, dass der Verdächtige tatsächlich versucht hatte, in die Wohnung einer jungen Frau im 16. Stock zu gelangen. »Der Typ fragte nach meiner Mutter«, erzählte sie. »Und ich habe ihm gesagt, dass sie nicht zu Hause ist. Da hat er versucht, die Tür aufzudrücken, was ihm zum Glück nicht gelungen ist.« Der Frau war der Kerl irgendwie bekannt vorgekommen, sie war ihm schon mal im Vorbeigehen begegnet; und ihre Mutter Barbara war den anderen Opfern vom Typ her sehr ähnlich. Eine Nachbarin – eine von denen, die uns über 911 gerufen hatten – war mir im Flur gefolgt und wusste zu berichten, dass der Verdächtige eine Zeitlang mit einer anderen Frau auf der Etage zusammen gewesen war; sie habe nur deshalb angerufen, weil er sich »mit so einem komischen Ausdruck im Gesicht« im Treppenhaus herumdrückte. Wir hatten also einen Latino, Schnurrbart, Mitte zwanzig, der sich im Gebäude gut auskannte und ein bizarres Verhalten an den Tag legte. Das klang schon mal ganz gut. Besser als gut sogar.

Ich fuhr wieder runter in die Lobby, um Osvaldo zu holen. Die Verstärkung war inzwischen eingetroffen und übernahm die Sicherung des Erdgeschosses. Wir beschlossen, das gesamte Treppenhaus zu durchkämmen, und stießen gleich im Flur des 16. Stocks auf einen Mann. Als wir auf ihn zugingen, drehte er sich um und machte sich davon, obwohl ihm klar sein musste, dass es keinen Ausweg für ihn gab. »Hey, Chef, halt mal an«, riefen wir, aber er dachte nicht daran. Wir also hinterher, und als wir ihn auf dem Boden hatten, brüllte er wie am Spieß: »Barbara! Barbara! Ich liebe dich! Hilf mir! Kann mal einer ein Video machen! Die Typen haben sich nicht als Polizeibeamte zu erkennen gegeben! Hilfe!« Er stopfte sich etwas in den Mund, aber wir konnten nichts dagegen unternehmen, weil wir unsere Schwierigkeiten hatten, ihn überhaupt festzuhalten. Der Kerl war ganz schön kräftig und – schweißüberströmt wie er war – glitschig wie ein Aal. Als wir ihn schließlich mit unserem vereinten Körpergewicht auf den Boden drückten, versuchten wir, ihn dazu zu bringen, wieder auszuspucken, was er im Mund hatte – es war ein Briefchen mit Koka-in, das er in einen Dollarschein gewickelt hatte. Irgendwie gelang es uns, ihm Handschellen anzulegen, aber es war ein echter Kampf, der bei ihm deutliche Spuren hinterließ, er blutete an den Händen und aus dem Mund. Doch wir erkannten ihn als den Typen von unserem Phantombild, inklusive der leucht-enden grünen Augen. Auch unserem Vorgesetzten, Sergeant O'Hagan, reichte ein einziger Blick. Er lächelte uns zu und sagte: »Das ist er. Eindeutig. Ihr habt den Richtigen erwischt.« Vor meinem geistigen Auge sah ich schon Verdienst-medaillen und Beförderungsurkunden – und allein die Vorstellung reichte aus, um die lange Nacht durchzustehen, die nun folgen sollte.

Auf der Wache kollabierte unser Mann erst mal; den Sanitätern sagte er, dass er drei Gramm Kokain geschluckt habe. Die Hälfte davon, als er im Trep-penhaus herumlungerte, die andere Hälfte mit dem Dollarschein, als wir ihn festnehmen wollten. Wir brachten ihn ins Krankenhaus, wo man ihm den Puls maß: 220. Die Ärzte verabreichten ihm eine Elektrolytlösung und Aktivkoh-le, was ihn schwarzen Sabber spucken ließ, und er wurde mit Handschellen an seine Liege gefesselt. Als wir unseren Mann festgenommen hatten, waren schon acht Stunden unseres Dienstes abgelaufen, weitere neun Stunden hock-te ich mit ihm in der Notaufnahme, bevor der eigentliche bürokratische Akt der Festnahme auch nur begonnen hatte. Ich war also fast rund um die Uhr im Einsatz, als die Spezialeinheit für Sexualdelikte sich bei mir meldete, um Bescheid zu sagen, dass mein Gefangener im Zuge der Fahndung nach dem Vergewaltiger den Zeugen schon einmal in einer Gegenüberstellung vorge-führt worden war. Keiner hatte den Mann erkannt. In Gedanken begann ich sofort, mir Gegenargumente zurechtzulegen: Die Opfer waren allesamt älte-re Frauen, um deren Sehkraft es möglicherweise nicht mehr so toll bestellt war … Aber ich wusste, dass es eine sinnlose Übung war. In einem solchen Fall war ohne eine eindeutige Identifizierung durch die Zeugen nichts zu machen. Während unserer gesamten Tortur hatte ich Distanz gewahrt, selbst als wir mit dem Kerl kämpften und obwohl ich wusste, dass er wahrscheinlich grässliche, brutale Verbrechen begangen hatte. Aber in diesem Moment kippte alles, und ich begann, diesen Mann zu hassen, weil er plötzlich ein anderer war. Er war jetzt nämlich keine Trophäe mehr, nicht mehr der gefangene Bösewicht, sondern nur noch ein x-beliebiges Arschloch, das mir einen ganzen Tag versaut hatte. Er fragte mich, was man ihm denn noch vorwerfen würde, und ich sagte es ihm. »Hausfriedensbruch?«, erwiderte er mit gespielter Empörung. »Finden Sie das nicht ein wenig übertrieben, Officer?« Ich starrte ihn nur an, aber mein Gesichtsausdruck muss Bände gesprochen haben. »Sorry«, sagte er und wandte sich ab.

Man kann nicht jedes Opfer beweinen, dem man begegnet, nicht einmal die besonders krassen Fälle. Jedenfalls nicht, wenn du den Job zwanzig Jahre lang durchhalten willst. Manchmal ist der einzige Weg, jemanden zu erwischen, es sich immer wieder und mit großem Nachdruck zu wünschen. Ich habe den Kerl ein paar Tage später auf der Straße getroffen, und er hat mich sogar gegrüßt. Ohne eine Reaktion von meiner Seite zu bekommen. Kurz darauf soll er seine Freundin schlimm verprügelt haben, und danach wurde er nicht mehr gesehen. Es gab keine weiteren Vergewaltigungen.

* * *

Meistens bleibt am Ende nicht mehr als ein 90-X, 90-Y oder 90-Z. In unserem Funkverkehr stehen diese Kürzel für den Ausgang eines Einsatzes. X – gegenstandslos; Y – weitere Bemühungen nicht erforderlich; Z – beim Eintreffen niemand vor Ort. Ein lapidarer Bescheid wie »Zentrale, den könnt ihr x-en« reduziert das Epos auf einen einzigen Buchstaben; das ganze Drama ist mit einem Mal wie ausgelöscht. Mein Onkel Eddie war dreißig Jahre lang im Polizeidienst, und als ich zum ersten Mal seine Kladden durchsah, war ich verblüfft, wie wenig ich von den irrsinnigen Geschichten wiederfand, von denen er uns immer erzählt hatte. *Alles ruhig*, hieß es da in krakeliger, kaum leserlicher Schrift, oder: *Im Sande verlaufen*, gelegentlich ein Eintrag über eine Festnahme oder einen Strafzettel. Es dauerte eine Weile, bis ich gelernt hatte, die knappen Kommentare zu interpretieren und die Geschichte dahinter zu verstehen.

Angel und ich sind einmal zu einem 10-10 gerufen worden, was im Funkcode für ein »mögliches Verbrechen« steht; in diesem Fall handelte es sich um ein Problem mit einem gefährlichen Tier, wie wir bald herausfanden. Der Alarm kam aus dem 19. Stock eines meiner Wohnblöcke, und die Anruferin war schon bekannt. Eine eigensinnige, rundliche Frau in den Fünfzigern, die sich regelmäßig beschwerte, sie werde ausspioniert. Mal verdächtigte sie die Kabelgesellschaft, mal die Sozialbehörden, gerne aber auch Agenten einer höheren Macht, die womöglich gar nicht von dieser Welt waren. Um sich vor derlei Attacken zu schützen, hatte sie alle Wände und Decken in ihrer Wohnung mit Alufolie ausgekleidet, und ich habe mir gelegentlich die Frage gestellt, ob das nicht sogar eine Empfehlung von einem anderen Cop war, der sich einfach nur ein paar Wochen Ruhe verschaffen wollte, während sie an ihrer Verteidigungsstrategie arbeitete. Von der Feuerwehr wird sie den Tipp jedenfalls nicht bekommen haben, denn mir war bei einem meiner Besuche aufgefallen, dass sich unter der Folie, die sie übrigens großflächig mit fünfzackigen Sternen bemalt hatte, eine dicke Lage Papier befand, vor allem großformatige Werbeblättchen, wie sie die Kaufhäuser als Postwurfsendung verschicken.

»Sie müssen mir helfen, meinen Kater loszuwerden«, empfing sie uns an der Wohnungstür. »Er hat mich angegriffen, er ist wie verwandelt, er dreht völlig durch. Dabei war er immer ein wunderbarer Kater, ein mystisches Wesen, wissen Sie, ein jüdischer Kater. Aber jetzt kann ich ihn nicht mehr um mich haben. Ich habe alles versucht – streicheln, Extraportionen von seinem Lieblingsfressen, zuletzt habe ich ihn sogar mit kochendem Wasser bespritzt, aber nichts hilft, gar nichts!«

Es war fünf Uhr am Nachmittag, und unsere Optionen waren begrenzt. Außer der Frau war noch ihr Sohn anwesend, ein großer Kerl mit einem watschelnden Gang, bestimmt dreißig Jahre alt, der vorsichtig auf Abstand zu dem ganzen Spektakel blieb. Kurz nahm er Blickkontakt auf, dann zuckte er mit den Schultern und machte Platz für uns. Es war zu spät, um die Tierschützer von der ASPCA[12] zu alarmieren, damit sie die Katze abholten. Dass sie wirklich gefährlich war, konnte ich mir nicht vorstellen, und dass sie jüdisch war, schon gar nicht. Aber nicht nur deshalb kam es für mich überhaupt nicht infrage,

---

12
ASPCA: American Society for the Prevention of Cruelty to Animals,
das US-Pendant zur Deutschen Tierrettung.

Verstärkung anzufordern. Wenn man erst einmal die Leute vom SWAT-Team [13] gerufen hat, weil man mit einem Kätzchen nicht klarkam, musste man damit rechnen, zu jeder passenden und unpassenden Gelegenheit daran erinnert zu werden. Ein Kollege, der in einem ähnlichen Fall die Kavallerie bestellt hatte, konnte in den Wochen danach nicht einen einzigen Funkspruch absetzen, ohne dass im Äther ein jämmerliches Miauen zu hören war. Die Wohnungsinhaberin plapperte weiter: »Ich hätte ja längst Augie gebeten, mir den Kater vom Hals zu schaffen, wissen Sie. Augie ist nämlich bei der Mafia und würde jeden umbringen für mich, aber er kann jetzt gerade nicht, und der verdammte Kater ist in meinem Schlafzimmer, und ich kann da nicht mehr rein ...«

Ich versuchte ihr vorsichtig beizubringen, dass es wohl das Beste wäre, die Katze in ein anderes Zimmer zu locken und sie dort in Ruhe zu lassen. Ich würde dann einen Termin mit den Experten von der ASPCA ausmachen, die das Tier am folgenden Tag abholen würden. Aber die gute Dame wollte davon nichts wissen. Eine Hand hatte sie in die Hüfte gestemmt, die andere zischte wie ein Fallbeil im Rhythmus zu ihren Verwünschungen durch die Luft. Sie wisse schon, wie man mit Typen wie mir umgehen müsse: »Sie werden sich jetzt um meinen Fall kümmern«, zeterte sie, »oder ich rufe die Hausverwaltung an! Und Ihren Vorgesetzten. Oder besser noch: Ich rufe gleich bei Jim Jensen von *Channel Seven News* an! Und *Eyewitness News*! Ja, das mache ich. Wo war noch gleich die Nummer von *Eyewitness News*?« Während sie wie wild irgendwelche Nummern in ihr Telefon hackte, trat ich neben ihren Sohn und sagte: »Wie wäre es, wenn du dich jetzt mal in ein anderes Zimmer verkrümelst.« Er guckte mich nur matt an, und seine Mutter knallte das Telefon hin. »Mein Sohn«, zischte sie mit unverblümter Verachtung, »ist geisteskrank.« Klar, wie dumm von mir.

Ich hatte zwar eigentlich längst entschieden, wie ich weiter vorgehen wollte, doch dann dachte ich: Guck besser noch mal, wie es dem Kater geht und ob er in seinem Zimmer sicher genug eingesperrt ist, um da eine Nacht zu

---

SWAT steht für »Special Weapons and Tactics«, schwer bewaffnete Spezialeinheiten der Polizei, die bei heiklen Zugriffen zum Einsatz kommen: bei Entführungen, Banküberfällen oder zur Terrorabwehr. Die erste SWAT-Einheit wurde 1964 von der Polizei in Philadelphia aufgestellt. Die deutschen Spezialeinsatzkommandos (SEK) wurden 1972 gegründet – nach den Terroranschlägen bei den Olympischen Spielen in München.

verbringen. Ich öffnete die Tür zum Schlafzimmer gerade so weit, dass ich den kleinen weißen Kater sehen konnte, der mitten auf dem Bett thronte. Auf dem Kopf hatte er einen braunen Fleck im Fell, der mit ein wenig Fantasie an eine Kippa erinnerte, doch sonst waren keine Hinweise auf eine Religionszugehörigkeit oder eine besondere Gefahr zu erkennen. Als ich mich jedoch einen Schritt weiter vorwagte, wurde ich Zeuge einer dramatischen Verwandlung: Der Rücken des Katers krümmte sich zu einem extremen Buckel, er legte seine Ohren an, aus den Augen wurden schmale Schlitze – und dann fauchte er mich an wie eine Kobra auf Crack. Die Bewohnerin dieser Wohnung brauchte keinen Cop, das war ein klarer Fall für den Exorzisten. Ich zog mich vorsichtig zurück und schloss die Tür.

»Okay«, sagte ich. »Der Kater muss weg.«

Damit hatte ich Mutter und Sohn auf meiner Seite, und in der Schlacht, die nun folgte, waren sie meine treuen Adjutanten. Wir schlossen alle Türen und blockierten den Weg aus dem Flur ins Wohnzimmer mit einer großen Sperrholzplatte. Phase eins unseres Plans war, das Biest aus dem Schlafzimmer in einen kleinen Abstellraum zu treiben; wir mussten den Kater sicher einsperren können. Die zweite Phase … würde eben beginnen, wenn die erste Phase erfolgreich abgeschlossen war. Angel verschanzte sich mit Mutter und Sohn hinter unserer Sperrholzbarriere, während ich mir ein Paar Handschuhe anzog und mich mit einem Besen bewaffnete. Dann öffnete ich erneut die Tür zum Schlafzimmer. Wie zuvor fletschte der Kater die Zähne und setzte zum Sprung an. Ich machte einen Schritt vorwärts – und er zischte an mir vorbei auf den Heizkörper. Es begann eine wilde Hatz: in einem Satz von der Heizung auf die Kommode, zurück zur Heizung, von da auf Tauchstation unter das Bett. Ich versuchte, das Biest mit dem Besen weiterzuscheuchen, aber es schlug ständig Haken. Es fauchte und ging zum Angriff über, seine Geschmeidigkeit war mindestens so erstaunlich wie seine Bösartigkeit. Wieder verschwand der Kater zwischen Bett und Kommode, bevor er mich erneut frontal attackierte. Ich wich zurück und schwang meinen Besen, aber zu spät: Er duckte sich und schoss in den Flur hinaus. Hinter unserer Barriere nur ein kurzes Kreischen, dann ließen Mutter und Sohn die Sperrholzplatte fallen. Der Kater jagte in einem Satz an ihnen vorbei – und geradewegs ins Wohnzimmer. Womit sich unser Schlachtfeld noch einmal deutlich vergrößert hatte.

»Zurück! Zurück! Wir kriegen ihn!«

Ich baute die Barriere wieder auf und schickte Mutter und Sohn dahinter. Und dann waren wir erneut zu zweit im Zimmer: der wütende Kater, mit seiner überlegenen Geschmeidigkeit, seinen Klauen und Zähnen; und ich mit meinem Besen und meiner paramilitärischen Ausbildung. Im Wohnzimmer konnte er seine Guerillataktik noch besser ausspielen, es gab eine Couch, Stühle, Schränke und Regale, ein langes Fensterbrett, schwere Vorhänge und den Übergang zur Küche mit weiteren Möglichkeiten, sich zu verstecken – und das Vieh nutzte den gesamten Parcours für seine Manöver. Während ich heldenhaft kämpfte, feuerten mich meine Adjutanten von der Seitenlinie aus an, und die Wohnungsbesitzerin kam mit immer neuen Ideen, wie der Plagegeist zu vertreiben sei: »Ich hab's! Feuer! Wir räuchern ihn aus! Alle Tiere haben Angst vor Feuer!«

»Auf keinen Fall! Angel, pass bloß auf die Frau auf!«, brüllte ich. Gerade hatte ich das Tier unter den Gardinen hervorgejagt, da flitzte es schon in die Küche weiter, und nachdem es sich vom Kühlschrank aus einen Überblick verschafft hatte, verschwand es unter dem Herd. Ich legte eine Verschnaufpause ein und zog Bilanz unserer bisherigen Bemühungen. So wie es aussah, waren wir immer noch in Phase eins.

»Seid ihr immer noch an der 10-10 dran?«, quakte es aus meinem Funkgerät.

»Ja, sind noch dran«, erwiderte ich.

Mir war klar, dass wir unsere Strategie überdenken mussten. Die Barriere wurde so umgebaut, dass der verbleibende freie Weg für den Kater aus der offenen Wohnungstür führte. Wenn er erst mal draußen war, würden alle Beteiligten – der Kater, die irren Mieter, Angel und ich – in den Normalzustand zurückkehren können, so lautete mein neuer Plan. Wie es dann mit dem Terrorkater weitergehen sollte? Das war mir inzwischen egal. Ich rückte in die Küche vor, Besen voran, und hob den Herd an, unter dem er sich in dem Fett von Frühstücksspeck und Osterbraten suhlte, der sich über ein ganzes Jahrzehnt dort angesammelt haben musste. Den Besen fürchtete mein Gegner nicht mehr, und weil ich gleichzeitig den Herd hochhielt, war er als Waffe nutzlos geworden. Zeit für die nächste Eskalationsstufe, dachte ich, und holte mit einer Hand mein Pfefferspray raus – das Zeug von der alten Sorte, ein Vertreter aus der Familie Tränengas. Leider zeigte sich der Kater gänzlich unbeeindruckt, aber mir blieb nichts anderes übrig, als mich hustend und keuchend in den Flur zurückzuziehen. Während ich noch nach Luft schnappte, sah ich durch meine geröteten Augen, wie die verrückte Mieterin ins Wohnzimmer stürmte, in der Hand einen Topf mit brennendem Zeitungspapier. »Tiere haben Angst vor Feuer«, kreischte sie, und ich brüllte: »Nein!«, und setzte ihr nach. Was für ein Chaos: Angel schnappte sich die Frau und zerrte sie raus, mir gelang es, das Feuer zu löschen, bevor die Flammen auf die gesamte Wohnung übergreifen konnten. Ich war kurz davor, gleich doppelt zu ersticken – an meinem eigenen Tränengas und am Qualm von dem Brandsatz, der übrigens auf der gesamten Etage den Feueralarm schrillen ließ. Die Nachbarn kamen aus ihren Wohnungen, um nach dem Rechten zu sehen. Ich schickte sie weg: »Alles okay, Leute. Polizei ist schon da, wir haben alles im Griff, kein Grund zur Sorge!«

Die Sache wurde langsam peinlich, und ich machte mir ernsthaft Sorgen, wie ich das alles erklären sollte, wenn jetzt auch noch Verstärkung auf der Bildfläche erschien. Aber immerhin war die Besitzerin des gefährlichen Katers froh: Zweimal in der Woche rief sie die Polizei, und normalerweise kamen dann zwei Typen, die sich nur wenige Minuten später wieder verabschiedeten und dabei etwas von Zwangsjacke murmelten. Aber jetzt war ihr ein Held erschienen, der Gewalten entfesselt hatte, wie sie ihr nur angemessen erschienen, so, wie sie die Bedrohung einschätzte. Ich hatte ihre Wohnung in ein zweites Beirut verwandelt, und sie war mir aus ganzem Herzen dankbar. Ich öffnete ein Fenster, um wieder Sauerstoff in die Bude zu lassen, und kippte fast den Herd um beim Versuch, den Kater aus seinem Versteck zu scheuchen. Die offene Tür interessierte ihn nicht, er sprang erneut mit einem Satz über unsere Barrikade und floh zurück ins Schlafzimmer, wo er wie ein Gummiball auf seiner alten Route hin und her hüpfte: Bett, Heizung, Kommode. Als wollte das Biest beweisen, dass es wie die Polizei keine besonders steile Lernkurve vorzuweisen hatte. Doch dann sprang es aufs Fensterbrett und verschwand nach draußen auf den schmalen Fenstersims, was mir einen plötzlichen Moment der Klarheit bescherte: Was sollte aus diesem gemeingefährlichen Kater denn werden? Wer sollte ihn adoptieren wollen? Er würde nie ein Gericht von innen sehen, egal wie er sich anstellte; mein Gegenspieler würde betäubt werden, eingesperrt und irgendwann eingeschläfert, so sah seine Zukunft doch aus. Ohne konkreten Gedanken trat ich ans Fenster, eher wie von einer unsichtbaren Kraft gesteuert. Als ich mich mit beiden Händen am Fenstersims abstützte, versuchte der Kater, sich umzudrehen, um wieder auf mich loszugehen, doch dabei verlor er den Halt und stürzte in die Tiefe.

Die verrückte Mieterin rief noch Wochen später immer wieder auf der Wache an, um dem Chef persönlich auszurichten, welch großartige Arbeit ich geleistet hätte. Als mich der Desk Officer nach einem dieser Anrufe fragte, was denn eigentlich vorgefallen sei, zuckte ich nur mit den Schultern und wiederholte, was ich schon über Funk durchgegeben hatte, als mich die Zentrale erneut um einen Lagebericht gebeten hatte.

»Wie geht es voran mit der 10-10?«

»Conlon an Zentrale. War eine 90-Z.«

Im Englischen haben wir einen schönen Begriff für eine solche Chaosaktion, »Clusterfuck« sagen wir, und immer wenn ich das Gefühl hatte, dass ich den Job einigermaßen im Griff hatte, passierte mir so etwas und erinnerte mich unsanft daran, wie viele Dinge es noch gab, auf die ich nicht vorbereitet war. Und mit der Zeit sah ich solche Situationen nicht als Beweis dafür, wie wenig ich wusste, sondern als Warnung, dass ich niemals alles wissen konnte. Das war vielleicht auch die beste Lektion aus so einem Schlamassel. Denn wenn ein Polizist denkt, dass er alles schon gesehen hat, wird er sich möglicherweise weniger Mühe geben, immer die Augen offen zu halten.

* * *

Meistens ist es kein gutes Omen, wenn man als Polizist viel Zeit mit jemandem verbringt, denn in der Regel ist es ein Tiefpunkt im Leben dieser Menschen: Sie wurden gerade ausgeraubt, ein rasender Schmerz im Brustkorb hat sie niedergestreckt oder ihr Partner liegt tot im Zimmer nebenan. Man ist nicht der Überbringer schlechter Nachrichten, sondern der Beweis, dass es wirklich passiert ist. Für einen selbst bedeuten solche Einsätze, dass man in Lebensgeschichten eintaucht, die oft nicht elender und chaotischer sein könnten. Man trifft Junkies, die zu viel Gift in sich reinpumpen, und Gemütskranke, die nicht verstehen, was sie gegen ihren Schmerz tun können. Man macht Bekanntschaft mit kaputten Seelen und körperlichem Verfall und muss höllisch aufpassen, dass man das alles nicht an sich heranlässt.

Es kann wirklich extrem belastend sein, völlig fremden Menschen so nah zu sein. Und damit ist nicht der Kontakt mit Kriminellen gemeint, obwohl man auch bei mancher Durchsuchung mehr zu sehen bekommt, als einem lieb ist. Nein, ich spreche hier von den Hilfestellungen, die in unserem Jargon »Lift Job« heißen, wenn man also älteren Menschen oder Kranken hilft, wieder auf die Beine zu kommen. Ich musste mal einem Mann unter die Arme greifen, der mehr als 150 Kilo wog. Seine Beine waren dick angeschwollen und bucklig wie der Panzer von Godzilla. Er trug nur eine Art Nachthemd, keine Unterwäsche, und er hatte allenfalls eine rudimentäre Kontrolle über seine Blase. Sein Zustand war das Resultat einer Trotzreaktion: Als man bei ihm vor Jahren eine Leberzirrhose feststellte, beschloss er, einfach weiterzutrinken. Und was tut man? Selbstverständlich hilft man ihm wieder auf die Beine.

Es war gegen Ende unserer Streife, wir waren schon auf dem Rückweg zur Wache, als wir über Funk den Fall einer hilflosen Person hereinbekamen. »Aideds«, wie wir sie nennen, zählen zu unseren häufigsten Kunden. Osvaldo, Angel und ich konnten schon an der Wohnungstür riechen, warum man uns alarmiert hatte, und je näher wir dem Schlafzimmer kamen, desto stärker wurde der unerträgliche Gestank. Was mich dann wirklich umhaute, war nicht der Anblick der schmalen, alten Puerto-Ricanerin, die regungslos in ihrem Bett lag, sondern der Ausdruck in den Gesichtern der vier Rettungssanitäter, die sie bearbeiteten. Zwei von ihnen konnten ihre Tränen nicht zurückhalten.

Die alte Frau war nackt, sie lag auf einem Laken aus Plastik, und ihr Körper machte ein knisterndes Geräusch, als die Sanitäter vorsichtig versuchten, sie aus ihrer Lage zu befreien. Sie muss einmal eine kräftige Person gewesen sein, aber jetzt wirkte sie nicht einfach abgemagert, sondern eher wie ein Ballon, aus dem man die Luft herausgelassen hatte. Ihre Brüste lagen plattgedrückt am Körper, ihre Hüftknochen zeichneten sich deutlich unter der leblosen Haut ab, die wirkte, als gehörte sie eigentlich zu einem viel größeren Menschen. Maden krochen über ihren Leib, und das Bett war voll mit Rattenkot. Einer der Sanitäter schnappte vor Schreck nach Luft. Dann sein Befund: »Da sind überall Rattenbisse! Wer dafür verantwortlich ist, gehört eingesperrt.«

Die alte Frau gab ein klägliches Jammern von sich, als die Sanitäter sie auf die Seite rollten. Was muss sie für Schmerzen empfunden haben in den Regionen ihres Körpers, die noch am Leben waren. Und das war auch der Grund, warum die Retter, die sogar den Anblick toter Kinder aushalten müssen, ihre Tränen nicht zurückhalten konnten. Die alte Frau lag im Sterben und war zum Teil schon tot, denn Maden fressen kein lebendes Gewebe.

Ich wandte mich dem Mädchen zu, das uns ins Schlafzimmer der Alten geführt hatte: »Wer kümmert sich um diese Dame? Wer ist für ihre Pflege verantwortlich?«

»Also das Meiste«, schnaubte sie mit lang aufgestauter Empörung, »bleibt an mir hängen.«

»Wer wohnt hier noch? Wie alt sind die anderen im Haushalt?«

»Außer meiner Großmutter sind hier nur meine Schwester und ich. Meine Schwester ist dreiundzwanzig, aber die Hausarbeit mache meistens ich.«

»Und können Sie mir erklären, warum Sie die alte Dame nicht gefüttert haben?«

»Sie hat immer gesagt, dass sie keinen Hunger hat.«

»Warum haben Sie denn keinen Arzt gerufen?«

»Aber ich war es doch, die jetzt angerufen hat.«

»Ich meine, warum haben Sie nicht früher Hilfe geholt?«

»Weil das meine Mom nicht wollte.«

Ich sagte dem Mädchen, dass sie ihre Mutter, die angeblich in einem anderen Teil der Stadt lebte, ins Krankenhaus bestellen solle, und erkundigte mich, wovon sie denn eigentlich lebten. Es stellte sich heraus, dass die Großmutter ihre Rente regelmäßig per Scheck zugeschickt bekam, den die Schwester bei der Bank einlöste; von dem Geld bestritten sie alle Ausgaben im Haushalt. Einer meiner Vorgesetzten war inzwischen eingetroffen, und ich erstattete ihm Bericht, was vorgefallen war, wahrscheinlich etwas zu hastig und wirr, denn er fixierte mich mit besorgtem Blick, bevor wir uns alle auf den Weg nach unten machten. Normalerweise haben es die Rettungskräfte ganz gerne, wenn ein Verwandter gleich im Krankenwagen mitfährt, aber als die Enkelin Anstalten machte einzusteigen, bekam sie von dem Sanitäter, dem eben noch die Tränen gekommen waren, eine klare Ansage: »Wenn du deine Oma im Krankenhaus besuchen willst, nimm gefälligst den Bus.«

Zurück auf der Wache brauchte ich eine Weile, bis ich mir zurechtgelegt hatte, was ich als Anzeige aufnehmen wollte – einmal abgesehen von der Beschreibung der Rattenbisse und Maden. Das Mädchen war noch nicht strafmündig, und überhaupt war auch noch gar nicht klar, worin das Vergehen eigentlich bestand. Denn während wir eine Vielzahl von Paragrafen haben, was die Fürsorgepflicht bei Kindern betrifft, sind alte Menschen weniger explizit vom Gesetz geschützt. Ich entdeckte schließlich ein Vergehen mit dem Titel »Gefährdung des Wohlergehens eines geschäftsunfähigen Erwachsenen« und gab die Mutter und ihre erwachsene Tochter als Beschuldigte an. Mein Sergeant wies mich auf den Umstand hin, dass die Schecks der alten Dame möglicherweise unrechtmäßig eingelöst wurden, und deshalb nahm ich auch »Verdacht auf Diebstahl« in meinen Bericht auf. Und in diesem Moment verstand ich, ohne dabei auch nur einen Hauch von Genugtuung zu verspüren, warum die Familie ihre Großmutter auf so grausame Weise vernachlässigt hatte. Die alte Dame lieferte offenbar den Grundstock für ein erkleckliches Einkommen aus diversen Leistungen des Sozialstaats – die große Wohnung, die Rente, das Kindergeld für das Mädchen. Wenn die Oma erst einmal ins Pflegeheim umsiedelte, würden sie diese Wohltaten größtenteils verlieren. Die Leute reden immer davon, wie sie sich von einem Scheck der Sozialkassen zum nächsten durchhangeln. Diese Familie hat dabei das Leben der Großmutter aufs Spiel gesetzt.

Später habe ich dann gehört, dass es noch am Krankenbett Festnahmen gegeben hat. Und die beiden Schwestern sollen ihre Oma danach regelmäßig im Pflegeheim besucht haben, um sie zu überreden, doch in die gemeinsame Wohnung zurückzukehren – glücklicherweise ohne Erfolg. Von der Mutter eines Kollegen, die dort arbeitete, erfuhr ich außerdem: »Die alte Dame ist übrigens auch eine ziemlich garstige Person.«

Manchmal sind einem die Opfer sogar weniger sympathisch als die Täter. Wie in dem Fall der Frau, die uns alarmierte, weil ihr dreizehn Jahre alter Sohn sie angeblich ausgesperrt hatte. Osvaldo und ich versuchten ihr zu erklären, dass wir ihre Tür nicht einfach aufbrechen konnten, solange kein Notfall vorliegt. Wenn sie darauf bestehe, müsse sie den Schaden nachher selbst zahlen. Mehr als eine Stunde klopften wir an die Tür, versuchten es sowohl mit sanfter Überredung als auch mit deutlichen Drohungen und fummelten an dem Schloss herum. Die Frau hatte sich von einem Familiengericht eine Anordnung ausstellen lassen, dass sie jederzeit die Polizei rufen konnte, wenn ihr Sohn Schwierigkeiten machte. Es war möglicherweise der einzige Funken von

Verantwortungsbewusstsein, den es bei ihr gegeben hat, wie wir feststellten. Und wir hatten reichlich Zeit, mehr über diese speziellen Familienverhältnisse herauszufinden.

»Gibt es jemanden, auf den er nicht sauer ist? Der ihn dazu bringen könnte, die Tür endlich aufzumachen?«

»Aber er ist gar nicht sauer auf mich«, erwiderte sie, und ich ging nicht weiter darauf ein.

»Vielleicht jemand aus seiner Klasse?«

»Ich sage ihm jetzt seit einem Jahr, dass er endlich wieder zur Schule gehen soll«, antwortete sie, »aber er weigert sich, weil er immer verprügelt wird.«

»Und warum das?«, hakte ich nach.

»Weil er sich schminkt und anzieht wie ein Mädchen.«

Osvaldo machte sich auf die Suche nach einem Kleiderbügel, mit dem er die Sicherungskette lösen wollte, und die Frau plapperte weiter, wie schwer sie es habe, dass der Vater des Jungen sie verlassen habe, dass sie immer arbeiten müsse und ihr Sohn nachts oft gar nicht nach Hause komme, dass er immer Anrufe von erwachsenen Männern bekomme. Einen Moment hielt sie inne, als sei ihr gerade noch etwas Wichtiges eingefallen, dann fuhr sie fort: »Ich hatte noch ein Mädchen, sie war drei Jahre alt, als sie starb. Sie war so niedlich.« Wieder eine kurze Pause, dann murmelte sie: »Wie ich mir wünsche, dass diese Schwuchtel nie geboren wäre.«

Endlich bekam Osvaldo die Tür auf. Der Dreizehnjährige hatte eine auffällig helle Haut für einen Schwarzen, sein Haar war sonnengelb gefärbt, und er schlief, er schien sogar wirklich fest geschlafen zu haben. Einen Moment lang zögerte ich: Sollte ich diesen Jungen wirklich im Jugendgefängnis abliefern, weil er zu fest gepennt hat, um die Türklingel zu hören? Aber er gab dann zu, dass er sehr wohl mitbekommen hatte, wie wir gerufen und uns den ganzen Nachmittag an der Tür abgearbeitet hatten. Ich sagte ihm, dass er ein paar Sachen zum Anziehen zusammenpacken solle, weil er am nächsten Morgen vor Gericht erscheinen musste. Auf dem Nachttisch neben seinem Bett sah ich einen Zettel mit einer Liste, auf der etwa zwanzig Namen standen, alles Männer, dazu die Nummern ihrer Handys oder Pager. Seine Mutter zeigte uns die richterliche Anordnung und hob ein paar Shorts vom Boden auf, ziemlich knapp geschnitten, aus goldenem Samtstoff. Sie hielt das Kleidungsstück vor ihre nicht gerade schmale Taille und schimpfte: »Und wer läuft in diesem Fetzen rum? Ich jedenfalls nicht!«

Welchen freundlichen oder väterlichen Rat sollte man dem Jungen mit auf den Weg geben? *Ich habe meinen Arsch nicht verkauft, als ich dreizehn war, junger Mann, und jetzt schiebe ich als Beamter eine ruhige Kugel ...* Wir fuhren los in Richtung Jugendstrafanstalt, es wurde im Auto kaum gesprochen. Ich habe den Jungen seither nicht mehr gesehen.

Ein anderes Mal stand ich vor dem Büro der Hausverwaltung meiner Wohnblocks und sah, dass mich eine Frau in mittlerem Alter anstarrte, sie überlegte wohl noch, ob sie mich ansprechen sollte. Ich kam ihr zuvor und fragte sie, wie ich ihr helfen könne.

»Mein Ehemann schlägt mich«, sagte sie. »Er prügelt mich windelweich.«

Ich versuchte, weitere Details zu erfragen, und erklärte ihr die rechtliche Situation. Selbst wenn es mir nicht möglich sein sollte, ihren Mann festzunehmen, konnte sie doch ein gerichtliches Kontaktverbot erwirken – aber sie wollte davon nichts hören.

»Nein, nein, das bringt doch alles nichts. Meine Tochter sagt, dass sie jetzt jemanden finden will, der sich um ihn kümmert.«

Ich warf ein, dass ihr Mann seine Wut doch nur wieder an ihr auslassen würde, wenn sie ihm einen Schläger auf den Hals hetzte. Aber ich sah ihr an, dass ich es offenbar immer noch nicht kapiert hatte.

»Wer redet denn davon, ihm eine Tracht Prügel zu verabreichen. Mit *kümmern* meinen wir *erledigen*, verstehen Sie?« Die Frau zog eine Augenbraue hoch, als würde sie mich in einen besonders raffinierten Deal einweihen.

»Sagen Sie mal, Lady«, sagte ich, »sehen Sie diese blaue Mütze und meine Dienstmarke? Dass Sie es mit einem Cop zu tun haben? Und dann wollen Sie wissen, was ich dazu sage, dass Sie planen, ihren Ehemann um die Ecke zu bringen?«

Wir gingen auseinander, bevor sie mich fragen konnte, wie viel man für einen Auftragsmord wohl ausgeben musste.

Ein paar Stunden später wurde ich per Funk zu einem »*Fall von schwerer häuslicher Gewalt*« gerufen, als Unterstützung hatte ich eine Polizistin namens Anna Ramirez dabei. Ein Mann in mittlerem Alter öffnete uns die Tür. Er trug nur Unterwäsche, was ihn aber nicht weiter zu stören schien, und führte uns mit einem herablassenden Grinsen durch seine Wohnung. Er war ein großer und kräftig gebauter Kerl, der sich in einer überheblich-militärischen Pose gefiel, als wäre er Präsident auf Lebenszeit in irgendeiner Bananenrepublik. Er ging mir schwer auf die Nerven, und auch Anna war ihre Abneigung regelrecht anzusehen. Außer ihm war niemand da, aber als wir die Wohnung gerade verlassen wollten, entdeckte ich ein gerahmtes Foto der Frau, mit der ich gesprochen hatte. Mit dem falschen Alarm wollte sie die Auseinandersetzung nachträglich für sich entscheiden. Als wollte sie sagen: »Schauen Sie sich diesen Mann an. Ganz genau. Nehmen wir einmal an, er würde eines gewaltsamen Todes sterben. Würden Sie dann wirklich nach mir fahnden wollen?«

Tote sind etwas ganz Alltägliches für einen Polizisten, und mich hat der Anblick einer Leiche nie länger gequält, auch am Anfang meiner Laufbahn nicht. Gleich mein erster Mord war ein besonders abscheulicher Fall – ein alter Mann, bekleidet nur mit einem Pyjama-Oberteil aus Flanell, lag tot da. Man hatte ihn erwürgt, mit dem Messer auf ihn eingestochen und vorher brutal zusammengeschlagen. Seine Arme standen in einem merkwürdigen Winkel vom Körper ab, wie Chickenwings, und obwohl er mir schrecklich leidtat, hat mich sein Anblick nicht übermäßig belastet. Mordopfer haben manchmal einen nahezu friedlichen Gesichtsausdruck, während es bei Menschen, die eines natürlichen Todes gestorben sind, oft genauso entsetzlich aussehen kann wie an den Schauplätzen der schlimmsten Verbrechen. Ich habe einmal die Leiche eines älteren Diabetikers gesehen, der nach einem Herzinfarkt gestürzt war und in seinem Todeskampf noch versucht hatte, das Telefon zu erreichen. Es sah aus, als hätte jemand seinen Körper in der Wohnung herumgeschleudert; überall Hämatome, das Gesicht schmerzverzerrt, an den Wänden blutige Abdrücke seiner Hände, auf dem Boden Spuren von Blut und Exkrementen.

* * *

Was mir beim Anblick von Toten jedes Mal wieder bewusst wird, ist ihre absolute Stille; ein lebendes Wesen kann niemals so reglos sein, selbst im tiefsten Schlaf nicht. Es ist immer ein Rhythmus zu erkennen, und sei er noch so schwach, ein Zittern oder eine gerade noch wahrnehmbare Veränderung der Lage, die ein Beobachter als Lebenszeichen deuten wird. Erst wenn gar nichts mehr zu spüren ist, wenn der letzte Hauch vergeht, sind die Körper starr wie

auf einer Fotografie oder wie ein Stein, und von ihnen bleibt nichts außer der Erinnerung in den Köpfen ihrer Hinterbliebenen.

Ein alter Mann lebte allein und starb zusammengekrümmt in dem schmalen Spalt zwischen seinem Bett und der Wand, bis auf ein schmutziges Hemd war er nackt. Sein Zimmer war winzig und unaufgeräumt, was er an Kleidung besaß, lag in Koffern oder auf einem Haufen daneben, als würde er für eine große Reise packen. Es gab zwei Fernseher, ein brandneues Gerät und ein sehr altes. Ein Kätzchen sprang wie irre zwischen den Bergen aus Hosen und Hemden um den Leichnam herum. Weil der alte Mann allein gelebt hatte, mussten wir die Wohnung nach Wertsachen durchsuchen – in der Anwesenheit eines Sergeants – und später auf dem Revier für jeden Gegenstand eine Bescheinigung ausstellen. Wir fanden seine Entlassungspapiere, ein Gebiss und bergeweise Pornohefte. Ich musste bei der Leiche bleiben, bis der Gerichtsmediziner kam, die anderen Cops zogen ab. Kurze Zeit später klopfte ein Mann an die Tür.

»Ich habe mich um ihn gekümmert«, sagte er. »Ich bin sein Stiefsohn. Er hat gesagt, dass ich den Fernseher haben kann.«

Ich antwortete, dass er einen Beweis für seine Behauptung vorlegen müsse, und bat ihn, wenigstens die Katze schon einmal mitzunehmen. Als er weg war, schaltete ich den Fernseher ein.

Kaum eine Stunde später war er wieder da, dieses Mal in Begleitung einer Frau. Beide waren sternhagelvoll und verlangten gemeinsam: »Wir haben ihn geliebt! *Wir* waren seine *Familie*! Jetzt rück schon den Fernseher raus!«

Ich knallte die Tür vor ihrer Nase zu und setzte mich wieder hin. Das Telefon klingelte, und ich wartete einen Moment, bis ich den Hörer abnahm. Hoffentlich, dachte ich, ist jetzt nicht die Familie dran oder jemand aus dem Freundeskreis. Nicht schön, wenn man so zufällig vom Tod eines Verwandten oder Bekannten erfährt, und dann auch noch von einem Polizisten.

»Ist Mr. Jones zu sprechen?«

»Nein.«

»Ist das denn … Mr. Jones am Apparat?«

»Nein.« *Aber schön, dass Sie nachfragen.*

»Und wann wird er wieder zu sprechen sein?«

»In absehbarer Zeit jedenfalls nicht.«

»Wann soll ich mich wieder melden?«

»Darf ich fragen, wer da eigentlich am Apparat ist?«

»Mr. Jones hat neulich Interesse an unseren günstigen Versicherungstarifen gezeigt, und jetzt ...«

»... jetzt hat er kein Interesse mehr.«

»Und wer behauptet das? Wer sind Sie denn überhaupt?«

»Polizei. Mr. Jones ist tot. Deshalb bin ich hier.«

»Glauben Sie denn ...«

»Tot.«

»Aber ich hätte da ...«

»Tot, tot, tot. Er liegt hier auf dem Boden zwei Meter vor mir, Mann. Der kauft Ihnen nichts mehr ab.«

»Und, Officer, haben Sie sich einmal überlegt, ob Sie ausreichend abgesichert sind?«

Ich legte auf und hockte mich wieder vor den Fernseher.

KAPITEL 3 / GAUNER IN DER FAMILIE

A ls ich noch ein Teenager war, blieb ich einmal über Nacht bei einem
Freund in Brooklyn. Sein Großvater, der für eine kurze Zeit das
Amt des Polizeichefs innegehabt hatte, lebte mit der Familie. Regungslos saß
er in einer Ecke des Wohnzimmers, wie die Buddha-Statue eines längst vergessenen Tempels tief im Dschungel. Er schien alt genug, um wirklich alles
zu wissen, und so fragte ich ihn, ob er meinen Urgroßvater Sergeant Patrick
Brown gekannt hatte. Als Pat, wie ihn alle nannten, seinen Dienst beim NYPD
begonnen hatte, war Brooklyn gerade erst in das Stadtgebiet von New York
eingemeindet worden. Kurz nach Beginn des Zweiten Weltkriegs verabschie-
dete er sich in den Ruhestand.

»Natürlich kannte ich Pat Brown«, knurrte der buddhahafte Pensionär.
»Das war doch der Geldeintreiber auf der Atlantic Avenue.«

Ich erzählte das postwendend meiner Mutter, die jedoch nur mit den
Schultern zuckte und sagte: »So war das damals.« Ehrlich gesagt machte dieser
Anflug von Gaunerei meinen Urgroßvater sogar richtig interessant für mich;
wenn sich herausgestellt hätte, dass er gerade wie ein Fahnenmast durchs Leben gegangen ist, wäre das wohl kaum so faszinierend gewesen. Anständige
Cops kannte ich zuhauf, dass da jetzt einer war, wenn auch nur in der sicheren
Entfernung der Erinnerung, der nicht so supersauber war, brachte einen span-
nenden Kontrast ins Bild der Familie, etwas vom Aroma des Verbotenen, wie
man es in schwarz gebranntem Whiskey immer mitschmeckte. Als ich später
selbst in den Polizeidienst eintrat, ging mir die Sache wieder durch den Kopf.
Stolz war ich nicht gerade auf meinen korrupten Vorfahren, aber ich kann
auch nicht behaupten, dass er mich um meinen Schlaf gebracht hätte.

Ich könnte wetten, dass die meisten Kollegen mit dem Begriff, der die Ne-
bentätigkeit meines Urgroßvaters damals beschrieb, gar nichts mehr anfangen

können: »Bagman« nannten sie die Kuriere, die sich zwischen der Unterwelt und den so genannten anständigen Leuten bewegten. Ursprünglich waren damit die Schutzgeldeintreiber der Mafia gemeint, doch später fiel darunter jede Form von Polizeikorruption – wo immer ein Cop die Augen zudrückt und sich diesen Gefallen bezahlen lässt. Der Bagman ist der Mann mit der Tasche, der das Geld einsammelt. Fast alles, was ich über meinen Urgroßvater weiß, lässt sich in diesem einen Begriff zusammenfassen. Er war immerhin dreiunddreißig Jahre lang im Polizeidienst, und die sechs Jahre, die ihm danach noch bleiben sollten, betrieb er sein eigenes Wettbüro. Der Wechsel des Ordnungshüters in die glamouröse Welt der Pferderennen, habe ich mir sagen lassen, war für ihn keine abrupte Veränderung. Fotos aus der Zeit zeigen eine elegante Gestalt, wohlgenährt und in gut geschnittenen Anzügen, er wirkte überaus charmant auf diesen Bildern, und man musste schon sehr genau hinsehen, um zu erkennen, dass er auch anders konnte. Sein Aufzug war möglicherweise ein wenig zu protzig, aber er legte Wert auf Qualität, weshalb man sich auf den ersten Blick nicht sicher sein konnte, ob man es mit einem Gentleman oder einem Gangster zu tun hatte. Auf jeden Fall aber mit einem Mann, der es zu etwas gebracht hatte im Leben – und stolz darauf war. Vom korrupten Cop zum anständigen Halunken, von der äußeren Erscheinung her hatte er den Aufstieg geschafft.

Als Patrick Augustine Brown am 8. Juni 1907 in den Dienst des New York Police Departments trat, musste er sich seine Uniformen noch selbst kaufen, eine für den Sommer und eine für den Winter. Zur Montur für den Sommer gehörten ein grauer Helm, weiße Handschuhe, eine dunkle, einreihig geknöpfte Uniformjacke mit einem weißen Ledergürtel und eine Hose mit einem weißen Streifen an der Seite. Im Winter trug man einen blauen Helm und einen blauen Übermantel, ein Zweireiher mit blitzblanken Messingknöpfen. In den besseren Stadtvierteln machte man richtig etwas her in dieser Pracht, die Uniform wies ihren Träger als Respektsperson aus, als Hüter der Ordnung. In Quartieren, in denen Armut herrschte, fiel man damit auf wie ein Rotrock im Wald, in dem es von Indianern nur so wimmelt. Damals lauerten die Bösewichte den Polizisten hoch über der Straße auf den Dächern auf; wenn ein Cop vorbeikam, stießen sie die oft nur nachlässig gemauerten Schornsteine um und ließen die Steine auf ihre Opfer prasseln (wobei das Getöse dem Polizisten in der Regel noch eine Chance ließ, sich rechtzeitig in Sicherheit zu bringen). Oder die Gangster überwältigten den verhassten Ordnungshüter und zwängten ihn in einen Kohlenkasten. Solche Attacken galten der Uniform selbst und damit der Würde des Amts.

Der Schriftsteller Luc Sante hat das Los eines Streifenpolizisten um die Jahrhundertwende einmal als die »Wahl zwischen Elend und Erpressung« beschrieben, und Pat Brown hat keinen Hunger gelitten. Als er aus dem Polizeidienst ausschied, gab es ein Festessen; auf der Speisekarte standen Leckereien wie gebratene Stubenküken mit einer Farce aus Kastanien, dazu wurden Risolée-Kartoffeln gereicht und zum Dessert Mandeleis. Obwohl Pat Brown es nur zum Sergeant gebracht hatte, waren bei seinem Abschiedsfest zahlreiche Polizisten aus den höheren Rängen der Hierarchie zugegen, und sogar der Staatsanwalt von Brooklyn gab sich die Ehre: William O'Dwyer, der bereits als der nächste Bürgermeister gehandelt wurde.

O'Dwyer war ein fürsorglicher, großherziger Mann, der aus Irland nach Amerika gekommen war und seinen guten Draht zu den einfachen Leuten bewahrt hatte. Mit seinem erstaunlichen Aufstieg von Ellis Island, der zentralen Sammelstelle für Einwanderer, in das Amt des Bürgermeisters von New York war er so etwas wie der Inbegriff des amerikanischen Versprechens, dass ein »Streben nach Glück« belohnt wurde. O'Dwyer brachte allerdings zwei wichtige Eigenschaften mit, die für eine Karriere in New York unabdingbar sind: Cleverness und einen unbekümmerten Pragmatismus. »Viele Menschen wollen uns glauben machen, dass diese Stadt von Gaunern, Gangstern und Spielern beherrscht wird«, hat er einmal gesagt. »Aber ich antworte ihnen jedes Mal: Es ist eine gute Stadt, eine freundliche Stadt. Zu mir ist sie immer gut gewesen.« O'Dwyer zeigte sich ebenfalls gern von seiner freundlichen Seite, nur leider auch gegenüber dem stadtbekannten Gangster Frank Costello, und sein mangelnder Ehrgeiz, das organisierte Verbrechen zu verfolgen, sorgte schließlich dafür, dass er selbst ins Visier der Ermittler geriet. Als man in einem Fall von Polizeikorruption ein wenig tiefer bohrte, wurde Bürgermeister O'Dwyer hastig zum Botschafter ernannt und nach Mexiko-Stadt fortgelobt.

Weil O'Dwyer im Prinzip aber ein grundanständiger Mensch gewesen war und auch einiges für seine Stadt geleistet hatte, blieb er den Menschen in guter Erinnerung. Was man über Pat Brown leider nicht sagen konnte, denn er ließ seine Frau und Kinder sitzen, ohne sich um ihren Unterhalt zu scheren. Für ihn

gab es keinen Platz in der Familiengeschichte, selbst im sanften Licht der Nostalgie erschien sein Verhalten untragbar. Er hatte Catherine Moran am 10. Juni 1908 geheiratet, ein Jahr nach seinem Dienstantritt beim NYPD. Ob er mit der Heirat warten wollte, bis er den neuen Job sicher in der Tasche hatte, oder ob Catherine dem jungen Cop in seiner schmucken Uniform verfallen war – die Frage kann ich leider nicht beantworten. Am Tag ihrer Hochzeit bezogen sie eine bescheidene Wohnung in Carroll Gardens, Brooklyn, und alle paar Jahre siedelten sie in eine andere Wohngegend um, nach Bensonhurst etwa oder nach Borough Park, kleine Reihenhäuser in ruhigen Vierteln der aufstrebenden Mittelklasse. Drei Kinder kamen zur Welt, erst meine Großmutter Anne, dann Jack und schließlich Eleanor, und auf einmal folgte ein Umzug, der nicht ins Muster passte. 1 Prospect Park West lautete die neue Adresse, direkt am gleichnamigen riesigen Park in Brooklyn, was auf eine deutliche Veränderung der Einkommenssituation schließen ließ, eine Erbschaft etwa oder ein satter Gewinn an der Börse. Wenn dem so war, zeigte Pat Brown nicht die geringste Absicht, dieses unverhoffte Glück mit seiner Familie zu teilen. Gerüchtehalber soll seine Schwester Nellie ihren Anteil daran gehabt haben, dass die Ehe in die Brüche ging. Sie war überhaupt eine schreckliche Person, heißt es in der Familienchronik, eine Frau, die drei Ehemänner und zwei Kinder überlebte, *weil Gott sie nicht wollte und der Teufel ihr die Aufnahme in die Hölle verweigerte.* Diese Nellie jedenfalls soll Pat eingeflüstert haben, dass seine Frau *Besucher empfing*, wenn er im Dienst war. Das kurze Ende der Geschichte: Plötzlich verfügte Pat über viel mehr Geld, als er eigentlich haben sollte, und genauso plötzlich war für seine Frau und seine Kinder überhaupt nichts mehr da.

Sonny Grosso, einer der NYPD-Detectives, die den Drogenschmuggel der French Connection aufgedeckt haben, hat mir einmal gesagt, dass selbst ein lausiger Cop mehr Gutes bewirken kann als ein normaler Mensch – er braucht nur dazustehen wie eine Vogelscheuche, schon fühlen sich alte Damen sicher, und vielleicht verhindert er durch seine bloße Präsenz sogar das ein oder andere Verbrechen. Aber bei Pat Brown ließ die Familie nicht einmal solche mildernden Umstände gelten, sie wollte von seinen eventuellen Verdiensten nichts wissen, und es war ihr auch egal, ob und wie er sein Verhalten erklärt haben mag. Wäre er weiter für Frau und Kinder da gewesen, wären seine Stärken und Schwächen, Heldentaten und auch Vergehen als bunte Fäden in das stolze Gewebe der Familiengeschichte eingegangen. Dass er ein notorischer Spieler war, von Buchmachern Schmiergelder kassierte und schließlich gar auf die andere Seite wechselte, hätte seine Verwandtschaft wahrscheinlich einfach geschickt überspielt oder als kauzig-komische Marotte aus einer längst vergangenen Zeit abgetan.

Eine Karteikarte ist alles, was von Pat Browns Laufbahn bei der Polizei übrig geblieben ist. Dreimal sind Nachlässigkeiten im Dienst geahndet worden, einmal wurde er für einen Einsatz belobigt; alle Einträge stammen aus den frühen Jahren in Diensten des NYPD. Am 29. Februar 1908 hat er *versäumt, einen Bericht über die Anforderung einer Ambulanz* anzufertigen; eine Woche später war er *von seinem Posten abwesend, um ein Restaurant aufzusuchen*, was ihn fünf Tage seines Gehalts kostete. Im folgenden September wurde moniert, dass er *seine Patrouille nur unzureichend* erledigt hatte, wofür man ihm noch einmal einen Tagessatz abzog. Die Verweise in seiner Akte waren immer in derselben Handschrift ausgeführt, was darauf hindeutete, dass er sich bei einem bestimmten Vorgesetzten besonders unbeliebt gemacht haben musste. Im Oktober 1912 fing er ein Pferd wieder ein, das seinem Besitzer durchgegangen war, wofür er mit einer Medaille für *herausragende Erfüllung des Polizeidienstes* ausgezeichnet wurde.

Seine Kinder Eleanor und Jack hat er nie mehr gesehen, aber sie zeigten ihrerseits auch kein Interesse, daran etwas zu ändern. Nur Anne hat er gelegentlich besucht, was man mit gutem Willen als Zeichen deuten konnte, dass er möglicherweise doch an einer Wiederherstellung der Beziehung interessiert war. Er lebte im St. George, dem damals angesagtesten Hotel in Brooklyn, in dem während der Baseballsaison auch die Spieler der Brooklyn Dodgers abstiegen. Sein eigenes Geschäft, das Wettbüro, hatte er längst aufgebaut, als er den Polizeidienst quittierte, vielleicht in Jersey, vielleicht auch in der näheren Umgebung, das weiß keiner mehr so genau. Er verbrachte viel Zeit in einem Etablissement namens Copacabana, wo man ihn nur als »Paddy, den Polizisten« kannte, und war mit dem Komiker Joe E. Brown[14] befreundet. Als Pat

---

14
Dem deutschen Leser vielleicht noch aus der Komödie Manche mögen's heiß *bekannt. Brown spielte den liebestollen Millionär, der »Daphne« zu seiner Braut machen will und sich von seinem Vorhaben auch dann nicht abbringen lässt, als sich Jack Lemmon die Perücke vom Kopf reißt und gesteht, dass er ein Mann ist: »Well, nobody's perfect.«*

Brown im Januar 1946 starb, war sein alter Kumpel O'Dwyer just in das Amt des Bürgermeisters eingeführt worden.

Ansonsten sind nur noch einige wenige Fragmente aus Pat Browns Biografie bekannt. Ich weiß zum Beispiel, dass seine Eltern die große Hungersnot in Irland Mitte des 19. Jahrhunderts überstanden hatten, die ein Viertel der Bevölkerung dahinraffte. Ich kann leider überhaupt nicht sagen, ob Pat Brown Gutes bewirkt hat im Laufe seiner vielen Jahre bei der Polizei. Hat er anderen das Leben gerettet? Verbrecher eingebuchtet? Babys auf die Welt gebracht oder wütenden Bürgerprotest entschärft? Nichts davon ist überliefert, von der Geschichte mit dem Pferd einmal abgesehen. Was ich habe, sind die spärlichen Hinweise auf seine lukrativen Nebenbeschäftigungen. Wovon hat er wohl geträumt, wenn er auf seiner mit Geld gestopften Matratze lag? Von den Showgirls in seinem Lieblingsclub? Oder brachte ihn die Angst vor der Entdeckung um seinen Schlaf? Seinen Richtern ist er am Ende jedenfalls entkommen – ganz wie sein alter Freund O'Dwyer.

Meine Eltern waren wie füreinander bestimmt, was man nicht allein schon deshalb sagen kann, weil sie als Paar besonders glücklich waren, sondern weil sie ein Bestatter namens Charlie Le Chance zusammengebracht hatte. »Glücklicher Zufall« ist in diesem Fall wohl die beste Übersetzung für das englische »chance«. Der Mann war ein guter Freund meines Vaters und arbeitete freiberuflich für eine Reihe von Bestattungsunternehmen. Ihm stand ein Leichenwagen zur freien Verfügung, und weil im Freundeskreis meines Vaters nur wenige ein Auto besaßen, wurde der Dienstwagen häufig sachfremd eingesetzt. Ich habe viele Anekdoten über Charlie Le Chance gehört, und in den meisten taucht unvermeidlich die Leiche auf dem Rücksitz auf. Entweder stieg einer seiner Kumpel ein und entdeckte zu seinem Schrecken, dass der Begleiter auf der Rückbank offenbar direkt von der Autopsie kam, oder Charlie sagte schon beim Einsteigen, dass man sich nicht über seine spezielle Fracht wundern solle. Kaum war man unterwegs, verkündete Charlie, dass er eine dringende Besorgung machen müsse und man kurz im Wagen warten solle. Ganz wohl war dem Passagier natürlich nicht, aber er wartete geduldig, und Charlie ließ sich Zeit. Irgendwann kam dann der Moment, da sich der Reißverschluss des Leichensacks langsam öffnete – und den Rest der Geschichte kann sich jeder vorstellen. Jedenfalls war es ebendieser Charlie, der meine Eltern verkuppelte.

Der Mädchenname meiner Mutter war Elizabeth Trust, aber alle kannten sie nur als Betty. Der Name Betty Trust ist zwar nicht unbedingt der melodischste, aber er weckt auf jeden Fall Assoziationen, man sieht vor dem geistigen Auge ein trautes Heim, es duftet schon fast nach selbst gebackenem Kuchen. Mein Vater war fünfzehn Jahre älter als meine Mutter, er ging schon auf die Vierzig zu, und sie war Anfang zwanzig. Beide waren herzensgut, wenn auch etwas altmodisch, und gleichzeitig ehrgeizig wie sonst niemand in ihren Familien. Als FBI-Agent und Studentin der Psychologie hatten sie außerdem Berufswege eingeschlagen, die ihrer Sippschaft sehr schräg vorgekommen sein mussten: Er fahndete in der Unterwelt nach Verbrechern, sie erkundete das Unterbewusstsein der Menschen. Aber bei ihrem Hintergrund – hart arbeitende irische Einwanderer – fiel man schon auf, wenn man nicht zur Messe oder gern in die Oper ging. Beide waren vorher schon einmal verlobt gewesen: Mein Vater war viele Jahre mit einer Frau zusammen gewesen, die immer wieder neue Vorwände fand, den Tag der Hochzeit zu verschieben. Wobei mein Onkel Gerry daran nicht ganz unschuldig gewesen sein soll, ein Teenager mit problematischen Umgangsformen, der sich angeblich Hoffnungen machte, bei dem jungen Paar einzuziehen. Meine Mutter löste ihre Verlobung, als ihr klar geworden war, dass ihr Zukünftiger eher eine traditionelle Hausfrau suchte – und diese Rolle wollte sie nicht spielen.

Sie studierte an der Columbia University, und mein Vater kam regelmäßig vorbei, um mit ihr einen Kaffee trinken zu gehen. Das war 1960, eine Zeit des Übergangs, die weniger gut im kollektiven Gedächtnis geblieben ist als die Ära davor und die Jahre, die folgten. Männer trugen die Haare immer noch kurz, aber die Trendsetter ließen immerhin schon den Hut zu Hause, so wie Kennedy bei seiner Amtseinführung wenige Monate später. Mein Vater allerdings trug weiter Hut – wahrscheinlich um sein früh ergrautes Haar zu verstecken – und den unvermeidlichen Trenchcoat. Er war 1,90 Meter groß und wog an die hundert Kilo (wie ich aus seiner FBI-Akte ersehen konnte). Wenn er meine Mutter auf dem Campus traf, dachten die anderen Studenten wahrscheinlich eher an den Besuch eines Onkels als an ein Rendezvous. Politik wurde an der Columbia University mit großem Ernst und einer verblüffenden Offenheit diskutiert, es gab sowohl Anhänger als auch überzeugte Gegner der Kommunisten, und auch wenn ich mir sicher bin, dass der Campus eher Kennedy als Nixon favorisierte, hätte eine Mehrheit ihr Kreuzchen wohl lieber bei dem Demokraten Adlai E. Stevenson[15] gemacht, wenn er denn noch einmal zur Wahl angetreten wäre. Mein Vater bewunderte Kennedy, nicht zuletzt weil seine Nominierung ein epochaler Erfolg für alle Amerikaner irischer Abstammung war, aber er war mit Kennedys extravagantem Lebenswandel nicht einverstanden – und wählte Nixon. Dass meine Mutter trotzdem Kennedy unterstützte, dürfte kein Grund für Streit in der Familie gewesen sein, beide waren nicht die Art Menschen, die sich über solche Fragen ernsthaft in die Haare kriegten.

Zusammen ausgegangen sind sie zum ersten Mal an einem Dezemberabend, im Commuter's Café in der Church Street im Zentrum von Manhattan. Der Besitzer des Restaurants, ein Einwanderer aus Österreich namens Joe Tretter, war ein enger Freund meines Vaters. Eine geschickte Wahl, denn einerseits war das Essen gut und nicht zu teuer, andererseits wurden die beiden besonders zuvorkommend bedient. Die vertraute Umgebung hat es für meinen Vater zudem sicherlich leichter gemacht als ein fremdes Etablissement. Denn in einem feinen Restaurant die obligatorischen Freundlichkeiten mit dem Oberkellner auszutauschen, die Speisekarte zu studieren und treffsicher Gerichte auszuwählen, die beiden schmeckten – vom passenden Wein einmal ganz abgesehen –, war seine Sache nicht. Für meinen Vater war die Begegnung mit einem Oberkellner allemal ein heikleres Unterfangen als jede Verhandlung mit einem Kidnapper; man fürchtet eben immer das am meisten, was man nicht kennt. Jedenfalls lief alles super mit dem Abendessen – bis zum Flugzeugabsturz.

Genau genommen waren es sogar zwei Flieger, die runterkamen; sie waren im Luftraum über Brooklyn kollidiert. 129 Menschen starben beim Crash in der Luft, sechs weitere wurden am Boden von Trümmern erschlagen. Ein kleiner Junge hatte das Desaster zunächst überlebt; er war aus der Höhe in eine Schneewehe gefallen. Doch am Tag darauf erlag er seinen Verletzungen. Beim FBI riefen sie bei einer solchen Katastrophe einen »Sondereinsatz« aus,

---

15

Adlai Ewing Stevenson, ein großartiger Redner und von den Intellektuellen Amerikas verehrt, war 1952 und 1956 bei den Präsidentschaftswahlen angetreten und hatte gegen den Kriegshelden Dwight D. Eisenhower verloren.

und alle Agenten wurden von ihren regulären Aufgaben abgezogen, um sofort zur Verfügung zu stehen. Mein Vater war zu diesem Zeitpunkt mit Diebstählen in der Eisenbahn beschäftigt – und mit meiner Mutter natürlich. Beides musste jetzt zurückstehen; er brachte sie nach Hause und machte sich auf zum Unglücksort.

Die nächsten paar Monate gingen sie regelmäßig abends aus, einmal pro Woche, und an den übrigen Tagen telefonierten sie miteinander. Meine Mutter war zwar sehr angetan von ihrem FBI-Agenten und genoss seine Gesellschaft, doch ihr fehlte die Perspektive. Die Beziehung, fand sie, dümpelte ziellos vor sich hin. Beim nächsten Samstagabend-Rendezvous eröffnete sie ihm also, dass es wohl besser sei, wenn sie getrennte Wege gingen.

»Oh«, sagte er. »Ich wollte dich eigentlich fragen, ob du meine Frau werden willst.«

Meine Mutter revidierte ihre Einschätzung, was den Fortgang der Verbindung betraf, umgehend und erbat sich Bedenkzeit. Nachdem sie sich entschieden hatte, setzte sie ihre Mutter in Kenntnis, die ihren Gatten Bill informierte: »Wir werden eine Hochzeit feiern.« Bill ging wie selbstverständlich davon aus, dass der gemeinsame Sohn gemeint sein musste, und entgegnete: »Wie will dieser Dummkopf denn eine Familie ernähren, wo er nicht einen müden Cent auf der hohen Kante hat?« Anne stellte klar: »Nein, es ist Betty, die heiraten wird.« Worauf Bill verblüfft nachfragte: »Aber wen denn?« Meine Mutter hat später zugegeben, dass es wohl die impulsivste Entscheidung war, die sie je getroffen hat. Und das will für jemanden, der sein ganzes Leben nichts spontan oder einfach nur aus Jux und Dollerei getan hat, wirklich etwas bedeuten.

Schon kurz darauf traf mein Vater die Eltern meiner Mutter, und alle verstanden sich prächtig. Vom Alter her war der Unterschied zu den Eltern gar nicht so groß, und dass er einen scharfen Verstand, ein großes Herz und dazu noch einen Sinn für Humor hatte, war nicht zu übersehen. Er war außerdem ein wahrer Gentleman, dazu von imposanter Größe und sogar bewaffnet, was es ihnen noch leichter gemacht haben muss, ihm ihre Tochter anzuvertrauen. Aber auch wenn sie ihn als Menschen sehr schätzten, weckten weder sein Hintergrund noch sein Job wirklich Begeisterung bei ihnen. Dass er ein irischer Cop war, hatte in ihrem Koordinatensystem viel weniger Bedeutung als im Clan der Conlons. Die Trusts waren eher katholisch als irisch, und der St. Patrick's Day[16] tauchte in ihrem Kalender gar nicht auf. Das Jaulen von Dudelsäcken ließ sie völlig kalt, selbst der Status eines Beamten fand bei ihnen nicht die schon fast kulthafte Verehrung, die bei den Conlons zu beobachten war. Auch die Ahnen meiner Mutter waren aus Irland nach Amerika eingewandert, nach der schrecklichen Hungersnot in den 1840ern, doch es lag schon drei Generationen zurück, dass in ihrer Familie jemand im unverkennbaren Singsang der Iren gesprochen hatte.

Die Trusts waren einfach amerikanischer als die Conlons und fühlten sich auch wohl so, sie verströmten einen ganz anderen Optimismus. Meine Mutter war das dritte von vier Kindern – Ann, Dolores, Betty und Bill. Ihre zwei Schwestern heirateten Geschäftsmänner, ihr Bruder war selbst einer. Bei den fünf Conlons standen auf der Liste der Arbeitgeber das FBI, die Polizei von New York, die Nahverkehrsbehörde, ein Krankenhaus und die Feuerwehr. Ich war überrascht zu hören, dass es bei der Familie meiner Mutter auch nicht mehr Geld gegeben hat als auf der Seite meines Vaters – ihr Vater war Buchhalter bei einem Ölkonzern, mein Großvater väterlicherseits einfacher Angestellter einer Telefongesellschaft. Beide liebten ihre Familie, meine Mutter wie mein Vater, doch wo die Kindheit meines Vaters von Einschränkungen und sogar Not bestimmt gewesen zu sein schien, erinnert sich meine Mutter an Wärme und Geborgenheit. Es gab sogar mehr Licht in ihrem Leben: Die sechs Trusts hatten eine schöne und helle Wohnung in Flatbush, und ich kann mir bildlich vorstellen, wie sich die Familie im Wohnzimmer versammelte, um gemeinsam die *Fred Allen Show* im Radio zu hören. Die sieben Conlons hingegen hausten in vier winzigen Zimmern mit Blick auf den Hinterhof, eine Wohnung im ersten Stock an der Kingsbridge Avenue in der Bronx. Ein Onkel, der regelmäßig zu Besuch kam, nächtigte auf dem Fußboden in der Küche, und wenn es im Sommer richtig heiß und stickig wurde, schliefen die Kinder draußen auf der Feuertreppe. Die Conlons aßen fettiges Hammelfleisch und tranken ihre Milch aus alten Marmeladengläsern. Die Trusts zelebrierten Geburtstage

---

16
St. Patrick's Day, der 17. März, ist der wichtigste Tag im Kalender der irischen Einwanderer.
Mit großen Paraden wird der Heilige gefeiert, der als erster christlicher Missionar nach Irland kam und
als Schutzpatron der Iren in aller Welt gilt.

mit großem Tamtam und fuhren jedes Jahr in den Sommerurlaub, was es in der Familie meines Vaters beides nicht gab. Als wir später damit anfingen, seinen Geburtstag zu feiern, nahm er es pflichtschuldig hin, als wäre er versehentlich in Hawaii gelandet und würde von freundlichen Einheimischen mit Blumenkränzen behängt. Er hob dann sein Glas und prostete der Familie zu: »Herzlichen Glückwunsch, euch allen!«

Wenn ich die Kindheiten meiner Eltern vergleiche, dann war das Leben meiner Mutter wie eine Seifenoper der Fünfziger, es ging herzlich zu, wenn auch etwas förmlich, und wenn Probleme auftauchten, dann nur von der amüsanten Art, die man in den sechsundzwanzig Minuten einer Folge zur Zufriedenheit aller Beteiligten lösen konnte. Die Kindheit meines Vaters stelle ich mir eher vor wie eine Wochenschau aus den Dreißigern – im Hintergrund die Bilder von hungernden Menschen und Krieg.

Mein Vater heiratete meine Mutter, weil er sie wirklich liebte, davon bin ich überzeugt, aber er wird seine Familie wohl in der Hoffnung gegründet haben, dass es den Seinen einmal so gut geht wie den Trusts – und nicht wie den Conlons. Wenn er einen Anruf von Verwandten bekam, dann waren in der Regel Probleme zu bewältigen: Jemand saß im Gefängnis oder hatte den Job verloren. Wenn meine Mutter angerufen wurde, ging es meistens darum, ob sie nicht vielleicht einen Auflauf oder einen Braten zu einer Familienfeier mitbringen konnte. Für sie war die Ehe das nächste große Kapitel im Buch des Lebens, sie würde nun selbst weitergeben, was sie in ihrer Kindheit erfahren hatte. Für ihn aber begann etwas völlig Neues.

Seine Hoffnungen gingen in Erfüllung; meiner Mutter und meinem Vater waren fast dreißig gemeinsame Jahre vergönnt, sie hatten fünf Kinder, und selbst am Ende ihrer Tage sah man sie bei ihrem Abendspaziergang Hand in Hand. Sie waren nicht immer einer Meinung, aber ich kann mich nur an einen Streit erinnern, den sie vor uns Kindern ausgetragen haben. Da wollte er uns schon ins Auto verfrachten, als sie noch damit beschäftigt war, in der Küche aufzuräumen. Die Auseinandersetzung dauerte maximal zwei Minuten, und es fiel kein lautes Wort. Mein Vater konnte sie gewaltig auf die Palme bringen mit seiner Leidenschaft für Flohmärkte und seiner Sucht, immer neue Bücher zu kaufen; das Gewicht seiner Sammlung dürfte die Statik unserer Behausung an ihre Grenzen gebracht haben. Meine Mutter hatte mit den fünf Kindern auch so schon genug damit zu tun, Ordnung zu halten, aber sie tolerierte seine Marotten: »Mir wäre es lieber, wenn er seine Bücher in der Bibliothek ausleihen würde, anstatt immer wieder in den Buchladen zu pilgern. Und ja, ein paar Pfund abnehmen könnte er auch«, sagte sie. »Aber er trinkt und raucht nicht und geht nicht fremd – was soll ich ihm da das Leben schwermachen?« Meine Eltern waren eben wirklich füreinander bestimmt, und das nicht nur, weil der umtriebige Mr. Le Chance seine Hand im Spiel gehabt hatte, sondern weil sie tatsächlich zueinander passten und fest an ihre Liebe glaubten.

Man kann alles richtig machen und dann doch danebenliegen, und ich hegte keine Illusionen, dass ich in meinem Job als Polizist um solche Erfahrungen herumkommen würde, so sehr ich mich auch anstrengte. Wie an dem Nachmittag, als wir gerufen wurden, weil eine geistig behinderte Frau angeblich mehrfach vergewaltigt worden war. Bewohner und Personal des Heims, in dem sie lebte, sollten sich an ihr vergangen haben. Als wir vor Ort erschienen, agierten alle wie in Zeitlupe, als ob sie die Schwere der Anschuldigung lähmen würde. Wie nichtig, wie unbedeutend war alles, was wir jetzt im Nachhinein unternehmen konnten. Eine mollige junge schwarze Frau saß da bei ihrem Freund auf dem Sofa, ordentlich angezogen, umringt von Sanitätern. Sie war um die zwanzig und lächelte nervös, wie eine Klavierschülerin vor ihrem ersten Auftritt. Ihr Freund, ein drahtiger Puerto-Ricaner, hatte ein starres Grinsen aufgesetzt und leierte die immer selben Versprechen herunter: »Ich passe doch auf sie auf, sie kann bei mir bleiben, sie will doch nur bei mir bleiben.«

Ich nahm sie beiseite und fragte sie ganz direkt, ob sie vergewaltigt worden sei, und sie sagte Ja. Danach habe sie geduscht und die Kleidung gewechselt. Ein für Opfer von Vergewaltigungen durchaus typisches Verhalten – das nur leider auch alles zerstörte, was an Beweisspuren möglicherweise zu finden gewesen wäre. Ich fuhr mit ihr ins Krankenhaus.

Wir saßen im Wartesaal der Notaufnahme, umgeben von Krankheit und Trauma. Es gelang mir, sie für ein paar Minuten in ein Behandlungszimmer zu bringen, um mit ihr zu sprechen. Auf die Frage, was denn passiert sei, schüttelte sie den Kopf, nichts sei geschehen.

»Aber du bist doch vergewaltigt worden?«, hakte ich nach, und sie nickte. Ich begann, den üblichen düsteren Fragenkatalog abzuarbeiten.

»Hat er seinen Penis in deine Vagina gesteckt?« Wieder ein Nicken.

»Hat er seinen Penis in deinen Mund gesteckt?« Sie schüttelte den Kopf, das nicht.

»Hat er sonst noch etwas getan? Hat er dich geschlagen?« Noch mal ein Nein.

»Und du wolltest keinen Sex mit ihm?« Ein Nicken.

»Hast du ihm gesagt, dass du nicht willst?« Auch da nickte sie.

»Hast du versucht, dich zu wehren? Hast du versucht, wegzulaufen oder um Hilfe zu rufen?« Sie sagte, dass sie nichts davon getan habe. Aber wie hat sie ihm denn gesagt, dass sie keinen Sex wolle?

»Ich hab' ihm eben gesagt, dass ich nicht will.«

»Wie oft? Einmal? Mehr als einmal?«

»Einmal.«

»Und hat dir sonst jemand etwas angetan? War sonst noch jemand da, als das passiert ist?« Nein, sie waren allein in ihrem Zimmer.

»Und kennst du den Mann, der dir das angetan hat?« Ja, sie kannte ihn, sein Name sei Roberto. Woher sie ihn kennt? Er lebe ebenfalls im Heim.

Damit waren alle bisherigen Annahmen wie weggefegt. Ich wusste nicht, wie es zu den ursprünglichen Anschuldigungen gekommen war, zum Hergang der Tat, wie ihn die Sanitäter geschildert hatten. Wenn die junge Frau den Vorwurf der Gruppenvergewaltigung nun einfach fallen ließ, war der Fall möglicherweise bereits verloren. Für die meisten Menschen, Geschworene eingeschlossen, gibt es zwischen dem Kontinent der Falschaussage und den Landmassen der Wahrhaftigkeit keine Brücke. Wenn man einmal auf der falschen Seite gewesen ist, kommt man kaum wieder zurück. Die junge Frau war offensichtlich geistig beeinträchtigt, aber es fiel mir schwer, sie direkt darauf anzusprechen. Auch wenn es mir inzwischen gelang, so viel Distanz zu unseren Fällen aufzubauen, dass ich sogar Kinder nach den grässlichsten Details sexueller Vergehen befragen konnte, ohne mit der Wimper zu zucken, schien es mir unmöglich, aus dieser Frau herauszubekommen, wie viel sie wirklich mitbekam von dem, was um sie herum geschah.

»Warum lebst du in diesem Heim?«

»Weil meine Mutter gestorben ist.«

»Und wie lange?«

»Noch nicht so lang.«

»Wie lange denn ungefähr? Eine Woche, einen Monat, ein Jahr oder sogar noch länger?«

»Einen Monat.«

»Deine Mutter ist also vor einem Monat gestorben?« Sie nickte, und ich fragte weiter: »Wo habt ihr vorher gelebt – hier in New York?«

Auch das quittierte sie mit einem Nicken, doch als ich wissen wollte, in welchem Teil der Stadt sie gewohnt hätten, bekam ich denselben Gesichtsausdruck – stumm vor Schmerz –, den ich bei meiner Frage nach der Vergewaltigung schon gesehen hatte. Es war, als hätte sie auch ihre alte Adresse nicht einfach nur vergessen, sondern erfolgreich unterdrückt. Ich half ein wenig nach: »Manhattan, Bronx, Brooklyn, Queens?«

»Brooklyn.«

»Na also. Und war eure Wohnung in Flatbush, Bed-Stuy, Canarsie …?«

Sie sagte, sie hätten in Flatbush gewohnt, und ich notierte mir alle Angaben für meinen Bericht. Wir saßen noch Stunden da und warteten, weil kein Gynäkologe verfügbar war, und wurden schließlich in eine andere Klinik geschickt. Eigentlich war das ein Gesetzesverstoß, denn das Opfer einer Vergewaltigung durfte niemals abgewiesen werden, aber in der Praxis sah das manchmal eben anders aus. Die Krankenschwester entschuldigte sich wortreich, fügte aber hinzu, die Kollegen würden uns schon erwarten und die junge Frau sofort untersuchen. Ich organisierte einen Streifenwagen, und mein Opfer schien die Fahrt zu genießen. Ich blieb auch im nächsten Krankenhaus an ihrer Seite, bis die ärztliche Untersuchung begann. Als man ihr Blut abnahm, jaulte sie wie ein junger Hund.

Draußen vor dem Behandlungszimmer traf ich einen Vertreter des Heimpersonals, der mir sofort auf die Nerven ging. Auch wenn die ursprünglichen Anschuldigungen wohl nicht mehr zu halten waren, trug das Heim natürlich Verantwortung für das, was passiert war. Es hatte eine Bewohnerin nicht schützen können und damit seine Aufsichtspflicht verletzt. Aber dieser Typ legte sofort los, dass er die Darstellung des Opfers glaubhaft finde, bis auf einen entscheidenden Punkt: »Was mich stört ist ihre Behauptung, das Ganze sei im Heim passiert. Unsere Überwachung ist sehr gut. Ich halte es für plausibel, dass alles genau so geschehen ist, wie sie es schildert – aber es muss irgendwo anders stattgefunden haben.« Seine Version, unaufgefordert und in voller Länge vorgetragen, entband die Anstalt mal so eben von jeder Haftung. Meine Frage nach dem möglichen Täter, Roberto, erntete nur einen verwirrten Blick. Nach kurzer Debatte einigten wir uns darauf, dass es sich wohl um einen gewissen Alberto handeln musste, ihren Exfreund, der sie auch dann noch bedrängt haben soll, Sex mit ihm zu haben, als sie längst kein Paar mehr waren.

»Sie war also sexuell aktiv?«

»Ja, das war sie. Und sie benutzte Verhütungsmittel. Auch geistig behinderte Menschen haben Rechte. Unsere Heimbewohner sind sämtlich erwachsen, es steht ihnen offen zu tun, was alle Erwachsenen gerne tun.«

Die Art, wie er das sagte, hinterließ bei mir den Eindruck, dass es im Heim offenbar keinen Mangel an solchen Vergnügungen für Erwachsene gab, und vor meinem inneren Auge erschien die Anstalt plötzlich wie die Villa, in der Hugh Hefner seine legendären Playboy-Feste feierte.

Als die junge Frau aus dem Behandlungszimmer kam, zuckte sie beim Anblick des Heimvertreters zusammen: »Ich will da nicht mehr hin!«, jammerte sie. Ich versicherte ihr, das würde auch nicht geschehen, und als zwei Detectives von der Spezialeinheit für Sexualdelikte erschienen, schotteten sie das Opfer erst einmal ab, um es erneut zu befragen. Kaum waren sie verschwunden, tauchte die Leiterin des Heims im Krankenhaus auf, im Schlepptau zwei weitere Mitarbeiter. *Jetzt kommt der Gegenangriff,* war mein erster Gedanke – und es war auch mein zweiter, als sie verkündete: »Ich denke, der Grund für das Drama ist einzig, dass sie bei ihrem neuen Freund einziehen will.«

Es war schon verblüffend, mit welcher Selbstverständlichkeit sie die Aussage der jungen Frau verwarf. Ich versuchte gar nicht erst, ihr zu widersprechen; zum einen, weil ich wirklich überrascht war von ihrem Auftritt, zum anderen aber vor allem, weil sie mit ihrer unerschütterlichen Gewissheit das komplette Gerümpel an Fehlinformationen mit einem Schlag hinwegfegte. Und mir ging es ja noch immer darum, Klarheit über den Hergang und die Hintergründe herzustellen. Ich warf ein, dass die junge Frau möglicherweise noch Zeit brauche, um sich an ihr neues Zuhause zu gewöhnen, so kurz nach dem Tod ihrer Mutter.

»So kurz nach was?«, fragte die Heimleiterin verdutzt.

»Dem Tod ihrer Mutter.«

»Als ihre Mutter starb, war sie noch ein kleines Kind.«

»Wie lange lebt sie denn bei Ihnen?«

»Seit Jahren, sie ist schon als Teenager zu uns gekommen.«

»Also lebte sie auch nicht bis vor Kurzem mit ihrer Mutter in Brooklyn?«

Beides frei erfunden, das Leben mit der Mutter und auch Brooklyn. Mir war bewusst, dass ich sie mit meinen Fragen geführt hatte und sie sich Details wie den Wohnort Brooklyn aus einer Liste von Möglichkeiten aussuchen konnte. Aber hätte ich ihr die Worte nicht einzeln aus der Nase gezogen, hätte sie vielleicht gar nichts gesagt. Ohne ihre Geschichte hatten wir nichts in der Hand, und doch war ich mir sicher, dass etwas vorgefallen war, was jetzt unter den Tisch gekehrt werden sollte.

Als die Ärzte und Detectives von der Spezialeinheit für Sexualdelikte ihre Untersuchungen abgeschlossen hatten, folgte die nächste Überarbeitung der Fakten. Der Vorwurf der Vergewaltigung wurde nun komplett fallen gelassen, stattdessen sollte sich Alberto lediglich der sexuellen Belästigung schuldig gemacht haben; die Mediziner hatten keine Hinweise auf eine Vergewaltigung gefunden. Einer der Detectives meinte, mich darauf hinweisen zu müssen, dass ich bei aller Sympathie für die junge Frau nicht übersehen solle, dass auch der Täter geistig behindert sei. Und wenn wir nun gegen ihn vorgingen, ihn etwa in Handschellen vom Abendessen entführten und für eine Nacht in eine Zelle verfrachteten, dann wäre es für ihn nur wie ein schlechter Traum. »Wir kommen da nicht weiter«, sagte er. »Die Geschichte trägt nicht. Du kannst nicht einen geistig behinderten Jungen diesem ganzen Theater aussetzen, wenn es keine harten Fakten gibt.«

Ich ging zu der jungen Frau hinüber, um noch einmal mit ihr zu sprechen und die Fragen zu wiederholen, die man ihr schon zigmal gestellt hatte – und die sie offensichtlich jedes Mal anders verstand. Sie war noch immer ganz das flatterhafte Schulmädchen, eben noch schenkte sie einem ihr eifrigstes Lächeln, im nächsten Moment zog sie einen verlegenen Schmollmund. Ich fragte sie, ob Alberto seinen Penis in ihre Vagina gesteckt habe, und sie sagte Nein. Hat er denn seine Hand in sie hineingesteckt? Das hatte er, ja. Ich bot ihr an, eine Limonade zu besorgen oder einen Schokoriegel, aber sie lehnte ab.

»Du bist es bestimmt leid, immer wieder dieselben Fragen zu beantworten«, sagte ich. Sie lächelte und nickte. »Kannst du dich erinnern, wie ich dich gefragt habe, ob Alberto seinen Penis in dich hineingesteckt hat? Da hast du Ja gesagt. Aber jetzt sagst du Nein. Kannst du mir sagen warum? Oder hast du mich gar nicht verstanden?«

Das Lächeln verschwand aus ihrem Gesicht, als ich sie raus auf den Flur führte.

»Na komm«, sagte die Heimleiterin, »wir gehen jetzt nach Hause.«

Die junge Frau begann zu zittern. Und dann weinte sie hemmungslos.

»Ist schon okay, Herzchen, niemand kann dich zwingen, etwas zu tun ...«, eigentlich wollte ich sagen: »... was du nicht tun willst«, wie ich es schon einmal formuliert hatte, aber stattdessen fügte ich hinzu: »... was nicht recht ist.«

Ihre Tränen flossen, und sie starrte mich an. Sie hatte mir wahrscheinlich nicht erzählt, was wirklich passiert war, doch sie ahnte wohl, dass mein Versprechen ebenfalls nichts wert war. Die Heimleiterin war ihr gesetzlicher Vormund und konnte sie jederzeit zwingen, in die Anstalt zurückzukehren. Ich wies noch einmal auf die Widersprüche in ihren Aussagen hin, was den sexuellen Missbrauch betraf, dass aber das Duschen und Waschen ihrer Kleidung unmittelbar danach typisch sei für eine Vergewaltigung. Da aber die Polizei nun nichts weiter für die junge Frau tun könne, sei es an dem Heim, größere Anstrengungen zu ihrem Schutz zu unternehmen – und mindestens Alberto von ihr fernzuhalten. Die Heimleiterin willigte ein, und mit den Detectives der Spezialeinheit einigte ich mich darauf, die Anzeige, die bisher auf Vergewaltigung gelautet hatte, als »Verdacht auf sexuellen Missbrauch« aufzunehmen und eine nachfassende Untersuchung durch das örtliche Revier zu empfehlen. Die junge Frau schluchzte jetzt so sehr, dass sie kaum Luft bekam. Sie wolle nicht gehen, heulte sie, unter keinen Umständen. Doch die Heimleiterin und ihre Mitarbeiter nahmen sie mit, durchaus sanft und fürsorglich, aber eben mit einer kühlen Endgültigkeit, denn nichts, was diese Frau sagte, würde etwas daran ändern können.

* * *

Ich verstand mich mittlerweile besser mit meinen Kollegen. Wir kamen gut zurecht auf dem Revier, und ich wusste, dass ich mich auf sie verlassen konnte, wenn wir auf Streife unterwegs waren. Außerhalb der Dienstzeit hatte ich nur wenig Kontakt mit den anderen Cops, von Weihnachtsfeiern und ähnlichen

Veranstaltungen einmal abgesehen, doch ich hielt sie auch nicht mehr so auf Distanz, wie ich es lange getan hatte. Ich galt bei den Kollegen als einer, der auf der Straße Resultate brachte, und das hieß vor allem: Festnahmen. Die Chefs behandelten mich anständig – und schafften es inzwischen sogar, mich von Coyne zu unterscheiden. Sie boten mir einen Posten in einem der Target Teams an, was ich dankend ablehnte. Ich mochte meinen Job noch immer, und außerdem ließ es sich anscheinend nicht vermeiden, dass man in jeder dieser Einheiten einen Cop hatte, der so gar nichts von Teamarbeit verstand. Trotzdem juckte es mich, auch einmal etwas anderes auszuprobieren, und ich hatte oft genug Gelegenheit, Ermittler in Zivil bei ihrer Arbeit zu bewundern, Leute von der Drogenfahndung etwa, wenn sie einen Block in den Projects durchkämmten und ein Versteck von Drogen oder Waffen aushoben.

Was ich an Fertigkeiten besaß, hatte ich mir selbst beigebracht, zwangsläufig, denn sonst kommt man im Dienst auf der Straße nicht zurecht. Aber ich bin in der Zentrale immer wieder Polizisten begegnet, die auf einem viel höheren Niveau operierten. Die sich ehrgeizige Ziele setzten und auch über die Mittel verfügten, diese zu erreichen. Wie bescheiden waren meine Möglichkeiten im Vergleich dazu! Trotzdem war ich mir sicher, dass meine Chance auf eine Veränderung kommen würde, und in der Zwischenzeit wollte ich doch mal sehen, wie weit ich meine aktuelle Position ausreizen konnte. Meistens klappt es mit der Beförderung auf diesem Weg dann sogar schneller, als man denkt.

Auf den ersten Blick – manche sagen sogar auch nach reiflicher Überlegung – könnte man zu dem Urteil kommen, das Schlimmste an diesem Viertel sei einfach das Viertel. Klar, ein Ghetto, das sah jeder sofort. Doch es gab auch subtile Zeichen dafür, wie runtergekommen alles war, die mindestens genauso deprimierend schienen. Auf der Suche nach einer Tageszeitung ist mir beispielsweise plötzlich bewusst geworden, dass es im gesamten Viertel nur drei oder vier Geschäfte gab, in denen man eine Zeitung bekam. Ich fürchte, mehr als hundert Exemplare der Boulevardblätter *New York Post* oder *Daily News* werden hier wohl kaum über die Ladentheke gehen, dazu vielleicht noch einmal fünfzig Exemplare der Klatschzeitungen in spanischer Sprache. Die *New York Times* war nirgends zu bekommen. Ich schätze mal, wenn ich das sehr großzügig überschlage, dass um die zwei Prozent der Menschen in meinem Revier täglich eine Zeitung lesen.

Ein anderes Zeichen, ähnlich deprimierend: Wenn die Gemeinschaft etwas kostenfrei zur Verfügung stellte, wurde es gnadenlos ausgenutzt. Eine Alarmfahrt im Krankenwagen kostete nichts – also riefen die Leute bei den nichtigsten Anlässen die Ambulanz, obwohl die nächste Klinik gleich um die Ecke war. Leichtes Fieber oder Durchfall? Schnell mal den Krankenwagen rufen und in die Klinik, das war günstiger als ein Besuch beim Arzt. Wer ein neues Rezept brauchte, wofür auch immer, entwickelte rechtzeitig einen stechenden Schmerz in der Brust, der einen sofortigen Abtransport ins Krankenhaus erforderte. Geht doch viel schneller, als zur Apotheke zu laufen.

Wann immer eine Initiative ins Leben gerufen wurde, die Projects zu renovieren und zu verschönern, ging man mit einer unerschütterlichen Entschlossenheit zu Werke, die einen an die Comicfigur Charlie Brown erinnerte: *Dieses Mal* muss es doch klappen, sagte man sich, *dieses Mal* wird unser gutes Werk bestimmt nicht sofort wieder zerstört. Aber wer die *Peanuts* kennt, weiß natürlich, wie es ausgeht. Nachdem es eine Reihe von kleineren Bränden gegeben hatte, machte sich die Verwaltung daran, jedes einzelne Treppenhaus mit einer feuerbeständigen Farbe zu streichen – mit dem vorhersehbaren Effekt, dass es noch öfter brannte als vorher, weil die Leute testen wollten, wie feuerfest diese Farbe nun wirklich war. War sie vielleicht nur feuerhemmend? Völlig egal – um eine langfristige Wirkung zu erzielen, hätte die Farbe auch teflonglatt und kugelfest sein müssen, vor allem aber idiotensicher. Also ließ die Hausverwaltung die Farbe komplett entfernen, bis auf den nackten Beton, was dazu führte, dass die Treppenhäuser in kürzester Zeit in Urin getränkt und mit Graffiti beschmiert wurden – und sich nun überhaupt nicht mehr reinigen ließen.

Wenn wir als Cops mal schnell einen Aufzug brauchten, weil aus dem 18. Stock ein Notruf gekommen war, riskierten wir jedes Mal einen mittleren Aufstand, wenn wir die Bewohner baten, doch auf den nächsten Aufzug zu warten. Mir war es deshalb ein besonderes Vergnügen, als ich einmal auf dem Weg nach unten einen DOA[17] mit im Aufzug hatte. Die Bahre war zu

---

17
DOA: Dead on Arrival. So nennen es die Cops, wenn sie eine Leiche finden.
Bei ihrem Eintreffen ist bereits alles zu spät.

lang für die Kabine und musste senkrecht an die Rückwand gestellt werden. Bei einem Zwischenstopp auf halber Strecke wollte ein Mann einsteigen. Ich bat ihn, auf den nächsten Aufzug zu warten, aber er schenkte mir nur einen verächtlichen Blick und hätte mir wahrscheinlich am liebsten gleich ins Gesicht gespuckt. Er ließ sich doch nicht vorschreiben, wann und wie er mit dem Lift fuhr! Doch dann stand er Kopf an Kopf mit unserer Leiche und zuckte merklich zusammen. Es hatte fast schon etwas Slapstickhaftes, wie er sich betont vorsichtig, einen Schritt nach dem anderen, rückwärts aus dem Aufzug schlich. »Danke für Ihr Verständnis«, rief ich ihm hinterher, »und einen schönen Tag noch.«

Was mich als Cop regelmäßig mit meinem Schicksal versöhnte, war der Umstand, dass Leute, die ein Unrecht begingen, sich dabei meistens ziemlich ungeschickt anstellten; geradezu gedankenlos gingen sie oft zu Werke. Wenn die Verbrecher nur etwas mehr Gehirnschmalz investieren würden, hätten wir ein echtes Problem, überhaupt noch jemanden zu schnappen. Deshalb war der »*mögliche Schusswechsel*«, zu dem ich einmal per Funk gerufen wurde, auch eine wirklich verstörende Angelegenheit: Ein achtzigjähriger Mann aus Jamaika hatte ein Klopfen an der Wohnungstür gehört, und als er aufmachen wollte, registrierte er kurz einen Widerstand an der Klinke, bevor er ein leises »Plopp« hörte und einen stechenden Schmerz in seiner Hand verspürte. Er sah noch, wie sich die Fahrstuhltür genau in dem Augenblick schloss, da er seine Tür öffnete. Es habe einen Moment gedauert, sagte er mir später, bis er sich alles zusammengereimt hatte. Ganz offensichtlich hatte er eine Schussverletzung davongetragen, zwischen Zeigefinger und Daumen klaffte ein kleines Loch – von einer Kugel kleinen Kalibers, wie sich später beim Röntgen herausstellte. Wenn auch die resultierende Verletzung nicht besonders schlimm war, zeugte das Verbrechen doch von einer gewissen Eleganz und echter Bösartigkeit. Die Glühbirne der Lampe im Fahrstuhl war herausgeschraubt, und an der Türklinke baumelte ein langes Stück Bindfaden. Der Täter hatte seine Waffe in eine raffinierte Vorrichtung eingespannt, sodass der Bindfaden den Abzug auslöste sowie die Tür geöffnet wurde. Dann hatte er im Dunkeln auf sein Opfer gewartet. Der alte Mann war überzeugt, dass ein Junge aus dem Haus dahintersteckte. Sein Name war Hassan, ein übergewichtiger und eher tölpelhafter Teenager, wenn ich mich recht erinnere. Der Alte hatte ihn angepflaumt, weil er in der Eingangshalle herumlungerte und dort seine Joints rauchte, woraufhin der Junge wüste Drohungen ausgestoßen haben soll. Das Verbrechen war einerseits meisterhaft choreografiert, mit einer Liebe für technische Spielerei, aber es wies andererseits auch Aspekte auf, die man nur verstörend nennen konnte: die Wahl des Opfers, das unwissentlich selbst den Schuss auslöst, während der Täter das Ganze aus sicherer Entfernung beobachtet. Ich war mir sicher, dass wir von Hassan – oder wer auch immer dahintersteckte – wieder hören würden.

Alte Leute erzählen gerne, wie schön es in den Projects war, als die Gebäude noch neu waren und die Bewohner stolz darauf, hier leben zu dürfen. Und auch wenn es einem fast schon deprimierend vorkommen mag, dass jemand den tristen sozialen Wohnungsbau der Sechziger im Süden der Bronx zum Ideal eines zivilisierten Zusammenlebens erkoren hat, so ist das Bild, das sich dem Betrachter heute bietet, noch um vieles trauriger. Denn für einen Einwanderer, egal ob er jetzt aus Kingston, San Juan oder auch nur aus Harlem stammt, waren die Morris-Blöcke einmal eine neue Welt gewesen, nicht nur der Fahrstühle und Kühlschränke und Gartenanlagen, sondern vor allem ein Kosmos, der ihnen ein besseres Leben versprach. Wenn die Bewohner eigene Anstrengungen unternahmen, in diesem Umfeld wieder ein Leben in Würde herzustellen, hatten sie meine volle Unterstützung.

In einem der schlimmsten Wohnblöcke meines Reviers wollten zwei Frauen eine Art Nachbarschaftswehr aufstellen. In ihrem Haus wurde mit Crack gehandelt, und erst vor Kurzem hatte es eine Vergewaltigung und einen Mord gegeben; in diesem Haus hatten die Verbrecher das Sagen. Ganz vorne dabei war ein Clan namens Bodie, in dessen Wohnung es gelegentlich zu einer Schießerei kam, weil die Familie einen schwunghaften Handel mit Heroin betrieb. Ein Kind war ihnen an einer Überdosis gestorben, als es sich vom Tisch, an dem die Drogen verpackt wurden, etwas in den Mund gesteckt hatte. Ich kannte den ältesten Sohn des Clans, der Alvin hieß und als der schlimmste Verbrecher der Bande galt; seltsamerweise mochte mich dieser Kerl. Ich hatte ihn einmal dabei erwischt, wie er bei einem Dealer auf der Straße Heroin kaufte. Weil ich mir nur den Dealer schnappen konnte, dachte er wohl, dass er grundsätzlich auf meine Nachsicht zählen konnte. Außerdem war seine Mutter schwer krank, und ich stand ein paarmal mit der Besatzung eines Krankenwagens an ihrem Bett. Er hat es mir hoch angerechnet, dass ich sie jedes Mal mit Respekt behandelt habe. (Die Krankheit der Mutter war übrigens auch der Grund, warum man die Familie nicht einfach zwangsweise ausquartieren konnte.) Für mich war Alvin also keine Gefahr; er war Ende zwanzig, ein dürrer Kerl mit einem krummen Rücken. Ich wusste, dass er selbst süchtig war, und man hatte mir zugetragen, dass er wohl an Aids erkrankt war. Früher oder später, da war ich mir sicher, würde ich ihn schon wegen irgendeines Vergehens drankriegen – oder dazu bringen, dass er als Informant für mich arbeitete. Wenn er das Schlimmste war, was dieser Block zu bieten hatte, sollte es nicht zu schwer werden, da für Ruhe zu sorgen.

Wobei auch die beiden Damen, die künftig im Haus Patrouille gehen wollten, nicht ohne waren. Beide waren schwarz, von mittlerem Alter und mit großer Durchsetzungskraft gesegnet. Mrs. Smith war sehr korrekt und tief gläubig, und ihre stärkste Waffe war das gute Zureden. Mrs. Cunningham hingegen traf einen mit der Wucht eines Zugs in voller Fahrt. Mir ist es selbst schon einmal so ergangen, als ich ihrem Sohn eine Verwarnung geschrieben hatte, wegen ungebührlichen Benehmens, wenn ich mich recht erinnere.

»Warum schikanieren Sie meinen Sohn, der sich ganz friedlich um seinen eigenen Kram kümmert?«, tobte sie. »Wenn ihr Cops Vergewaltiger und Mörder mit demselben Ehrgeiz jagen würdet, den ihr darauf verwendet, meinem Sohn nachzustellen, dann wären wir gleich viel sicherer in unserem Viertel hier.«

Es war die klassische Tirade, wie wir sie von den Müttern der Projects tausendmal zu hören bekamen, nur dass sie mit einer wunderbaren und kräftigen Gospelstimme vorgetragen wurde, die einen zu Tränen rühren könnte, wäre sie nicht gegen einen selbst gerichtet.

»Es ist doch bloß eine Verwarnung, Lady«, sagte ich. »Ihr Sohn hat sie verdient und er kriegt sie auch.«

Mrs. Cunningham muss im Laufe des Gesprächs eingesehen haben, dass ich von den Problemen, mit denen sie sich gerade herumschlug, wohl das geringste war. Jedenfalls arbeiteten wir nach dieser explosiven Begegnung prächtig zusammen.

Mrs. Smith und Mrs. Cunningham saßen also Seite an Seite in der Eingangshalle ihres Wohnturms, fast jede Nacht und ohne Unterstützung durch die anderen Mietparteien. Ich versuchte, zwei- oder dreimal bei ihnen vorbeizuschauen, wenn ich meine Runde machte, und wenn ich genug Zeit hatte, kämmte ich das Gebäude einmal von oben nach unten durch. Wenn sich ein Besucher nicht in ihr Gästebuch eintragen wollte, bekam er etwas zu hören. Und wenn diese Ansage nicht ausreichte, wählten sie 911, um mich zu alarmieren. Während sich die meisten solcher selbst ernannten Wachkommandos höchstens heimlich an die Polizei wandten, gingen Mrs. Cunningham und ich unsere Allianz ganz offen an, was allerdings mehr über ihre eigene Furchtlosigkeit sagte als über ihr Vertrauen in meine Fähigkeiten. Einmal hat sie mir von einer jungen Frau berichtet, die ihren Pitbull frei auf dem Spielplatz laufen ließ, und als ich die Dame bei der nächsten Gelegenheit erwischte, schrieb ich eine Anzeige wegen Nichtanleinens eines Kampfhunds, die einzige meiner gesamten Laufbahn bei der Polizei.

Ob unser Einsatz im Viertel Wirkung zeigte, war nicht unmittelbar zu erkennen, doch es fühlte sich gut an, überhaupt etwas zu tun. Mir waren auch vorher schon viele der Wohnungen bekannt, in denen die Crack-Dealer saßen, aber mit der Hilfe von Mrs. Cunningham wusste ich bald, wo der Rest von ihnen hauste, und manchmal baute ich mich einfach vor den Türen auf. Nicht gerade die interessanteste Beschäftigung, aber effektiv. Aus diesen Episoden lässt sich zudem eine wichtige Lektion für die tägliche Arbeit des Streifenpolizisten ableiten: Wer sich unsicher ist, was er tun soll, kann schon mit dem absoluten Minimum etwas bewirken – einfach dastehen und aufpassen.

Ich stand also da und passte auf. Wenn ich Kinder auf den Fluren oder im Treppenhaus sah, fragte ich mich, wie lange es wohl dauern würde, bis man prophezeien könnte, ob aus ihnen die nächsten Cunninghams oder die nächsten Bodies werden. Einen Tag nachdem ich einen Mann festgenommen hatte, weil er seine Frau verprügelt hatte, begegnete ich seinen beiden Töchtern auf der Straße. Sie waren vielleicht sechs und acht Jahre alt und hingen an meinen Händen, als wäre ich ihr Lieblingsonkel.

»Weißt du, wo unser Papa ist?«, fragten sie mich.

Ich wusste, dass Mafia-Mütter ihren Kindern auf eine solche Frage in der Regel eine Lügengeschichte auftischten, Ausreden wie: »Oh, Papa ist unterwegs, auf einer Fortbildung.« Aber mir fiel kein passendes Märchen ein und ich sah auch keinen Grund, warum sie nicht die Wahrheit hören sollten: »Euer Papa sitzt im Gefängnis.«

Die beiden ließen meine Hände trotzdem nicht los, nur die Ältere schlug einen schmollenden Ton an, als hätte man ihr gerade eröffnet, dass es heute keinen Nachtisch gibt: »Aber er hat doch keinen umgebracht, oder?«

»Nein, hat er nicht. Aber er hat eure Mutter sehr schlecht behandelt.«

Die Jüngere antwortete in einer fast schon unheimlichen Imitation ihrer Mutter, die noch mit dem starken Akzent der Immigrantin sprach: »Oh! Er kein guter Mann. Er kein guter Mann!« Und ihre ältere Schwester erkundigte sich: »Können wir ihn denn besuchen? Heute Abend vielleicht?«

»Nein.«

»Und wenn wir einfach ohne Erlaubnis hingehen?«

»Könnt ihr nicht, tut mir leid.«

Ich strich ihnen über den Kopf, und sie rannten los zum Spielen. Bei der nächsten Begegnung kamen sie sofort wieder an, um mich zu begrüßen. Sie zu verunsichern oder zu beunruhigen, war das Letzte, was ich wollte. Aber ich war schon verblüfft, wie wenig sie die Angelegenheit zu berühren schien.

Von mir selbst konnte ich das nicht behaupten; mir wurde zunehmend klarer, welche Probleme mir wirklich zu schaffen machten. Manche Erlebnisse brauchten schlicht eine Weile, bis man sie verarbeitet hatte, wie zum Beispiel die Maden auf dem Körper der verwahrlosten alten Frau oder auch die eigenen Fehler. Doch ich nahm aus solchen Episoden mit, was es zu lernen gab, und hakte die Angelegenheit ab. Andere Begebenheiten konnte ich weniger gut wegstecken, weil sie immer häufiger vorkamen und weil sie einem Energie und Motivation raubten. Es war nie so, dass ich mich auf der Straße nicht sicher fühlte, selbst wenn ich einen wütenden Mob vor mir hatte, denn ich wusste, dass die Kavallerie nie weit war; eigentlich machte ich mir eher Sorgen, dass die anrückenden Kollegen zu Schaden kamen, wenn es aus dem Funkgerät so aufgeregt quakte wie beim Fall von Saigon. Wenn ich tatsächlich mal in ein Handgemenge kam, war es eigentlich immer so, dass die Bösewichte versuchten wegzurennen. Nein, was mir zu schaffen machte, war banaler, alltäglicher Kram, der sich langsam, aber sicher zu einem ernsten Problem auswuchs.

Ursache war die neue Philosophie des NYPD, wie man die Kriminalität eindämmen wollte. »Quality of Life« war das Motto der Verbrechensbekämpfung – Lebensqualität. Dahinter stand der Gedanke, dass jede Toleranz von

Bagatelldelikten eine Zunahme von Kapitalverbrechen nach sich zog. Lebensqualität war für uns also ein Synonym für null Toleranz. Das bedeutete in der Praxis eine nicht enden wollende Folge von Konfrontationen mit Menschen, die nichts anderes vorhatten, als nach einer langen Arbeitswoche an einem Freitagabend gemeinsam abzuhängen. Wenn sich so eine Gruppe in einem Hinterhof oder in der Eingangshalle eines Wohnblocks versammelte, kam unvermeidlich der Alarm einzelner Mieter oder der Nachbarschaftswehren. Manchmal waren die Feierabend-Trupps nur laut und ungezügelt, und das Resultat ihrer Versammlung war ein Berg von leeren Flaschen und die Stummel ihrer Joints, gelegentlich wurden auch Drogen verkauft und konsumiert. Doch viele Notrufe, die über 911 bei der Polizei eingingen, weil angeblich mit Drogen gedealt wurde oder gar Schusswaffen im Spiel waren, hatten kein anderes Ziel, als ein paar laute Teenager loszuwerden. Manche Anwohner entwickelten eine Abneigung gegen die eigenen Nachbarn, die nicht mehr weit entfernt war von der Bigotterie weißer Farmer in der tiefsten Provinz – sie konnten sich nicht vorstellen, dass junge Leute in ihrer Freizeit zusammen Spaß haben wollen. Vor Kurzem ist ein Mann wegen Totschlags angeklagt worden, weil er über 911 gemeldet hatte, es seien »Schüsse abgefeuert« worden. Ein Polizist war auf dem Weg zum vermeintlichen Tatort tödlich verunglückt. Und man kann davon ausgehen, dass es eine hohe Dunkelziffer solcher Fehlalarme gab, die niemals Eingang in einen Polizeibericht fanden.

Während der Cop sich abmühte, die »Lebensqualität« in seinem Revier zu verbessern, ging es mit der Qualität seines eigenen Lebens erst einmal abwärts. Irgendwann in ferner Zukunft winkte vielleicht eine Beförderung, aber der Aufstieg blieb für die meisten nur graue Theorie. Und der Job veränderte sich im Laufe der Zeit: Ich lernte zwar ständig dazu und wurde immer besser – aber die Aufgabe wuchs mindestens genauso schnell. Allein auf Streife zu sein, wurde immer öfter ein heikles Unterfangen, denn die Rowdys legten sich mit einem einzelnen Cop eher mal an als mit zwei Beamten. Früher eilte uns die Warnung voraus: »Die Cops sind da.« Inzwischen hatten alle kapiert, dass ich allein war: »Hey, der Cop ist da.« (Ein Typ nannte mich immer nur »Cuco«, was bei den Puerto-Ricanern so viel wie »Buhmann« heißt. Ich beschloss, es als Kompliment zu verstehen.) Ich hatte eigentlich nur selten Ärger bei solchen Konfrontationen auf der Straße, doch es wurden einfach immer mehr, es hörte überhaupt nicht mehr auf. Ich kam mir langsam vor wie der Barkeeper kurz vor der Sperrstunde, der den ewig selben Spruch herunterleiert: »Ihr müsst zwar nicht nach Hause – aber hier könnt ihr nicht mehr bleiben. Schluss für heute!« Ich scheuchte sie weg, sie kamen wieder. Und das Ganze von vorn. Ich war wie die Pausenaufsicht früher in der Schule, wobei ich nicht erkennen konnte, was an meinem jetzigen Job tatsächlich besser sein sollte. Einmal abgesehen von der paradoxen Entwicklung, dass jede noch so kleine Auseinandersetzung dieser Art meine Macht nur vergrößerte. Solange ein Vergehen im Rahmen einer »Zuwiderhandlung« blieb, stand es allein in meinem Ermessen, wie ich darauf reagieren würde. Bei einem Fall von Körperverletzung oder Diebstahl gibt das Gesetz den weiteren Verlauf meiner Handlungen vor; wenn aber drei oder vier Typen irgendwo rumlungerten und sich meiner Anordnung widersetzten, sich jetzt gefälligst zu verkrümeln, dann fiel das unter die sieben Paragrafen der »Ruhestörung« – und es lag allein an ihrem Verhalten, wie ich mich entscheiden würde. Erstaunt hat mich allerdings immer wieder, wie viele Leute es geradezu darauf anlegten, von mir festgenommen zu werden.

Wenn ich ein paar Typen sah, die es sich mit Boombox und Bier auf einer Bank gemütlich gemacht hatten, schlenderte ich zu ihnen hin, und es hing von der Uhrzeit und dem Lärmpegel ab, für welche von drei Ansagen ich mich entschied: »Was geht hier ab?« war die freundliche Variante, und wenn es schon etwas lauter zuging, lautete mein Bescheid: »Jungs, nicht so laut!«, oder in der nächsten Eskalationsstufe: »Schluss jetzt, Leute, es gibt schon erste Beschwerden.« Worauf es mir dabei ankam, war ihre Reaktion; die Ansprache war für mich eine Art Lackmustest, ob sie meiner Uniform den nötigen Respekt entgegenbrachten, ob sie die Regeln akzeptierten. Denn nur wenn man sich gegenseitig respektiert, kann man aufeinander zugehen und eine Regel mal ein wenig großzügiger auslegen. Manchmal ging ich einfach an den Typen auf der Bank vorbei, was mit einem anerkennenden Nicken quittiert wurde. Wenn ich ironische Buhrufe hörte, nahm ich das als einen harmlosen Spaß, der keine Antwort verdiente. Doch manchmal steckte eben auch eine Provokation dahinter, die ich nicht durchgehen lassen konnte. Also: Was tun?

Seit es das NYPD gibt, ist das für jeden Cop die zentrale Frage, und meistens ist es an ihm allein, eine Antwort darauf zu finden. In den Tagen von

Pat Brown blieb den Streifenpolizisten im Ernstfall nichts anderes, als mit dem Schlagstock auf das Kopfsteinpflaster zu hämmern, um die Kollegen eine Straße weiter zu alarmieren. In der Ära, als mein Onkel Eddie noch auf Streife ging, gab es immerhin schon Notrufsäulen, die der Cop schnell erreichen konnte. Und obwohl es für mich nur eine Frage von Sekunden war, über Funk Verstärkung anzufordern, stand ich in diesem Moment vor derselben Frage wie die Generationen vor mir. *Was zum Teufel soll ich jetzt tun?* Die Antwort war eindeutig und ließ doch so vieles offen: *Mach, was getan werden muss.*

Wenn ein Cop auf der Straße bestehen will, braucht er vor allem eines: Respekt. Auf diesem Fundament steht alles. Selbstverständlich muss man in jeder Situation neu entscheiden, wie man reagiert, aber wenn die Leute anfangen, einen offen zu beleidigen oder einem zu nah auf die Pelle rücken, sollten bei einem Streifenpolizisten alle Alarmglocken schrillen. Sobald einer laut brüllt, ist der Kontrollverlust nicht weit – und dann kann die Begegnung jederzeit in eine gewaltsame Auseinandersetzung umschlagen. Für mich gilt daher als eherne Regel: Was auch immer mir die Leute zu sagen haben, egal ob vor Wut schnaubend oder in echter Not, sie müssen auf Abstand bleiben. Näher als anderthalb Meter lasse ich niemanden an mich heran. Keiner streckt mir seinen Zeigefinger ins Gesicht und niemand baut sich mit breitem Kreuz vor mir auf wie ein Fußballspieler, wenn er den Schiedsrichter einschüchtern will, ohne dass es gleich wie eine Tätlichkeit wirkt, für die er die rote Karte bekommen müsste. Betrunkene wollen einem immer die Hand schütteln, auch ganz normale Menschen verspüren dieses Verlangen gelegentlich, wenn man etwa ihre ausgerissene Tochter wieder zu Hause abliefert oder sich entschieden hat, ihnen dieses Mal noch keinen Strafzettel auszustellen. Bei Letzteren erwidere ich die freundliche Geste zwar, aber nie ohne eine Spur von Unbehagen, weil ich in diesem klitzekleinen Moment, da jemand meine Hand hält, die Kontrolle aufgebe über das, was passiert. Man ist da auf einem schmalen Grat zwischen Paranoia und der gebotenen Vorsicht unterwegs, und die Gefahr eines Absturzes ist noch einmal größer, wenn man in der Konfrontation eigentlich im Vorteil zu sein scheint. Besonders gefährlich wird es nämlich ausgerechnet, wenn man in einem Streit zwischen älteren Menschen oder Teenagern eingreift. Kommt es wirklich zu Handgreiflichkeiten, bei denen man grob zupacken muss, funkt einem die eigene Erziehung dazwischen. Man schlägt doch keine wehrlose Person, Mädchen auch nicht und alte Leute schon gar nicht. Doch wenn man diesen Automatismus nicht abstellen kann, stellt man die Moral über die eigene Sicherheit – und dann steht beides auf dem Spiel. In meinem Revier hat mal eine Frau einem Polizisten das Gesicht mit dem Rasiermesser aufgeschlitzt. Ich kannte beide und frage mich bis heute, ob er möglicherweise weniger wachsam war, weil er es mit einer Frau zu tun hatte. Kann aber gut sein, dass sich dieser Gedanke aus meiner Befürchtung speist, dass es *mir* unter diesen Umständen so ergangen wäre.

Respekt war eine zentrale Regel im Kodex der Straße, und deshalb spiegelte sich diese Norm auch im Verhalten der Cops. Respekt war alles, aber weil das Leben im Ghetto so aufgeladen war mit diesem Universalgebot, konnte es alles bedeuten oder auch gar nichts. »R-E-S-P-E-C-T, find out what it means to me«, sang Aretha Franklin 1967, gemeint ist die Achtung vor dem anderen, dass man sich auf Augenhöhe begegnet und nicht auf den anderen hinabschaut. Aber wenn ein Drogendealer mir bescheinigte, dass ich ihn mit Respekt behandelte, musste ich schon lachen. Was sollte das denn heißen? Dass ich ihm nicht auf offener Straße ins Gesicht schlug? Klar, wenn ich auf Streife unterwegs war, bekamen alle ein freundliches Nicken von mir, die Guten wie die Bösen, aber bei Letzteren war es eigentlich als Warnung gemeint, dass ich sie im Auge hatte, dass mir nichts entging. Haben sie das möglicherweise falsch verstanden?

Im Kodex des Ghettos stand Respekt auch für Angst: Dich werde ich in Ruhe lassen, weil du größer und stärker bist als ich. Es konnte aber ebenso ein Signal sein, dass man auf die Gefühle des anderen Rücksicht nahm: Ich betrüge dich zwar mit deiner Frau, aber ich werde sie nicht vor allen anderen begrabschen. Respekt war häufig nicht mehr als die winzige Zeitspanne zwischen zwei Beleidigungen, die kurze Pause im Trommelfeuer der Missachtung. Denn bei aller Beschwörung des Respekts war auch das genaue Gegenteil im Ghetto allgegenwärtig – die blöde Anmache, die Beleidigung oder sogar Drohung. Den »Diss« – wie in »disrespect« – gab es in unzähligen Nuancen, aber es reichte manchmal schon eine kleine Geste oder ein Blick, um eine gewaltsame oder sogar tödliche Reaktion zu provozieren. Und das Ghetto konnte hundert Prozent Provokation sein, in 3-D aus allen Richtungen, denn wo niemand genug hatte, gelang es den Leuten, auch noch das Wenige zu zerstören, das sie hatten, oder anderen zu nehmen, was sie besaßen. Rauf ging es für einen im Ghetto nur, wenn andere in Richtung Abgrund taumelten.

Einmal hat mich jemand vom Dach mit einem Ziegelstein beworfen. Ich hatte Glück, der Brocken streifte nur meinen Arm und hinterließ kaum einen Kratzer. Kurz fragte ich mich, ob die Täter ihre Aktion als Treffer werteten oder als Misserfolg, doch dann kamen mir Zweifel, ob ich das überhaupt wissen wollte. Unser Katalog der tätlichen Angriffe auf Polizisten war lang und keine besonders erquickliche Lektüre: Viele der Attacken, und darunter waren auch solche mit tödlichem Ausgang, wurden nie aufgeklärt – oder die Täter wurden nicht dafür bestraft. Im 50. Revier ist ein Cop namens Vincent Giudice zu einem Fall von häuslicher Gewalt gerufen worden, ein Schläger mit einer langen Knastbiografie hatte seine Freundin verprügelt. Der Mann schleuderte einen Spiegel auf Giudice, und dabei durchtrennte eine Scherbe die Schlagader im Oberschenkel. Der Täter kam mit einer Verurteilung wegen einfacher Körperverletzung davon. Für den versuchten Mord an Captain Joseph Plavnick gab es nie einen Schuldspruch, er wurde vor der Wache im 46. Revier niedergeschossen, einfach so. Auch der Mörder von Timothy Galvin kam ungeschoren davon: Der Ermittler von der Drogenfahndung in der Bronx hatte die Wohnung eines schwarzen Nationalisten durchsucht, ganz offiziell, mit einem Durchsuchungsbefehl. Der Täter war nicht von Beginn an dabei, und als er später auftauchte, schoss er Galvin ohne weitere Vorwarnung ins Gesicht. Vor Gericht sagte er später aus, er habe den Polizisten für einen Einbrecher gehalten, und einer der Geschworenen ließ sich nach dem Urteil mit den Worten zitieren, Galvin habe bekommen, »was er verdient hat«.

Aus einer Höhe von zwanzig Stockwerken können auch leere Flaschen oder Eier zu tödlichen Geschossen werden, und diese Sorte »Luftpost« hat mich oft genug nur um Armeslänge verfehlt. Einmal zischte sogar eine Dose Corned Beef knapp an mir vorbei, wenn mich die getroffen hätte, wäre ich als Gespenst ziemlich sauer gewesen. Es ist schwer, solche Attacken nicht persönlich zu nehmen, was wahrscheinlich der Grund dafür ist, dass ein Brocken von dem Ziegelstein noch heute vor mir auf dem Schreibtisch thront. Ich hatte zwischenzeitlich sogar überlegt, ihn einrahmen und dazu eine Gravur anfertigen zu lassen: *Für den Polizeibeamten EDWARD CONLON, von den Anwohnern der 169. Straße als Dank überreicht für seine Hingabe im Dienste der Allgemeinheit.*

Aber das wäre natürlich falsch gewesen, und zwar gleich doppelt. Denn in dem betreffenden Wohnblock wohnten ein paar sehr anständige Leute – Mr. Ferguson zum Beispiel, ein pensionierter Polizist, der jetzt im eigenen Haus Patrouille ging. Und wichtiger noch ist der Einwand, dass einem die Vorstellung nicht weiterhilft, der Ziegelstein sei eine Botschaft von den Leuten ganz allgemein gewesen, weil der Gedanke die giftige Annahme einschließt, dass es da draußen einen »jedermann« gibt, der einem Böses will. Viele Leute wussten meine Arbeit nicht zu schätzen, das war mir schon klar, und einer hielt es offensichtlich für eine gute Idee, dass ich bei der Ausübung meines Berufs ums Leben kommen sollte, aber es gibt eben keinen »jedermann«, nirgendwo.

Als Cop musste ich ein paar Grundkenntnisse haben und ansonsten meinen Instinkten vertrauen, den Rest würde ich nach und nach dazulernen. Doch ich würde dabei höllisch aufpassen müssen, dass die Erfahrungen der Praxis nicht einen anderen Menschen aus mir machten.

KAPITEL 5 / VORSICHT, SCHIEFE BAHN

Als ich noch an der Polizeiakademie war, stand der Vortrag eines erfahrenen Detectives auf dem Programm; er sollte uns über die vielen Gefahren unseres künftigen Jobs aufklären. Er hatte selbst jahrelang erfolgreich als verdeckter Ermittler gearbeitet, im Kampf gegen die organisierte Kriminalität und die Drogenmafia, und das hatte sichtbare Spuren hinterlassen. Er konnte keinen Moment stillstehen und unterstrich jeden Satz mit hektischen Bewegungen seiner Hand, während er uns von übergeschnappten Cracksüchtigen und kaltblütigen Drogendealern erzählte und wie sie uns ohne Zögern töten würden. Schon der verseuchte Einstich einer Junkie-Nadel konnte uns umbringen, wenn wir uns dabei Aids einfingen. Mehr Alarm ging wirklich nicht, selbst wenn er sich ein Blaulicht auf den Kopf gesetzt hätte, und ich frage mich heute noch, ob sie uns Leute wie ihn damals als ultimative Abschreckung vorgesetzt haben. Nach dem Motto: *Seid ihr wirklich sicher, dass ihr diesen Beruf ergreifen wollt? Das ist jetzt eure letzte Chance auszusteigen.* Tatsächlich führte der Detective seine Litanei des Schreckens zu einem schauerlichen Höhepunkt, als er uns eröffnete, warum seine Karriere als verdeckter Ermittler abrupt endete – ein Kollege hatte ihn verraten. »Mir ist es egal, was ihr früher einmal gemacht habt, ob ihr Autos geklaut oder selbst Drogen genommen habt«, dröhnte er weiter. »Vielleicht hilft es euch dabei, ein besserer Polizist zu werden. Aber jetzt seid ihr eben Cops, und wer weiter auf der falschen Seite des Gesetzes unterwegs sein will, ist in meinen Augen einfach ein Stück Scheiße.«

Nach diesem letzten Satz war kein Mucks im Saal zu hören. Wären wir in der Lage gewesen zu sprechen, es hätte wohl keiner von uns Zweifel vorgebracht, dass dieser Satz die Wahrheit war und nichts als die Wahrheit – und auch mit einer solchen Härte ein für allemal gesagt werden musste. Aber ich fragte mich, welche Biografien wohl um mich herum versammelt waren, auf welchen verschlungenen Wegen die anderen hier an der Polizeiakademie gelandet waren – und ob es allen gelingen würde, künftig auf dem Pfad der Tugend zu bleiben. Mein eigener Weg hatte jedenfalls ein paar seltsame Wendungen genommen, so viel war schon mal klar. Wenn ich an die Sünden meines Urgroßvaters Pat Brown denke, kann ich fast hören, wie er höhnisch einwirft: »Wenigstens haben sie mich nie eingebuchtet.« Ich habe mich selbst zwar nie als ein Beispiel dafür gesehen, dass sie in der Personalabteilung des NYPD nicht mehr so genau hinsehen, wen sie einstellen, aber wenn ein sauberes polizeiliches Führungszeugnis der Maßstab gewesen wäre, hätte ich es nie zum Polizisten gebracht.

Der Detective lag nicht völlig daneben mit seiner Prophezeiung, dass eine Karriere als jugendlicher Straftäter uns sogar dabei helfen könnte, ein besserer Cop zu werden. Weil wir zum einen wussten, wie Straftäter tickten, und zum anderen ein Gespür dafür hatten, was wirklich ein Verbrechen war. Ein Cop hat mir später einmal eine Geschichte erzählt, die das sehr schön illustriert: »Als ich noch ein Teenager war, hat meine Mutter beim Waschen einmal Gras in meiner Hosentasche gefunden. War gar nicht meins, ich hatte das bloß für einen Freund aufbewahrt. Mir war schon klar, dass es kaum eine faulere Ausrede gibt, aber es war die verdammte Wahrheit. Wenn ich den Spruch auf der Straße höre, weiß ich, dass es in neunundneunzig Prozent der Fälle einfach Bullshit ist. Aber mir ist es genau so passiert.« Ein anderer Kollege wusste zu berichten, dass ein Cop in seinem Revier ein besonderes Händchen dafür hatte, gestohlene Autos aufzuspüren, weil er sich als Teenager gelegentlich eine Karre für seine Spritztouren organisiert hatte.

Arthur Niederhoffer, ein ehemaliger NYPD-Lieutenant, der sich als Soziologe einen Namen gemacht hat, schrieb über seine früheren Kollegen: *Die schlechter Angepassten sind in der Regel zufriedener in ihrem Job als die weniger schlecht Angepassten.* Ein Satz, der einem gleich in doppelter Hinsicht zu denken gibt. Da ist erstens der zynische Sound, der typisch ist für die Sprache der Cops; wir sind niemals »besser angepasst«, sondern allerhöchstens »weniger schlecht angepasst«. Und zweitens der logische Looping, dass ausgerechnet im Unglück der Betroffenen eine Quelle der Zufriedenheit zu finden sein soll. Wie sich eine solche Erkenntnis wohl auf die Auswahl der Bewerber für den Polizeidienst auswirkte? *Leiden Sie unter Nervosität oder Schlafstörungen?*

Haben Sie Probleme, Beziehungen zu anderen Menschen aufzubauen? Dann müssen Sie verrückt genug sein, um beim New York Police Department anzufangen! Ich selbst fühlte mich jedenfalls hinreichend gestört, um von einer Laufbahn als Detective zu träumen.

Der Gedanke, dass es einem durchaus von Nutzen sein konnte, wenn man seinen Weg auf dem falschen Fuß begonnen hat oder zumindest unterwegs den ein oder anderen Fehltritt getan hat, ist nicht völlig neu. Das Bild vom bekehrten Sünder ist in unserem Kulturkreis ein starkes Symbol; in der Religion sowieso, aber auch als Sinnbild der Selbstverbesserung, sei es nun bei trockenen Alkoholikern, erschlankten Übergewichtigen oder sanierten Privatinsolvenzen. Suchtberater oder Bewährungshelfer haben sich nicht selten aus dem Kreis ihrer Klientel hochgearbeitet, und es ist ja auch so, dass unter Veteranen niemand so viel Anerkennung genießt wie derjenige, der selbst an der Front war. Wir halten mehr von Leuten, die es aus eigenem Antrieb geschafft haben, als von denen, die alles in die Wiege gelegt bekommen haben. Und eine Geschichte klingt packender, wenn sie erzählt, wie sich jemand nach einem Rückschlag wieder berappelt. Wer interessiert sich schon für einen, der von Gut nach Besser gelangt ist? Aus der Jugend des großen Kirchenlehrers Augustinus ist ein Aphorismus überliefert, der das Problem treffend umreißt: *Oh Herr, gib mir Keuschheit und Enthaltsamkeit, aber noch nicht jetzt sofort.*

Während es die meisten von uns sehr bewegend finden, wenn Häftlinge davon erzählen, wie sie im Gefängnis ihren Glauben fanden, zeigen wir deutlich weniger Verständnis dafür, wenn Polizisten den Weg zur Erlösung finden, egal ob sie ihr Gewissen noch während der aktiven Dienstzeit entdecken oder erst nach ihrer Pensionierung. Wenn Hollywood von Polizisten erzählt, dann legen die Cops die Regeln gerne großzügig aus, aber Vorschriften kreativ zu umgehen, ist etwas anderes, als Gesetze zu brechen. Wenn Polizisten im echten Leben beichten, wie sie auf der falschen Seite des Rechts gelandet sind, hat es das geneigte Publikum – und ich zähle mich dazu – nicht unbedingt eilig, den Missetätern zu vergeben. Das Klischee von der schiefen Bahn, die für einen Rookie mit einer Tasse Kaffee beginnt, die er spendiert bekommt, und im Sumpf der Korruption endet, steht natürlich im Lehrplan der Polizeiakademie, und gerade in der Vergangenheit war kein Mangel an den kleinen oder größeren Versuchungen, am extravaganten Lebensstil der Metropole teilzuhaben. Nur kann es eben auch genau andersherum laufen: dass einer auf der schiefen Bahn rechtzeitig wieder Halt und den Weg nach oben findet. Eine solche Umkehr wird zwar kaum jemandem gelingen, der in schwere Verbrechen verwickelt war, aber es ist durchaus möglich, über den Horizont der eigenen niedrigen Erwartungen hinauszukommen. Wer in den Projects lebt, beugt sich leider zu oft den schwierigen Umständen, in denen der Bruch von Gesetzen zum Alltag gehört.

Viele Bürger sehen mit Staunen, wie sich die Arbeit der Polizei in den vergangenen Jahrzehnten verändert hat: Heute spüren wir digitalen Fingerabdrücken nach, wir überführen Verbrecher anhand von Rückständen ihrer DNA, und wir schicken bis an die Zähne bewaffnete SWAT-Teams vor, wenn eine gewaltsame Auseinandersetzung mit Verbrechern droht. Doch bei all diesen revolutionären Veränderungen bleibt das größte Wunder die Biografie des einzelnen Polizisten. Nicht wenige haben auf ihrem Weg große Hürden zu überwinden gehabt.

Meine eigene Begegnung mit der Polizei begann in einer Zelle der Transit Police. Ich war im letzten Jahr an der Highschool mit meinem besten Freund auf einen Streifzug durch die Kneipen gegangen. Er war der Sohn hispanischer Einwanderer, den ich hier einfach »Eddie« nennen möchte, um ihn nicht in Schwierigkeiten zu bringen. Es war Frühling und wir standen unmittelbar vor unserer Abschlussprüfung, was als Begründung für unser Vorhaben ausreichen sollte. Wir stellten uns vor einem angesagten Club an, wo ein Türsteher systematisch die Kandidaten aus der Schlange herausfischte, die er nicht hereinlassen würde. Auch Eddie wurde aussortiert, und wir zogen ohne großen Protest weiter – in New Yorker Nachtclubs gelten Bürgerrechte kaum mehr als in Nordkorea. Ich selbst habe etwa eine halbe Minute gebraucht, um die Regel zu verstehen, die der Türsteher anwandte, aber Eddie hatte es natürlich sofort kapiert: Wer nicht weiß war, sollte sich gefälligst ein anderes Etablissement suchen. Und das taten wir dann auch, unsere nächste Station war ein Club in Eddies Nachbarschaft. Im Laufe der Nacht wurde reichlich Feuerwasser konsumiert, was unseren Frust über die Ungerechtigkeit der Welt nur weiter schürte. Unserem brennenden Verlangen, Barrieren einzureißen, verliehen wir schließlich lautstark Ausdruck, indem wir bei einem Imbiss die Scheibe einschmissen. Und dann rannten wir weg.

Wir waren noch nicht eine Straße weiter, da wurden wir von einer Zivilstreife der Polizei gestoppt. Zwei Typen sprangen aus dem Wagen, und ich nahm sofort wie gefordert die Hände hoch. Eddie setzte noch zu einer Verteidigungsrede an, dass wir nichts Unrechtes getan hätten und sie keinen Grund hätten, uns festzuhalten. Später als Cop habe ich diese Nummer selbst tausendfach gehört – aber nie von jemandem, der wirklich unschuldig war. Eddie redete immer schneller und gestikulierte wild, bis die Cops ebenfalls ihre Hände zu Hilfe nahmen und Eddie mit der Faust ins Gesicht schlugen, damit er endlich seine Klappe hielt. Mich hingegen ließen sie in Ruhe, denn ich war reflexartig zur Säule erstarrt, wie es mir mein Vater immer wieder eingeimpft hatte: »Wenn du Ärger mit den Cops hast, widersprich nicht. Sag am besten gar nichts. Oder nur, dass Polizeichef McNulty dein Onkel ist.« Was nicht der Wahrheit entsprach, weshalb ich diesen Joker lieber nicht zog. Wir hatten uns eine Anzeige wegen Sachbeschädigung eingefangen, und weil die Bullen zur Bahnpolizei gehörten, schleppten sie uns zu ihrer Untergrundwache an der nächsten U-Bahn-Station. Das Rumpeln und Rattern der Züge verstärkte das Gefühl noch, dass wir Gefangene auf einem Schiff waren, im Zwischendeck angekettet wie Meuterer, zusammen mit den anderen Pennern und sabbernden Irren, die allesamt auf die Insel der Verlierer verschifft werden sollten. Weil ich mehr Angst vor meinem Vater hatte als vor den Cops, ließ ich erst mal alles über mich ergehen. Rief nicht zu Hause an – und brachte auch meinen angeblichen und wichtigen Onkel nicht ins Spiel.

Erst am nächsten Morgen ließ man uns gehen, und ich machte mich gleich auf zu einem Leichtathletik-Wettkampf, bei dem ich für die Schule im Rennen über die Viertelmeile antreten sollte. Vollgepumpt mit Adrenalin zeigte ich meinen Klassenkameraden, welche Spuren die Handschellen hinterlassen hatten, und stellte dann einen neuen Schulrekord auf. Alle im Team waren schwer beeindruckt – und keiner war so unhöflich, mich darauf hinzuweisen, dass ich wohl kaum festgenommen worden wäre, wenn ich am Abend zuvor genauso Gas gegeben hätte. Aber da hatte ich mir auch noch gar keine Sorgen gemacht, dass wir eventuell erwischt werden könnten.

Wirklichen Ärger hatte ich immer nur mit meinem Vater; wenn es etwa darum ging, abends länger wegzubleiben, oder ich mich weigerte, irgendwelche Arbeiten im Haushalt zu erledigen. Auch wenn mein Alter mir gebetsmühlenartig eingebläut hatte, dass jeder Eintrag im polizeilichen Führungszeugnis meinem weiteren Lebenslauf nachhaltig schaden würde, ahnte ich doch, dass mich die Gesellschaft nicht endgültig verstoßen würde, weil ich einmal ein Fenster eingeschmissen hatte. Sechs Wochen später sollte ich vor Gericht erscheinen, doch vorher standen noch Ferien mit der Familie im Kalender. Und die Vorstellung machte mich durchaus nervös. Denn der Termin vor Gericht fiel ausgerechnet auf den Tag nach der Rückkehr von unserem ersten gemeinsamen Urlaub. Meine Mutter hatte es irgendwie geschafft, eine Pauschalreise auf die Bahamas zu ergattern – und zwar zu einem Spottpreis von 500 Dollar die Woche für die gesamte Familie. Sie hatte sich ewig nach einer solchen Reise gesehnt und alles generalstabsmäßig vorbereitet. Wie sie allerdings unseren Vater davon überzeugen konnte, sein Geld für einen Aufenthalt an einem fernen Strand auszugeben, bleibt mir bis heute schleierhaft. Ihr knappes Budget sah vor, dass wir vor Ort einmal pro Tag in einem Restaurant essen würden; die übrigen Mahlzeiten sollten wir aus den Vorräten bestreiten, die wir in unseren zwei enormen Koffern mitgeschleppt hatten: Thunfisch in Dosen, Erdnüsse und Tang Orange, das orangefarbene Brausepulver, das angeblich sogar die Astronauten im All dabeihatten. Für die Pioniere im Weltraum war der Mond wahrscheinlich auch nicht weiter weg als für uns die Bahamas – und auch nicht so gefährlich. Ich mag zwar eine Dummheit begangen haben, aber ich war nicht selbstmörderisch veranlagt. Warum sollte ich meinem Vater von meinem Problem erzählen und mir dann – auf einer Insel festsitzend – die ganze Woche seine Vorhaltungen anhören?

Am Flughafen ließ mein Bruder die Alarmglocken der Metalldetektoren schrillen. Aus Sorge, dass seine geliebte Coca-Cola auf den Bahamas nicht ausreichend vorrätig sein könnte, hatte er sich jede einzelne Tasche mit Dosen vollgestopft. Unser Vater regte sich über den Cola-Schmuggel prompt auf, als sei sein Sohn mit einer Ladung Kokain aufgeflogen. Das Sicherheitspersonal grinste nur und fischte eine Dose nach der anderen aus der Kleidung meines Bruders. Normalerweise versuchte mein Vater, solche peinlichen Situation zu entschärfen, indem er beiläufig erwähnte, dass er beim FBI arbeitete, doch

dieses Mal sagte er keinen Ton. Der Flug verlief dann ohne weitere Zwischen-
fälle, und der Urlaub brachte sowohl die erhoffte Zerstreuung unter Palmen
als auch die gelegentlichen Spannungen, wie sie in einer Familie unvermeidbar sind. Die Tage am Strand waren wunderbar, wir verbrachten die meiste
Zeit im Wasser, zur Stärkung zwischendurch gab es Thunfisch und Tang.
Leider beschloss meine Schwester Regina am Tag unserer Abreise, ihre Son-
nenbräune noch zu intensivieren, und folgte dem Geheimtipp einer anderen
Sonnenanbeterin, sich statt einer Creme mit Lichtschutzfaktor lieber nur Ba-
byöl auf die Haut zu schmieren. Wir schoben sie im Rollstuhl zum Flugzeug,
eingewickelt in mehrere Decken, mit einem mörderischen Sonnenbrand und
den klassischen Symptomen eines Schocks.

Als nach der Rückkehr in die eigenen vier Wände der letzte Koffer ausgepackt war, lenkte ich das Gespräch vorsichtig auf das Thema, das mich während der gesamten Ferien gequält hatte und von dem mein Vater Gott sei Dank
noch immer nichts ahnte.

»Sag mal«, erkundigte ich mich, »musst du eigentlich am Montag gleich
zur Arbeit?«

Er hatte wohl registriert, dass sich hinter der harmlosen Frage mehr verbergen musste, aber er ging nicht darauf ein: »Natürlich gehe ich zur Arbeit.
Montag ist Dienst wie immer.«

»Es ist nur so«, stammelte ich weiter, »dass ich dich fragen wollte, ob du
mich nicht eventuell ins Gericht begleiten könntest …«

Und dann sprudelte meine Geschichte auch schon heraus, das ganze Drama. Warum ich ihn nicht angerufen hätte, fragte er mich, und ich antwortete,
dass ich ihm den Ärger ersparen und den Urlaub nicht verderben wollte.

»Das ist dir jetzt trotzdem gelungen«, war seine Antwort, wenn ich mich
recht erinnere, aber wir wussten beide, dass die Wahrheit anders aussah: Die
Ferien waren nämlich vorbei, abgehakt. Was ich ruiniert hatte, war nicht weniger als den Rest meines Lebens. Sein Donnerwetter traf mich wie eine Sturm-
böe, es war ein Tobsuchtsanfall, wie ich ihn bei meinem Vater noch nicht erlebt
hatte. Und weil er noch nie vorher laut geworden war, kam es mir so vor, als
hätte er sich seine Rage allein für diesen Moment meines Fehltritts aufgespart.
Ich hätte alles gebeichtet, damit er sich bloß wieder beruhigt, aber ich hatte ja
bereits alles gesagt und beschloss, lieber meinen Mund zu halten.

Am nächsten Tag hatte sich der Sturm verzogen, aber unter der Oberfläche brodelte es noch immer. Was ich zu meiner Entschuldigung oder Erklärung vorzubringen hatte, interessierte ihn nicht mehr. Im Gerichtsgebäude trafen wir meinen Mitangeklagten Eddie, seinen Vater und einen unserer Lieblingslehrer, Mr. DiMichele. Die Erwachsenen murmelten ihre Begrüßung und ihren Dank für die gegenseitige Unterstützung. Eddies Vater sprach kaum Englisch, und Mr. DiMichele hatte zwar diverse Preisträger nationaler Debattierwettbewerbe trainiert, war aber dieses Mal nur als Leumundszeuge geladen, der vor Gericht darlegen sollte, welche großartige Zukunft uns bevorstand und dass wir uns noch nie etwas zuschulden kommen lassen hatten. Eddie und ich sollten einfach still dasitzen und ein Bild vollkommener Reue abgeben. Die Bühne gehörte allein meinem Vater, der prompt alle Register zog. Es dauerte nicht lange, und er hatte der stellvertretenden Staatsanwältin entlockt, auf welcher Universität sie gewesen war. Fordham Law? Na, so ein Zufall, da hatte er ebenfalls studiert. Jura natürlich. Und ihren Vater kannte er auch, ein hohes Tier im NYPD. Dann spielte er vor dem Richter den Tathergang nach, wie ein Tänzer, der abwechselnd in zwei Rollen schlüpft: Eddie schubst, ich zerre, es ist eine angesäuselte Rangelei, gar nicht böse gemeint das Ganze, und dann kracht einer in die Fensterscheibe; für den Schaden sei der Ladenbesitzer inzwischen entschädigt worden, das verstehe sich von selbst.

Unser Fall wurde auf Bewährung ausgesetzt, was bedeutete, dass wir keine weiteren Folgen zu befürchten hatten, wenn wir die nächsten sechs Monate nicht rückfällig wurden. Es war ein faires Urteil für ein solches Bagatellvergehen, das noch dazu von Ersttätern begangen worden war, und wahrscheinlich wäre der Richter auch ohne die Show meines Vaters zu diesem Schluss gekommen. Aber ich hatte bei meinem Vater binnen vierundzwanzig Stunden zweimal eine dramatische Verwandlung beobachten können – erst zum Donnergott und dann zum Winkeladvokaten, dem kein Trick zu billig ist. Beides war eine echte Offenbarung.

Wie im Fall des heiligen Augustinus lagen auch bei mir zwischen der Erkenntnis und dem Weg der Besserung noch ein paar Hindernisse. Einen Monat später schmiss ich nämlich erneut ein Fenster ein, oder genauer: Es wurde mit mir zerdeppert. Ich ging auf die katholische Regis Highschool an der Upper East Side von Manhattan, deren Schüler aus einem Gebiet von

Scarsdale bis Bedford-Stuyvesant kamen. Gelegentlich gab es Ärger mit den Jungs aus Yorkville, dem Viertel östlich von uns, wo auf den Straßen noch Deutsch und Ungarisch zu hören war. An besagtem Abend hatte ich mich mit ein paar Freunden in einer Bar verabredet, als wir auf die ungeliebten Nachbarn trafen. Erst wurden die üblichen Beleidigungen ausgetauscht, und schließlich flogen die Fäuste. Die Schlacht verlagerte sich auf die Straße vor der Bar, wo ich es unglücklicherweise mit einem sehr viel größeren Typen zu tun bekam, der mich einfach packte und gegen das Schaufenster eines Schönheitssalons knallte. Mit dem Rücken zertrümmerte ich die zweieinhalb Meter hohe Scheibe und hob reflexartig die Arme, um meinen Kopf vor den herabregnenden Glassplittern zu schützen, wobei ein großes Fragment meine Hand durchbohrte. Ich hörte das Heulen von Sirenen, und dann stand auch schon ein Streifenwagen mit grellem Blaulicht vor mir. Ich versuchte noch wegzurennen, doch die Beamten hatten mir schnell den Weg abgeschnitten. »Hey, der Kerl hier blutet wie die Sau«, brüllte einer der Cops, worauf ich zurückgab, dass ich schnell ins Krankenhaus müsse und dass Polizeichef McNulty mein Onkel sei. Der Polizist fragte nur: »In welches Krankenhaus willst du denn?«

Nach diesem Scharmützel war ich eine Weile außer Gefecht gesetzt, und es ergaben sich vorerst keine weiteren Gelegenheiten, mit dem Gesetz in Konflikt zu geraten. Das Glasfragment hatte den Medianusnerv in meiner rechten Hand durchtrennt, was mir erstens eine üble Operationsnarbe bescherte und zweitens dazu führte, dass die Hand lange steif und taub blieb, was selbst zahlreiche Sitzungen beim Physiotherapeuten nicht kurieren konnten. Mein Vater versuchte, der misslichen Lage etwas Gutes abzugewinnen: »Tja, das ist deine Schusshand. Du bist also raus, wenn jetzt ein Einberufungsbefehl kommt. Und mit einer Karriere bei der Polizei wird es zum Glück wohl auch nichts.«

Mit dieser Prophezeiung lag er komplett daneben, aber ich war für ihn sowieso schlecht auszurechnen, was einer der Gründe gewesen sein mag, warum er so unzufrieden war mit mir. Regelmäßig enttäuschte ich seine Erwartungen, und zwar auf jeder Ebene: Im Herbst fing ich in Harvard mit meinem Studium an – aber in meinem polizeilichen Führungszeugnis stand eben auch eine Festnahme. Ich gewann die Stadtmeisterschaft über die halbe Meile – und wurde trotzdem zum Raucher, der jeden Tag eine Schachtel Zigaretten brauchte. Auch meine Absicht, Schriftsteller zu werden, kam bei ihm nicht gut an. Natürlich hatte er großen Respekt vor der schreibenden Zunft, wie wohl jeder, der Bücher in einem Tempo verschlang wie mein Vater. Aber als Grundlage für den Lebensunterhalt taugte der Beruf in seinen Augen nicht. Ob ich es nicht lieber als Lehrer versuchen wollte? Oder als Journalist? Werbetexter? Schreiben war als Richtung ja gut und schön – solange am Ende eine feste Anstellung und ein entsprechendes Gehalt heraussprang.

Meine Ambitionen blieben ein Rätsel für ihn, dabei waren auch seine Entscheidungen nicht frei von sonderbaren Widersprüchen. Er konnte es nicht ausstehen, dass ich Zigaretten qualmte. Aber er war gleichzeitig ein besessener Sammler von Trödel und konnte dem Angebot auf Flohmärkten nie widerstehen. Einmal fand er einen Aschenbecher aus Bronze, ein schweres Ding in der Form einer Fliege, mit Flügeln, die sich bewegen ließen. Und er hat diesen Apparat tatsächlich für mich gekauft.

Kaum war ich an der Universität angekommen, geriet ich schon in die nächste Schlägerei. Ein Freund, der keine Ahnung hatte, was man mit seinen Fäusten anfangen konnte, bekam eine ordentliche Abreibung – ohne dass er die Gegenseite provoziert hatte –, und ich war zu seiner Hilfe geeilt. Das Ganze ereignete sich auf der Halloween-Party einer Wohngemeinschaft von zehn Typen – ich erwischte wieder einmal den Größten der Truppe. Leider blieb ich nur zweiter Sieger in diesem Duell, und dass ich bewusstlos zu Boden ging, hielt meinen Opponenten nicht davon ab, weiter auf mich einzuprügeln. Die resultierenden Schmerzen waren nach etwa zwei Tagen ausgestanden, doch die Universität eröffnete ein bizarres Disziplinarverfahren, das sich über Monate hinziehen sollte. Noch skurriler war, dass die Mitglieder des Untersuchungskomitees zu dem Schluss kamen, dass ich allein wohl die Schuld an den Vorgängen zu tragen hatte. Für den Rest des Jahres stand ich unter besonderer Beobachtung, wieder eine Art Bewährungsstrafe. Aus Empörung über die hohen Herren der Universitätsverwaltung beschloss ich, mich künftig aus allen Konflikten herauszuhalten. Es gelang mir nicht immer, aber der Wille war da.

Was mich damals echt umhaute – von betrunkenen Schlägern einmal abgesehen –, war der Umstand, dass solche körperlichen Auseinandersetzungen unter den Jungs an der Uni insgesamt eher selten waren. Unter Footballspielern und anderen Sportskanonen ging es auch mal heftiger zu, das gelegentliche Handgemenge inklusive, aber ich schätze, dass drei Viertel der Studenten seit der Grundschule keine echte Rauferei mehr erlebt hatten. Wo ich herkomme, gehört es für viele Leute zu einem normalen Samstagabend, dass man sich nach ein paar Bieren eine schöne Prügelei liefert – und den meisten bereiteten die zahlreichen Biere mehr Kopfschmerzen als die Schläge, die sie kassiert hatten. Ich selbst hatte jetzt die zwei entscheidenden Nachteile von Gewaltanwendung endgültig verinnerlicht: erstens die Schmerzen danach – und zweitens die möglichen rechtlichen Folgen. Ich hielt mich deshalb fortan an die Maxime, dass eine Prügelei so lange zu vermeiden war, bis es wirklich nicht mehr anders ging. Bis zu diesem Zeitpunkt hatte man reichlich Gelegenheit, die Gegenseite mit anderen Argumenten zu überzeugen als mit den eigenen Fäusten. Nur hingen mir die alten Geschichten noch lange nach, und auch wenn ich in der jüngsten Zeit nicht auffällig gewesen war, wurde ich den Ruf nicht los, dass ich jemand war, auf den man sich verlassen konnte, wenn es hart auf hart kam. Also kümmerte ich mich beispielsweise wochenlang hingebungsvoll um eine Bekannte, die von einem Exfreund gestalkt wurde. Er war tatsächlich ein besonders krasser Fall, der später wegen sexuellen Missbrauchs von Kindern im Gefängnis landete. Meine Bekannte wechselte aus Angst vor diesem Typen regelmäßig ihr Zimmer, damit er sie nicht aufspüren konnte, und ließ sich von mir jeden Tag zu ihren Vorlesungen und Seminaren eskortieren. Einmal kam es zu einem kurzen Handgemenge mit dem Stalker, doch er war weder von beeindruckender Größe noch besonders mutig und suchte schnell das Weite. Die Universität hielt es nicht für nötig einzugreifen, auch das zuständige Gericht sah keine Handhabe. Ein Richter empfahl meiner Bekannten sogar, sie solle sich doch mit dem Stalker versöhnen, sie würden »so ein attraktives Paar abgeben«. Kann schon sein, dass die Uni ihre Klagen zur Kenntnis genommen hat, doch mehr als ein Eintrag im Protokoll eines Disziplinar-Unterausschusses ist daraus wohl nicht geworden.

Ich habe die Sprache der Gewalt nie fließend beherrscht, aber sagen wir es einmal so: Ich wusste, wie ich mich verständlich machen musste, wenn es darauf ankam. Als Cop würde ich den Wert solcher Kenntnisse dennoch nicht zu hoch ansetzen; wer sich schnell auf einen Kampf einlässt, ist nicht unbedingt im Vorteil, und meine jugendliche Neigung, keiner Herausforderung aus dem Weg zu gehen, kann ich wirklich nicht weiterempfehlen. Manchmal war die Gerechtigkeit auf meiner Seite und ich habe den Fight trotzdem verloren, manchmal habe ich gewonnen, obwohl ich im Unrecht war. Welche Lektion soll man denn daraus bloß ziehen? Und will man sie wirklich weitergeben? Ich habe mir oft einen Heidenärger eingebrockt – aus dem einzigen Grund, dass ich ein echtes Talent besaß, solche Scherereien anzuziehen. Meine Freunde kommen noch heute ab und zu mit Anekdoten um die Ecke, die ich lieber vergessen würde. »Kannst du dich noch an die alte Schachtel erinnern, aus der Wohnung gegenüber, die sich über unseren Krach beschwert hat?«, fingen solche Geschichten immer an. Und dann kam ein Katapult ins Spiel und ein Hering oder irgendein anderer Unsinn. Ich wünschte, ich könnte behaupten, dass solche Episoden der Keim für wichtige Innovationen unserer Polizeiarbeit gewesen wären, dass ich kraft solcher Erfahrungen neue Methoden entwickelt hätte, wie man als Polizist einen wütenden Mob beruhigt oder Wilderer zur Strecke bringt. Aber das wäre leider eine fette Lüge. Erziehung hat vielleicht eine Richtung, doch von Lebenserfahrung kann man das nicht unbedingt behaupten.

Gerne würde ich meine jugendlichen Fehltritte als wichtigen Teil einer langen Kette von Ereignissen interpretieren, die mich unweigerlich dorthin geführt haben, wo ich heute stehe. Aber was auch immer ich in jungen Jahren angestellt habe, hätte mich genauso auf ein Leben vorbereiten können, das sich auf der anderen Seite der Gitterstäbe abspielt. Ich kenne beide Seiten und weiß, welche mir lieber ist. Es stimmt schon, wenn Leute sagen, dass man diese Entscheidung, was man sein und tun möchte, jeden Tag aufs Neue trifft. Ich kann nicht sagen, wann bei mir die entscheidende Veränderung eingetreten ist, aber manchmal spüre ich so etwas wie eine direkte Verbindung in meine Vergangenheit. Es ist keine Kette, eher eine improvisierte Leine, wie sie ein Häftling aus seinen Laken knüpft, um sich aus einem Dasein in viel zu engen Grenzen abzuseilen. Wie eine Rettungsleine aus dem falschen Leben ins richtige.

Mein Vater war sich bewusst, dass sich Geschichte manchmal wiederholt – und dass der zweite Durchgang oft sogar noch heftiger ausfällt als der erste. Er war selbst beim FBI, aber für mich war die Arbeit eines Polizisten wichtiger als für ihn, ich zollte den Ordnungshütern mehr Respekt, als er es je getan hatte. Nicht alle im Freundeskreis meines Vaters waren Söhne von Polizisten, aber eben doch eine ganze Reihe. Rich Ferrari zum Beispiel, Mike Gilchrist und auch Brian O'Connor, und dann hatten wir Leute wie Inspektor Mullen in der unmittelbaren Nachbarschaft. Sie trugen die gleiche Uniform – und verkörperten die gleichen Eigenschaften: Sie waren stark, getrieben von der Fürsorge für andere und ausgestattet mit einem unerschütterlichen Gerechtigkeitssinn. FBI-Agenten tragen keine Uniform, und der Job meines Vaters ist mit der Arbeit eines normalen Polizisten kaum zu vergleichen, wobei der Unterschied in der Vergangenheit noch deutlicher ausfiel als heute. Für einen kurzen Moment hatte auch mein Vater die Uniform des Streifenpolizisten getragen, direkt nach dem Krieg war das, doch er hat sich nach dem Abschluss der Polizeiakademie beurlauben lassen, um mit seinem Jurastudium zu beginnen. In seinem alten Notizbuch habe ich einen Ausriss aus dem *Journal-American* vom 2. Juli 1948 gefunden, der seine Klasse bei der offiziellen Abschlussfeier zeigt. In der Bildunterschrift wird der damalige Polizeichef Arthur W. Wallander zitiert, der von den neuen Polizisten verlangte, sie sollten »wenn nötig mit Gewalt gegen Verbrecher vorgehen und den braven Bürgern mit Güte begegnen«. Mein Vater war mittendrin in diesem Meer von Gesichtern, alles Männer natürlich, die meisten Veteranen des Weltkriegs und überwiegend weiß, aber es waren mehr schwarze Cops darunter, als man erwartet hätte. Fast konnte man beim Betrachten des Fotos das stolze »Gut gemacht, Leute!« der Chefs hören, aber ich hatte nicht vergessen, dass mein Vater immer mit sehr gemischten Gefühlen von dieser Veranstaltung sprach. Wallander trat kurze Zeit später zurück, infolge des großen Korruptionsskandals, der auch seinen Boss, Bürgermeister William O'Dwyer, das Amt kostete. Mein Vater hat den Job bei der Polizei einmal sein »Sicherheitsnetz« genannt, nach dem Krieg war das besser als gar nichts, der Polizeidienst sollte für ihn nur die erste Stufe auf der Karriereleiter sein. »Ich habe es im Krieg bis zum Lieutenant der Marine gebracht und als Vertreter des Kapitäns das Kommando an Bord gehabt«, hat er mir einmal gesagt. Außerdem hatte er einen Universitätsabschluss in der Tasche, da musste in dieser Phase des Aufbruchs nach dem Krieg doch mehr drin sein als eine Position als einfacher Streifenpolizist beim NYPD: »Mit deinem Hintergrund, haben mir die Leute damals gesagt, schaffst du es im Nu in den engeren Kreis des Polizeichefs – und dann hast du ausgesorgt.« Aber das kam für ihn auf keinen Fall infrage. Mein Vater hatte tatsächlich eine Menge Freunde bei der New Yorker Polizei, und seine pensionierten Kollegen haben mir später wiederholt und mit Nachdruck versichert, dass er der einzige Agent beim FBI war, mit dem sie gut auskamen.

Als Institution war das NYPD bestimmt menschlicher als das FBI, im Guten wie im Bösen, weniger gleichförmig, mit einer größeren Bandbreite an handelnden Personen und Zielen. Aber das NYPD bekam ständig Druck von der Lokalpolitik und musste zwangsläufig Kompromisse eingehen, während das FBI seit Jahrzehnten professionell geführt wurde und weitgehend unabhängig walten konnte. Trotz aller politischen Zwänge gab es natürlich auch bei der New Yorker Polizei Freiräume, in denen sich Menschen mit Anstand und Ehre entfalten konnten, und weil das die Sorte Cop war, mit der ich groß geworden war, sah ich den gesamten Apparat unter diesen Vorzeichen. In den Zeitungen erschienen zwar hin und wieder Geschichten von Polizisten, die mit den Verbrechern gemeinsame Sache machten, aber sie schilderten die absolute Ausnahme und nicht die Regel. Männer wie Pat Brown waren Figuren aus einer fernen, schon fast vergessenen Vergangenheit.

Wenn mein Vater über seine Zeit im Dienst des FBI sprach, hörte man vor allem den Stolz über seine Arbeit heraus. Trotzdem schwang in den späteren Jahren auch Reue darüber mit, dass er sich nicht eher in den Ruhestand verabschiedet hatte. Achtundzwanzig Jahre war er geblieben, bis zu seinem fünfundfünfzigsten Geburtstag, und hatte damit die Altersgrenze für den Dienst beim FBI erreicht; danach war die Pensionierung zwingend vorgeschrieben. Aber wäre er nicht nach zwanzig oder fünfzehn oder zehn Jahren schon genauso stolz auf seine Lebensleistung gewesen? Als er den Dienst quittierte, war sein ältestes Kind fünfzehn Jahre alt und das jüngste sieben; er hatte eine Familie zu versorgen und brauchte einen krisenfesten Anschlussjob. Die Position eines Beraters in Sicherheitsfragen bei Con Edison war dann schon fast so gut wie eine Stelle im öffentlichen Dienst; der Konzern versorgt die Stadt New York mit Gas und Strom. Er hätte sogar den Posten eines Chief Security

Officers bekommen können, also die Verantwortung für alle Sicherheitsfragen im Unternehmen, aber er zog es vor, in der zweiten Reihe zu bleiben, weil er nicht vierundzwanzig Stunden am Tag in Rufbereitschaft sein wollte. Er spielte lieber den erfahrenen Spezialisten, der immer dann hinzugezogen wurde, wenn besonders verzwickte Fragen zu lösen waren – und zwar möglichst während der regulären Dienstzeiten. Weil er schon früh im Leben Verantwortung getragen hatte, im Job wie zu Hause, lag ihm nichts ferner als die Logik karrierebesessener Menschen, die ständig Scheinprobleme schufen, um sich dann bei der Beseitigung derselben in den Vordergrund drängen zu können. Nur wegen finanzieller Vorteile oder einer intellektuellen Befriedigung einen Apparat im Leerlauf fahren zu lassen, war für ihn der Inbegriff der Selbstsucht. Aber gleichzeitig hat es ihn sehr belastet, immer nur zu den mickrigen Gehältern arbeiten zu müssen, die öffentliche Arbeitgeber zahlten, zumindest solange er davon ausgehen konnte, ein langes Leben vor sich zu haben. Doch als er zum ersten Mal eine Ahnung spürte, dass ihm wohl nicht mehr so viel Zeit blieb, fand er Trost in dem Gedanken, ein gutes Leben gehabt und seinen Job geliebt zu haben. Der Moment dieser Erkenntnis war für ihn wie ein gütiger Wind, der die Wolken vertreibt, die dem Seemann den Blick auf den Nordstern verhängen. Er war wieder auf Kurs, er wusste, wo es langging.

1991, in seinem letzten Jahr, musste sich mein Vater einer Operation an der Prostata unterziehen. Ein Routineeingriff, den er gut überstand, und er fing sofort wieder an zu arbeiten. Trotzdem hatte sich in seinen Gedanken eine Vorahnung eingeschlichen, eher diffus am Anfang, doch er konnte sie nicht mehr abschütteln. Er war immer bei guter Gesundheit gewesen, ich kann mich nicht erinnern, dass er auch nur eine schwere Erkältung erwischt hatte, weshalb er wahrscheinlich ein übertriebenes Theater machte, wenn ihm doch einmal ein Missgeschick widerfuhr, ein kleiner Schnitt im Finger etwa, der sich entzündet hatte. Die Operation war im März, und spätestens im Juni war er davon überzeugt, dass er bald sterben würde. Er konsultierte fünf Ärzte und zuletzt sogar den Betriebspsychiater, der ihm Valium verschrieb, obwohl er wortreich versicherte, dass er nicht unter Depressionen leide: »Nein, ich liebe meinen Job, ich liebe meine Familie, es geht mir bestens – ich denke nur, dass ich bald sterben werde.« Das war an einem Freitag. Am Samstag saß er zu Hause in seinem weinroten Kunstledersessel vor dem Fernseher, während meine Mutter in der Küche die Pläne für das Wochenende durchging: erst die Schulabschlussfeier bei den Mullerys, um fünf Uhr zur Messe, dann die Fahrt in die Pocono Mountains, wo sie den Sonntag verbringen wollten. Aber sie merkte, dass mit meinem Vater etwas nicht stimmte, und fragte: »Sag mal, John, wollen wir das mit der Party lieber lassen?« Und er sagte: »Ja, Betty, wäre mir lieber.« Sie verschwand eine Weile in der Küche, und als sie wieder nach ihm sah, wirkte er so elend, dass sie vorschlug, auch den Kirchgang auszulassen. Auch das fand er eine gute Idee. Ein paar Minuten später war sie wieder bei ihm, und jetzt machte sie sich ernsthaft Sorgen: »John, soll ich besser einen Krankenwagen rufen?« Und er sagte: »Ja, Betty, ich glaube, es ist so weit.« Sie hielt ihn fest in ihren Armen, als er wegnickte. Er wachte nicht wieder auf.

Bei seinem Begräbnis hielt ich die Totenrede, und ich hatte dafür gesorgt, dass mein Freund John Rowland von der Bahnpolizei vor der Kirche den Dudelsack spielte. Nachdem das Glockengeläut verklungen war, setzte draußen das nasale Quaken des Instruments ein. John fing an mit dem *Minstrel Boy*, einem traurigen irischen Lied. Danach spielte er die Hymne der Marineinfanterie, die mein Vater so geliebt hatte, und schließlich *Going Home*, weil das so üblich war. Alles richtig gemacht, dachte ich. Es waren bestimmt tausend Leute zur Beerdigung meines Vaters gekommen, und ich konnte kein einziges Gesicht erblicken, in dem nicht die Tränen flossen. Auf dem Bürgersteig drückte ich meinen Onkel Gerry, der seinen Kopf schüttelte und sagte: »So ein Dudelsack bringt wirklich jeden zum Heulen. Ich könnte das den lieben langen Tag hören.« Ich nickte, als würde auch ich eine große Liebe für den Dudelsack empfinden. »Aber was deinen Vater betrifft: Er konnte das Getröte nicht ausstehen, keine Ahnung warum. Aber so ist das eben. Kannst es nicht allen recht machen.«

Dreieinhalb Jahre später war nicht klar, ob ich wirklich auf dem Foto zu sehen war. Die Gesichter in den ersten beiden Reihen waren gut zu erkennen, aber der Rest verschwamm in einem Meer aus schwarzen und weißen Punkten. *NEW, BUT TRUE BLUE,* hatte der Redakteur unserer Tageszeitung in seiner Überschrift gereimt. Wir waren die neuen Cops, in unserer schönen blauen Uniform, und übrigens die letzten Polizisten, die ausschließlich in den Projects Streife gehen würden. Denn mit der lang angekündigten Polizeireform sollte die Housing Police endgültig abgeschafft und in das NYPD eingegliedert werden.

Meine Familie wird sich allerdings nicht so sehr gefragt haben, ob ich auf diesem Foto zu sehen bin, sondern sich gewundert haben, was ich da überhaupt verloren habe. Mit hundertprozentiger Sicherheit kann ich das auch nicht sagen, aber ich hatte immerhin das Gefühl, dass ich das Richtige tat. Die Umstände waren andere, als mein Vater vor siebenundvierzig Jahren in den Dienst des NYPD trat und sein Foto im *Journal-American* erschien – doch meine Gründe waren durchaus vergleichbar. Ich brauchte einen Job und dachte, dass mir dieser gefallen könnte. Ein paar Tage später rief ein Freund an, um mir zu sagen: »Hey, ich habe dein Foto in der Zeitung gesehen!« Es musste also wahr sein, auch wenn es mir damals nicht so vorkam.

Sechs Monate waren für den Unterricht an der Akademie angesetzt. Wir verbrachten viel Zeit damit, Fragebogen und Formulare auszufüllen, und ein Typ namens Kenny Wade neben mir fragte mich doch tatsächlich: »Sag mal, wie buchstabiert man eigentlich ›verstorben‹?« Ich zeigte auf meinen Zettel, wo ich den entsprechenden Eintrag gerade ausgefüllt hatte, aber er schielte sowieso schon die ganze Zeit rüber zu mir, als ob es ihn bei einer Prüfung retten würde, wenn er meine Sozialversicherungsnummer und die Namen meiner nächsten Verwandten kannte. Dass wir beide dieselbe Antwort gegeben hatten, stellte einen kurzen Moment der Nähe her, auch sein Vater war also bereits gestorben. Ansonsten war das Maß an Gemeinsamkeiten im Auditorium der Akademie nicht besonders groß, wie man schon an den Interpretationen der Aufforderung, in »Geschäftskleidung« zum Unterricht zu erscheinen, erkennen konnte. »Geschäft« hieß für manche eben auch Tiefbau oder Zuhälterei. Viele waren in Jeans und T-Shirt gekommen oder mit Arbeitsstiefeln, und einer trug sogar ein pyjamaähnliches Kleidungsstück in den Farben Kürbisgelb und Lila. Ein Blick in die Runde, und man hatte verstanden, was mit dem Adjektiv »zusammengewürfelt« gemeint ist.

Einige der Ausbilder gaben sich große Mühe, ihren Vorbildern beim Militär nachzueifern, mit einem martialischen Auftritt und dem entsprechenden Gebrüll. Wer verspätet von seiner Mittagspause zurückkehrte oder überhaupt den nötigen Ernst bei der Sache vermissen ließ, musste mit einem öffentlichen Anschiss rechnen. Wahrscheinlich wäre es leichter gewesen, wenn sie sich den größten unter den Polizeianwärtern herausgesucht und vor der versammelten Mannschaft k. o. geschlagen hätten, um sich ein für allemal Respekt zu verschaffen. Manche der Fragen aus dem Auditorium hätten eine solche Antwort definitiv verdient:

»Ich habe einen Halsumfang von sechsundsechzig Zentimetern. Gibt es wirklich Uniformen in meiner Größe?«

»Wenn ich erst einmal mit dem Krafttraining anfange, werde ich wohl etwas breiter werden. Soll ich die Uniform gleich auf Zuwachs kaufen?«

»Ich musste in der Mittagspause ein paar Dinge erledigen. Okay, wenn ich jetzt eine halbe Stunde zum Essen verschwinde?«

In der Vergangenheit hat man Kandidaten, die als verdeckte Ermittler eingesetzt werden sollten, komplett vom Unterricht an der Akademie befreit, damit dieser normale Wahnsinn der NYPD-Ausbildung gar nicht erst auf sie abfärbte.

Ich hatte in meinem Bekanntenkreis nur zwei Leuten erzählt, dass ich zur Polizei gehen würde: Pat Kelly, der mich sehr an meinen Onkel Eddie erinnerte und für mich damit der glaubwürdigste Cop war, den ich mir nur vorstellen konnte; und außerdem John Driscoll, dem klügsten unter meinen Freunden. Pat fand es »saukomisch«, dass ich zum NYPD wollte, und John hielt es für eine gute Entscheidung. Ihre Reaktion zeigte mir, dass ich wenigstens meine Mitwisser gut ausgewählt hatte, denn das Feedback von anderen war später nicht ganz so positiv: »Das ist wohl so ziemlich der schlechteste Karriereschritt, seit Rudolf Heß mit dem Fallschirm über England abgesprungen ist«, formulierte es ein guter Freund. Mein jüngerer Bruder Steve schien durchaus angetan von der Idee, aber der Rest der Familie war einfach nur entsetzt. Der Job eines Polizisten, unkten sie, würde langweilig sein und deprimierend.

Die Anfänge waren tatsächlich nur auszuhalten, wenn man sich wie ein Mantra immer wieder vorsagte, dass es halt notwendige Schritte waren auf dem Weg zum Ziel. Der Alltag an der Akademie war oft entwürdigend oder zumindest in einer erniedrigenden Weise durchreguliert, wie ich es noch nicht erlebt hatte. Unser Tag begann mit dem Appell auf dem Dach des Gebäudes, wo wir uns wie beim Militär in Reih und Glied aufzustellen hatten. Menschen, die du noch nie zuvor gesehen hattest, nörgelten an deiner Frisur herum und bemäkelten, dass du deine Schuhe nicht gut genug geputzt hattest. Wenn uns auf der Treppe Cops begegneten, die im Dienst waren, musste einer von uns laut rufen: »Aus dem Weg, Rekruten, aus dem Weg!« – und alle drückten sich an die Wand des Treppenhauses. In unseren grauen Uniformen aus Polyesterstoff sahen wir aus wie Pfadfinder, und für disziplinarische Verstöße erhielten wir Einträge in unserer »Strafkarte«. Wer zu viele Punkte gesammelt hatte, musste sich in Zimmer 512 melden und bekam einen sehr offiziellen und wirkungsvollen Anschiss. Weil man nur wenig Vertrauen in unseren gesunden Menschenverstand hatte, waren auf allen Treppenstufen Pfeile angebracht, wo man auf dem Weg nach oben und nach unten zu gehen hatte, und in den Fluren gaben einem aufgemalte Spuren an, wo es langging. Sitzplätze wurden grundsätzlich fest zugeteilt, das galt auch für die Aufstellung in der Sporthalle oder in der Schlange vor den Duschen. Drei Duschen standen zur Verfügung, für hundert Männer – da kam man den Ausdünstungen der anderen näher, als einem lieb sein konnte, wobei das immer noch besser war, als neben den übel riechenden Kollegen zu sitzen, die sich um das Duschen gedrückt hatten. Wo wir gerade dabei sind: Das NYPD stellt Leute ab für einen der bestimmt scheußlichsten Jobs der Welt, und auch wenn ich die amtliche Bezeichnung für diese Tätigkeit nicht kenne, beschreibt unser inoffizieller Titel »Piss-Kontrolleur« recht genau, worum es ging. Wir mussten für den obligatorischen Drogentest regelmäßig Urinproben abgeben, und während wir unser Fläschchen füllten, wachte der Piss-Kontrolleur mittels eines schräg über dem Urinal angebrachten Spiegels darüber, dass die Flüssigkeit auch aus der dafür vorgesehenen Körperöffnung stammte. Wen bei dieser Vorstellung das Lampenfieber packte, der bekam Kaffee und Wasser zu trinken und alle Zeit der Welt – was manchmal bis in die Nacht dauern konnte, wie ich mir habe sagen lassen. Einer aus meiner Kompanie ist beim Test durchgefallen, ein Mann, der seinen Job bei der Post gekündigt hatte, weil es ihm dort »zu stressig« war. Die Drogenkontrolle war allerdings auf den Tag nach dem St. Patrick's Day angesetzt, was man durchaus als Schikane bezeichnen kann.

Meine Kameraden in der Klasse #95-04 waren älter, als ich gedacht hatte. Ein Drittel hatte wie ich schon die dreißig erreicht oder war sogar noch älter. Die Zahl der Weißen lag knapp über dem Kontingent der Schwarzen und Hispanos, und Männer waren deutlich in der Überzahl. Der Jüngste in der Kompanie war ein Zwanzigjähriger namens Kris Cataldo, von dem man nur selten ein Wort hörte, und der Älteste war der ehemalige Mann von der

Post. Im Großen und Ganzen nahm die Truppe ihre Ausbildung sehr ernst, die meisten kamen aus anderen Berufen, hatten vorher als Mautkassierer, Automechaniker oder sogar als Lehrer gearbeitet. Etwa die Hälfte war verheiratet, manche hatten sogar schon mehrere Kinder. Am besten kam ich mit zwei weißen Kollegen aus Long Island zurecht, Wade und Breitfeller, und zwei schwarzen aus Queens, Ford und Casey, doch auch wenn wir gelegentlich davon sprachen, nach dem Unterricht noch ein Bier trinken zu gehen, kam es nie dazu. Es scheint auch unter den anderen in der Klasse niemanden gegeben zu haben, der die Kollegen in sein Privatleben ließ; unsere Freizeit verbrachten wir im alten Freundeskreis – sofern unsere diversen privaten Verpflichtungen uns überhaupt noch freie Zeit ließen. Wir sprachen uns nicht einmal mit dem Vornamen an, und unsere Ausbilder wurden nicht müde zu betonen, wie wichtig es sei, den Kontakt zu unseren »zivilen« Freunden nicht abreißen zu lassen, weil sonst das Risiko bestehe, dass wir nur noch für den Job lebten. Ich denke, diese Klippen haben wir ganz gut umschifft.

Obwohl mir die Akademie vorkam wie eine aberwitzige Kombination aus Kindergarten und Bootcamp, war ich erfüllt von dem Gedanken, dass ich hier eine Mission erfüllte, dass ich ein Teil wurde von etwas, das größer war als wir selbst. Meine Ausbilder waren exzellent, auf einer Stufe mit den Lehrern, die ich am College erlebt hatte, zumindest was die Hingabe betraf, mit der sie ihren Stoff vermittelten. Polizeiwissenschaft lernten wir von unserem unmittelbaren Vorgesetzten, Sergeant Alvarado, der anfangs nicht wenige von uns in Angst und Schrecken versetzte. Mit rabbinischer Strenge folgte er dem *Handbuch des Streifenpolizisten*, einem zehn Zentimeter dicken Wälzer, der für jede Lebenslage die passende Handlungsanweisung lieferte, vom Umgang mit verwirrten Personen bis zum exakten Kalenderdatum, von dem an das Uniformhemd mit kurzen Ärmeln zu tragen war – inklusive der Regeln, bei welchen Temperaturen Ausnahmen von besagten Bestimmungen gestattet sind. Sergeant Alvarado hielt uns an, separate Ordner für Ergänzungen zum Handbuch und für temporäre Anordnungen anzulegen – und auch obsolete Anweisungen aufzuheben, um so die Evolution der NYPD-Philosophie zu wichtigen Themen wie beispielsweise dem Abschleppen von Fahrzeugen verfolgen zu können. Es war an Sergeant Alvarado, uns auf alles vorzubereiten, was einem Streifenpolizisten in der Ausübung seiner Funktion begegnen kann: Kranke, Verrückte und Tote; Verkehrschaos und Unfälle; bissige Hunde; Bombenalarm; große Menschenansammlungen und vermisste Personen oder Ausreißer; Jugendkriminalität und häusliche Gewalt; organisiertes Verbrechen; Festnahmen; der Transport von verletzten Gefangenen; Opfer von Verbrechen und Straftäter; Anzeigen und Beschwerden; Korruption; die Beschlagnahme von Diebesgut, Drogen oder Bargeld; die Verwahrung von aufgefundenen Körperteilen. Und außerdem mussten wir natürlich das Regelwerk kennen, das die Funktion des Polizeiapparats gewährleistete: seine Struktur, seine Vorschriften, seinen Kodex; Dienstpläne und Arbeitszeitkonten; Urlaub und die verschiedenen Formen des Sonderurlaubs im Fall von Krankheit oder Tod in der Familie; die Bestimmungen zur Uniform und zur Dienstausrüstung; die Kurzzeichen im Funkverkehr; und nicht zuletzt jede Form von Dokumentation. Was die Orientierung in diesem Universum betraf, hätten wir keinen besseren Lotsen als Sergeant Alvarado finden können – er brachte uns alles bei, was wir wissen mussten. Anfangs quälte er uns mit seiner Unerbittlichkeit, als müsste er eine Herde Broncos zureiten, aber je mehr wir kapierten, desto offener und lockerer gab er sich. Während einer Lehrstunde über die üblichen Beschwerden der Bürger ließ er sich sogar zu einem kleinen Spaß hinreißen, als er uns fragte, welcher Ausruf Polizisten in der Öffentlichkeit die meisten Klagen einbrachte. Wir brüllten unisono: »Arschloch, Sir!« Er nickte und schenkte uns zur Belohnung ein Lächeln.

Nur einmal habe ich an der Akademie wirklich Ärger bekommen: als unser Stundenplan kurzfristig geändert worden war und ich zum Mittagessen rausgegangen war, während der Rest der Kompanie beim Training in der Sporthalle schwitzte. Mein Fehlen fiel sofort auf, und man leitete umgehend eine gründliche Untersuchung des Vorfalls ein, inklusive einer Prüfung meines bisherigen Werdegangs. Als ich von meiner Pause zurückkam – wohltuende fünfzig Minuten und einen Cheeseburger später –, baute sich der Beauftragte für die Disziplin in der Truppe vor mir auf und starrte mich mit einer Miene an, als hätte gerade ein naher Verwandter das Zeitliche gesegnet.

»Wo waren Sie?«, bellte er.

»Mittagessen?«

»Und wo sollten Sie eigentlich sein?«

»Nicht beim Mittagessen?«

Einfach ohne Erlaubnis vom Unterricht fernzubleiben, war eine ernste Angelegenheit, AWOL[18] hieß das Vergehen, als hätte man es mit Deserteuren zu tun. Doch als mich der Disziplinarbeauftragte in das allseits gefürchtete Zimmer 512 geleitete, fiel es ihm sichtlich schwer, das Gesicht nicht zu einem Grinsen zu verziehen. Der Herrscher über Zimmer 512, ein Lieutenant, taxierte mich mit ernstem Blick, er schaute in meine Personalakte und studierte den Bericht über meine unentschuldigte Abwesenheit. Dann fällte er sein Urteil: »Ach zum Teufel, machen Sie, dass Sie hier rauskommen.«

Als es wirklich so weit war, als wir an einem warmen und sonnigen Nachmittag im Juni alle rauskonnten, tanzten wir einen Quickstepp zu Frank Sinatras *New York, New York*. In drei blauen Reihen drängten wir uns ins Auditorium der Akademie und genossen die Choreografie unserer Abschlussfeier. Das Ganze hatte definitiv mehr von einer Broadway-Show als von einem militärischen Zeremoniell, und mir kam es so vor, als ob sich die Seele der New Yorker Polizei endlich einmal gegen den nüchternen Verstand der Bürokraten durchgesetzt hätte. Bürgermeister Giuliani hielt eine Rede, Polizeichef Bratton natürlich auch und noch eine Reihe anderer Würdenträger, doch ich habe nicht einem von ihnen Aufmerksamkeit geschenkt. Das Einzige, was ich an diesem Tag gehört habe, war Sinatra und seine Hymne: »I want to be a part of it … I'll make a brand-new start of it, in old New York.« Das war mein Plan, genau so, und ich musste bei dem Gedanken lachen, wie viel Wahrheit im alten Klassiker dieses Möchtegern-Mafioso steckte, der sein Herz am rechten Fleck hatte – und gelegentlich auch am falschen.

Da standen wir nun, in Paradeuniform, und salutierten mit unseren weißen Handschuhen, dann zogen wir sie aus und warfen sie in die Luft. Wie ein Schwarm Vögel füllten sie den blauen Himmel über New York.

18
AWOL – Absent Without Leave – sagt man beim US-Militär, wenn jemand ohne Erlaubnis seinen Posten verlässt. Ein Vergehen, das mit Soldkürzung und sogar Haft bestraft wird.

E s gab zwei Spezialeinheiten im Revier, die Truppe zur Bekämpfung der organisierten Kriminalität und das Team der Drogenfahndung. Street Narcotics Enforcement Unit hieß Letztere oder einfach kurz SNEU. Ihr Boss, Tom Messer, hatte mir immer gesagt, dass er mich gerne dabeihätte, sobald eine Stelle frei würde. »Ich habe den Vorgesetzten gesagt, dass ich genau dich brauche, weil du den Bogen raushast, wie man schnell einen Durchsuchungsbefehl organisiert«, hatte Messer erklärt, aber bei ihm konnte man sich nie sicher sein, ob er einen gerade auf den Arm nahm. Messer war eine Legende im Revier, weil er jedem seine Meinung sagte, klar und deutlich, auch Cops, die in der Hierarchie höher standen als er. Die Kollegen konnten nicht mit Gewissheit sagen, ob er einfach nur cool war, komplett verrückt – oder ein begnadeter Schauspieler. Vielleicht alles zusammen, wie eine der jüngeren Anekdoten über seine schrägen Auftritte zeigt: Er sitzt hinter dem Tresen der Wache, neben ihm ein Kollege, der gerade sein Mittagessen auspackt, als eine Frau reinkommt und kreischt, dass sie eine offizielle Beschwerde gegen einen Beamten einlegen will. Messer hört sich ihren Vortrag in Ruhe an und sagt dann: »Das sind wirklich sehr ernste Vorwürfe, gnädige Frau. Aber lassen Sie mich folgende Alternative vorschlagen. Ich kann Ihre Beschwerde aufnehmen, selbstverständlich. Aber ich kann Ihnen auch diesen leckeren Cheeseburger geben und Sie vergessen die ganze Angelegenheit.« Er reicht ihr das Lunchpaket seines Nachbarn, und die Frau zieht tatsächlich wieder ab. Eine andere Geschichte stammt noch aus seinen Tagen auf Streife. Da soll er einmal einen Dealer auf der Straße gesehen haben, der gerade sein Geld zählte, ein wirklich fettes Bündel Dollarscheine. Messer geht also zu ihm hin und sagt: »Willst du dein Geld ganz schnell verdoppeln?« Bevor der Dealer schnallt, was passiert, schnappt sich Messer die Scheine und reißt sie allesamt in der Mitte durch. Ich habe ihn lieber nicht gefragt, ob diese Geschichten der Wahrheit entsprachen. Als Messer schließlich mit einem neuen Auftrag von der SNEU abgezogen wurde, folgte ihm fast das gesamte Team. Nur drei Leute aus seiner alten Mannschaft blieben da: Kris Cataldo, der zu meinem Jahrgang an der Akademie gehörte und den jeder nur »Stix« nannte, außerdem Alicia Hall und Sammy Maldonado.

Messers Nachfolger, Sergeant Mike Carroll, kannte ich gut, deshalb fragte ich ihn, ob er noch Verstärkung für sein neues Team suche. Ich hielt sehr viel von ihm, er war smart und engagiert bei der Sache und legte dabei eine gesunde Mischung aus Enthusiasmus und Sarkasmus an den Tag. Und ich hatte gute Erfahrungen mit ihm gemacht, als ich ihn auf Streife mal um Rat gebeten hatte, wie ich mit einem Typen umgehen sollte, der den Kids in meinem Block illegales Feuerwerk verkaufte. Carroll war selbst mal Cop in den Projects gewesen, und entweder hatte er da gelernt, dass man es mit den Vorschriften nicht so genau nehmen musste, oder er hielt die Würde eines Polizisten für zweitrangig. Jedenfalls lautete seine Empfehlung in diesem Fall, dass ich mir den Feuerwerker »undercover« ansehen solle. Er staffierte mich sogar mit einer lachhaften Verkleidung aus, die er für glaubwürdig hielt: Zu einem verschlissenen Armeemantel sollte ich einen Helm mit dem Logo des Energieversorgers Con Edison tragen. Mein einziger Trost war, dass er nicht gerade das Outfit einer Kosmetik-Beraterin herumliegen hatte. Ich kam mir vor wie ein Student, der sich um die Aufnahme in eine Verbindung bewirbt und erst eine verrückte Prüfung bestehen muss. Trotz meiner tollen Tarnung haben mir die verdächtigen Böllerhändler nicht einmal die Tür aufgemacht, aber Carroll war nach diese Episode offenbar überzeugt, dass ich das Zeug zum Drogenfahnder hatte.

Die ersten paar Tage nach meinem Antritt im neuen Job waren Stix, Alicia und Sammy noch auf Weiterbildung und im Urlaub, deshalb fuhren Sergeant Carroll und ich alleine los, um uns ein Bild von der Lage im Revier zu machen – Neuland für mich, zum größten Teil wenigstens. Bei meinem vorigen Job war ich nur selten mit dem Auto unterwegs, obwohl wir für unsere Anfahrt zu den Projects einen Wagen bekommen konnten, wenn wir wollten. Die paar Gelegenheiten, zu denen ich tatsächlich gefahren war, hatten mir gereicht, um festzustellen, dass die Strecke, die ich jahrelang klaglos zu Fuß gegangen war, mit dem Auto schon nach wenigen Minuten langweilig wurde. In der Kiste war man wie eingesperrt, man bekam einfach nichts mehr mit.

Einmal sind wir kurz nach Mitternacht in den Mill Brook Houses auf das Dach eines Wohnblocks in der Mill-Brook-Siedlung gestiegen und haben uns das Geschehen von oben angesehen: die typischen Ziegelfassaden der Wohntürme, die weiten Rasenflächen dazwischen. Ein paar junge Kerle lungerten unten vor dem Eingang herum, und ein Stück weiter saß ein sehr fetter Mann alleine auf einer Bank, sonst war niemand unterwegs, was ungewöhnlich war für eine Sommernacht in der Stadt.

»Ganz schön ruhig heute Nacht«, sagte Carroll. Ich wartete einen Moment und erwiderte: »Zu ruhig.« Weil das die Antwort auf so einen Satz war, wie man sie in jedem zweiten Kriegsfilm aus Hollywood zu hören bekommt. Aber man sollte das eben nicht einmal im Spaß sagen, denn nur Sekunden später peitschten Schüsse durch die Stille, und die Kugeln zischten nur knapp über unseren Köpfen in den Nachthimmel. Wir warfen uns zu Boden, immerhin ein vernünftiger Reflex in einer solchen Situation, und robbten vorsichtig zurück zur Tür und in Sicherheit.

Einen Boss zu haben und ihn auch noch mit dem Auto durch die Gegend zu chauffieren, war für mich etwas Neues. Die Sergeants im Streifendienst hatten immer feste Fahrer gehabt, was durchaus ein begehrter Job war, solange der Boss halbwegs erträglich schien. Außerdem kam man weiter rum und wurde nur alarmiert, wenn es eine komplexe Lage gab oder Festnahmen, bei denen mit Schwierigkeiten zu rechnen war. Nachteil einer solchen Konstellation war, dass man die achteinhalb Stunden einer Schicht nur wenige Zentimeter von seinem Partner entfernt saß, und wenn die Chemie nicht stimmte oder man sich einfach nichts zu sagen hatte, verging die Zeit quälend langsam. Selbst wenn Fahrer und Sergeant gut zurechtkamen, hieß das noch lange nicht, dass die Kombination auch im größeren Zusammenhang des Reviers funktionierte. Denn manche Fahrer spielten sich als rechte Hand des Vorgesetzten auf, was bei der Truppe nicht gut ankam, oder sie nutzten ihre Nähe zum Chef, um sich zum Cheflobbyisten der Kollegen aufzuschwingen, was dem Sergeant schnell auf den Wecker ging. In der Regel entwickelte sich aber zwischen Fahrer und Boss trotz der Rangunterschiede ein enges Verhältnis, das man am besten mit der Beziehung zwischen einem großen und kleineren Bruder vergleichen kann. Für Richie Henderson war Sergeant Poplaski einfach nur »Pops«, und Joey Castaldo nannte seinen Boss, Sergeant O'Hagan, immer nur »Hagie«. Bei mir dauerte etwas länger, bis aus Sergeant Carroll »Mike« wurde, und das anfangs auch nur nach Ende der Schicht. Ich war zwar genauso alt wie die meisten unserer unmittelbaren Vorgesetzten, doch mit zehn Jahren Berufserfahrung hatten sie sich ihre Schulterklappen und meinen Respekt natürlich verdient.

Ich mochte jedenfalls meinen Boss – und war neugierig auf meine neuen Kollegen. Wenn man mit einem Partner zusammen im Streifenwagen saß, war das im Prinzip wie eine Ehe: Man kannte alle Stärken und Schwächen, Gemeinsamkeiten und Unterschiede. Ein Gespräch, das man vor zwei Monaten begonnen hatte, konnte man jederzeit fortsetzen, als wäre man nie unterbrochen worden. Zweierteams waren eine Nebenwirkung des technologischen Fortschritts, denn erst die Einführung des Streifenwagens führte zu diesem Sprung in der Evolution. Wölfe sind im Rudel unterwegs, Rindviecher in der Herde – und Cops mit einem Partner. Wenn zwei Cops auseinandergingen, die lange zusammen gefahren waren, trugen die Kollegen die traurige Nachricht weiter, als wäre eine Ehe in die Brüche gegangen: »Habt ihr schon gehört? Mike und Joe haben sich getrennt!« Auf der Straße musste man sich auf seinen Partner bedingungslos verlassen können, und jeder gemeinsam durchgestandene Einsatz sorgte dafür, dass dieses Band noch stärker wurde. Nur mit einem Partner, der einem den Rücken frei hielt, konnte man sich auf das Wesentliche konzentrieren – das Geschehen im Revier.

Die Arbeit im Team bei der Drogenfahndung unterschied sich in wichtigen Punkten von der Aufgabe des Streifenpolizisten. Auf einen Sergeant kamen mindestens fünf Cops, das verlieh uns im Einsatz gleich eine viel größere Schlagkraft. Wir waren auch nicht in Streifenwagen unterwegs, sondern in zivilen Lieferwagen, und wenn unser Team rausfuhr, folgten wir unserer eigenen Agenda und nicht einem Alarm aus der Zentrale. Cops im Streifenwagen bildeten ein festes Paar – wir gleich eine komplette Familie. Und wie bei einer richtigen Familie war bei uns ein beträchtlicher Teil der Aufmerksamkeit auf das Geschehen innerhalb dieser zusammengewürfelten Truppe gerichtet. Während einer Observierung quengelte garantiert jede halbe Stunde einer, dass er dringend aufs Klo musste oder Hunger hatte, und ein anderer war gerade auf einer speziellen Protein-Shake-Diät und verpestete mit seinen Ausdünstungen die Luft im Wagen. Unser Boss mochte zwar regieren wie ein Diktator, aber im Team herrschte eine trotzige Anarchie. Selbst wenn die Truppe nicht entscheiden konnte, wann sie ausrückte und wohin, wollte sie doch über das Wie ein Wörtchen mitreden. Die New Yorker Polizei rühmte sich ja gerne, wie eine paramilitärische Organisation zu operieren, aber in den SNEU-Einheiten betonte man eher den Zusatz »para« – wir gehorchten eben doch anderen Gesetzen. Ich hielt mich anfangs eher zurück, wenn das Team debattierte, wie man den nächsten Einsatz angehen wollte, aber komplett raushalten konnte ich mich natürlich nicht.

Nachdem ich bei der SNEU angefangen hatte, bekamen wir noch zwei Leute als Verstärkung, die vorher als Partner Streife gefahren waren: Tony Marcano und Orville Reid. Insgesamt kamen wir ziemlich gut miteinander aus, doch es war gleichzeitig unübersehbar, wie verschieden die Persönlichkeiten waren, die jetzt als Mannschaft funktionieren mussten. Ich kam mir manchmal vor wie in einem dieser Filme über den Zweiten Weltkrieg, in denen das Schicksal einen Haufen komplett gegensätzlicher Charaktere versammelt, die sich irgendwie zusammen durchschlagen müssen. Wir, das waren also: Orville oder »OV«, ein willensstarker und sehr gläubiger Christ aus Jamaika; Stix, ein verschlossener Italiener aus dem Hinterland von New York; Tony, ein kerniger Puerto-Ricaner aus der Bronx; Sammy, ein ausgeglichener und bescheidener Typ mit ebenfalls puerto-ricanischen Wurzeln, etwas älter als die anderen; dann die schwarze Alicia, prinzessinnenhaft und gleichzeitig knallhart; und schließlich ich selbst, der irische Mittelstreckenläufer mit dem College-Abschluss, der am wenigsten Erfahrung mitbrachte. Stix war zwar auch nicht länger bei der Polizei als ich, aber immerhin schon sechs Monate bei den Drogenfahndern. Und Orville und Tony hatten schon gelegentlich bei der SNEU ausgeholfen, als die Einheit noch von Tom Messer geführt worden war. Ich hatte also nicht besonders viel zu bieten, doch dafür umso mehr zu lernen. Orville hat später einmal gesagt: »Man sollte schon wissen, wo es langgeht, wenn man bei der SNEU anfängt. Kannst nicht einfach herkommen und davon ausgehen, dass wir dir alles beibringen.«

Die Drogenfahnder der SNEU schlagen zu, wenn ein Deal über die Bühne geht, und das funktioniert so: Das Team wird aufgeteilt auf einen Observierungsposten, kurz OP, und einen zweiten Wagen für den eigentlichen Zugriff.

Der OP wird in der Regel mit zwei Leuten besetzt; sie beobachten die Zielpersonen vom Dach eines Gebäudes oder aus einer leer stehenden Wohnung. Ziel der Operation kann ein einzelner Teenager sein, der mit einer Tasche voller Crack an der Straßenecke auf seine Kundschaft wartet – oder auch ein komplexes Geschäft, bei dem die Gegenseite ebenfalls mit Beobachtern arbeitet und in Mannschaftsstärke antritt, mit einem Aufseher, Geldkurieren und zusätzlichem Personal, das die Kunden anspricht und zu dem eigentlichen Verkäufer lotst. Manche Drogenhändler setzen Lockvögel ein, um sicherzugehen, dass die Polizei nicht irgendwo sitzt und die Show auffliegen lässt. Sie bereiten ihr Geschäft mit einer solchen Akribie und komplizierten Taktik vor, dass man meinen könnte, sie würden Mikrofilme mit geheimen Regierungsdokumenten an eine feindliche Macht übergeben und nicht Tütchen mit Drogen im Wert von zehn Dollar an die Süchtigen verticken. Wir saßen jedenfalls auf unserem OP, guckten zu und gaben detaillierte Beschreibungen des handelnden Personals an unseren Zugriffswagen durch, das Ganze selbstverständlich auf einer speziellen Funkfrequenz, die nur im Umkreis von wenigen hundert Metern zu empfangen war. Der Zugriff erfolgte dann meistens ein paar Straßen weiter, damit die Akteure am Ort der Übergabe nichts davon mitbekamen.

Unser Wagen war in der Regel ein simpler Lieferwagen, aber der war in der Szene längst so bekannt, dass wir auch gleich im blau-weißen Streifenwagen hätten vorfahren können. Sobald unser Zugriffsteam die Beschreibung (oder »Scrip«, wie es in unserem Jargon kurz und knackig hieß) des Käufers hatte und seine ungefähre Richtung, ging es sehr schnell. Zu weit durften wir die Verdächtigen nicht kommen lassen, weil sonst erstens unsere Funkverbindung abriss und zweitens die Gefahr bestand, dass die Junkies irgendwo in einem Haus verschwanden. Als Drogenkonsument braucht man in diesem Viertel keine weiten Wege zu gehen, um den nächsten Dealer zu finden. Manchmal versuchten die Käufer wegzulaufen, andere gingen auf dich los, viele warfen die heiße Ware schnell weg und einige wenige wussten keinen anderen Ausweg, als ihr Tütchen runterzuschlucken. Für den Zugriff war es wichtig, einen guten »Scrip« zu haben; »weißes T-Shirt und Jeans« reicht im Sommer genauso wenig wie »schwarze Jacke und Jeans« im Winter. Es musste ja nicht gleich »Mann mit drei Pitbulls an der Leine« sein. Wir waren schon froh, wenn etwas mehr Beobachtung in die Schilderung des Outfits einfloss, also wenn wir statt

»helles T-Shirt« eine Angabe wie »helles Pink« oder »lindgrün« bekamen oder sogar eine auffällige Beschriftung des T-Shirts. Ein Traum natürlich, wenn der »Scrip« über Funk so lautete: *»Frau in lila-gelb gestreiftem Jogginganzug mit Inka-Mütze auf BMX-Rad.«* Wie jede andere Spezies auf dem Planeten hatten sich auch Drogensüchtige im Laufe der Evolution ihre eigenen und unverwechselbaren Tarnfarben zugelegt.

An unserem ersten Tag im Einsatz observierten wir ein Haus in Mott Haven; wir hatten unseren OP in einem Schulgebäude auf der anderen Seite der Straße eingerichtet. Ich saß mit Sergeant Carroll in der Turnhalle der Schule und behielt vor allem die Leute im Auge, die nur für dreißig Sekunden in dem Haus verschwanden und dann wieder auf der Straße waren. Wenn Drogendealer jemals einen Berater anheuern sollten, der ihnen den optimalen Schutz vor den Fahndern empfehlen sollte, dann würde er genau zu dieser Taktik raten: Der Dealer saß in der Lobby eines Hauses, hinter einer Tür, die nur von innen oder mit einem Schlüssel zu öffnen war; seine Ware lag gut versteckt im Treppenhaus, in einer Lampe oder auf einem Türrahmen. Wenn der Dealer jetzt nichts verkehrt machte, also die Tür offen ließ oder den Stoff am Körper trug, konnten wir kaum etwas unternehmen, weil wir die eigentliche Transaktion nie mitbekamen. Wir konnten einen potenziellen Käufer nach dem anderen abfangen, konnten alle durchsuchen und fragen, was sie in dem Gebäude verloren hatten. Aber wenn sie die Aussage verweigerten oder uns eine falsche Erklärung auftischten, konnten wir nichts gegen den Dealer machen. Selbst wenn es uns irgendwie gelang, ins Haus zu kommen und jeden in die Mangel zu nehmen, der keinen festen Wohnsitz nachweisen konnte, blieb uns meistens nicht viel mehr als der Vorwurf des Hausfriedensbruchs.

Ein junger Hispano öffnete die Tür – weißes Hemd, schwarze Krawatte – und begrüßte die Kundschaft wie der Oberkellner in einem Restaurant. Nachdem wir unseren Lieferwagen mit seinen Käufern gefüllt hatten, gingen wir rein und schnappten ihn uns. Wir fanden zwar nicht ein Gramm Drogen bei ihm, dafür aber ein fettes Bündel Banknoten, mehrere hundert Dollar. Der Oberkellner konnte das alles wunderbar erklären, mit vollendeter Höflichkeit, er war ein Meister seines Fachs. Nicht eine Sekunde verlor er seine Haltung, mit der allergrößten Freundlichkeit versuchte er, uns von unserer geistigen Umnachtung zu befreien, dass er in den ungesetzlichen Handel mit Drogen verwickelt sei. Er behandelte uns wie Menschen mit einem begrenzten Vorrat an Verstand, die bei einer unklaren Faktenlage bedauerlicherweise zu einer albernen Schlussfolgerung gekommen waren. Wir nahmen ihn mit auf die Wache, um ihn weiter zu verhören. Seine Antworten demonstrierten ein außerordentliches Talent, die bekannten Fakten zu seiner eigenen Wahrheit zu verdrehen: Nein, er wohnte nicht in diesem Gebäude, er war dort, um seine Tante zu besuchen; da sie aber nicht zu Hause war, hat er am Fuß der Treppe auf sie gewartet. Und weil all diese Menschen an die Tür klopften, hat er ihnen aufgemacht, wie es ein hilfsbereiter Mensch eben tut. Warum diese Leute danach alle Heroin in der Tasche hatten? Keine Ahnung. Und das Geld hatte er bei sich, weil er gerade für seinen Job als Regalauffüller bezahlt worden war. Ja, es war mehr als der übliche Lohn für eine Woche, denn er hatte auch noch das Geld von der Babyparty dabei, er war nämlich gerade Vater geworden und just auf dem Weg ins nächste Möbelgeschäft, um ein Bettchen für den Nachwuchs zu kaufen.

Sergeant Carroll lachte nur, und auch wenn ich diesem Typen seine Geschichte nicht abkaufte, war ich doch schwer beeindruckt. Einerseits von seiner exzellenten Technik: Mühelos reihte er eine Lüge an die andere, ohne sich zu widersprechen oder auch nur eine einzige Frage unbeantwortet zu lassen. Andererseits verblüffte mich besonders seine Stimme, die mühelos glaubhafte Aufrichtigkeit modulieren konnte. Der junge Vater, der sein ganzes Geld in der Tasche hatte, um eine Wiege für sein Baby zu kaufen. Wie sollte der etwas mit Drogen zu tun haben? Der Typ war nicht der erste Drogendealer, den ich festgenommen hatte, und es war auch nicht das erste Mal, dass ich ein solches Märchen aufgetischt bekam, und doch war ich jedes Mal wieder erstaunt zu hören, mit welcher Inbrunst diese Leute ihre Lügengeschichten vortrugen, selbst wenn sie sich dabei noch so ungeschickt anstellten. Wie die riesenhafte Frau, die mich mit großer Entrüstung anblaffte, als ich ihr die Ampulle mit Crack aus der Hand nahm: »Hey, die haben Sie mir doch untergeschoben!« Und als ob das als Argument noch nicht ausreiche, zog sie ihre Bluse hoch und kreischte: »Sie können mich so nicht ins Gefängnis bringen, ich trage keinen BH.«

Wir erhoben Anklage gegen unseren Oberkellner, mit der Begründung, dass die Beschlagnahme des Geldes beim Verdächtigen und der Ware bei den

Käufern – Briefchen mit Heroin, die mit der Aufschrift *Per Luftpost* abgestempelt waren – einen hinreichenden Verdacht für eine Strafverfolgung geben würden. Es bestand kein Zweifel daran, dass er tatsächlich mit Rauschgift handelte, und er hat es Monate später bei einer erneuten Festnahme auch zugegeben. Doch vor einem Gericht in der Bronx musste man schon mehr vorlegen als eine schöne Indizienkette. Ohne einen echten Beweis für die Transaktion zwischen unserem Mann und seiner Kundschaft war der Fall tot und beerdigt, bevor sich das hohe Gericht überhaupt damit befasst hatte. Der Dealer war schon am folgenden Tag wieder auf freiem Fuß, und wenn seine Tante tatsächlich wie angegeben in diesem Haus lebte, konnten wir ihn nicht einmal wegen Hausfriedensbruchs drankriegen. Ich war nach diesem Fall ziemlich angefressen – nicht, weil ich auch nur einen Gedanken daran verschwendete, ob dieser Mensch für zehn Minuten oder zehn Jahre ins Gefängnis kam, sondern weil unsere Arbeit für null und nichtig erklärt wurde. Die vielen Stunden auf dem Observierungsposten und das Risiko, das wir bei solchen Operationen eingingen – nur zu unserem eigenen Vergnügen? Es gab offenbar eine erhebliche Diskrepanz zwischen unserer Arbeit und ihrer Bedeutung. Leider nahm uns der Job so sehr in Beschlag, dass wir kaum je Zeit hatten, in solche Grübeleien zu verfallen.

Wir zogen fast jeden Tag los, um Dealer zu schnappen, es sei denn, wir mussten irgendwo vor Gericht erscheinen oder zu einer Fortbildung. Auch wenn der Chef verhindert war, gingen wir nicht auf die Jagd; dann wurden wir Streifenwagen zugeteilt oder einem anderen Posten auf der Straße. Gelegentlich ließen sie uns zwar trotzdem in unserem Lieferwagen losfahren, aber es war eigentlich gegen die Vorschriften, SNEU-Operationen ohne einen Vorgesetzten durchzuführen. Andererseits sah man es möglicherweise auch als eine Verschwendung von Ressourcen an, ein SNEU-Team einzusetzen, um eine simple Ruhestörung zu verfolgen, und solange wir mit einem Lieferwagen voller Gefangener zurückkamen, gab es keine Beschwerden. Heikel wurde es nur, wenn etwas schiefging, wenn jemand verletzt wurde oder ein Gefangener türmte. Wenn Carroll nicht da war, schickten sie uns deshalb in der Regel lieber auf Streife. Und davon hatte ich eigentlich mehr als genug gehabt.

Mir wurde erst jetzt bewusst, wie dringend ich diesen Wechsel von meinem Revier in den Projects zum SNEU-Team gebraucht hatte. Der wichtigste Unterschied war, dass ich es nur noch mit echten Kriminellen zu tun hatte. Keine Familienstreitigkeiten mehr, keine häusliche Gewalt, aber auch keine verwirrten und hilflosen Personen, keine Leichen. Diesen Morast zwischenmenschlicher Katastrophen hatte ich komplett hinter mir gelassen. Auf Streife begegnete man jeden Tag den Gezeiten des Lebens – aber normalerweise erwischte man immer nur die Ebbe, das ablaufende Wasser. Wenn die Leute nach den Cops riefen, war meistens ein Drama zu bewältigen; sie waren selten froh, dich zu sehen. Bei der SNEU konnte ich mich komplett darauf konzentrieren, Verbrechern das Handwerk zu legen, die Heroin und Crack verkauften, und am besten auch gleich ihre Kunden einbuchten, damit ich den Beweis führen konnte, dass der Deal tatsächlich stattgefunden hatte. Was sonst in ihrem Leben passierte, was also nicht den Handel mit Opiaten oder Kokain betraf, ging mich nichts an. Auf Streife war man ausführendes Organ der Sozialpolitik. Die Drogenfahndung hingegen war Technik pur.

Es gab Regeln, die an Schach erinnern, Gesetzmäßigkeiten wie bei einem Pokerspiel und Tricks, die man unbedingt draufhaben musste. Nicht umsonst hießen Dealer bei uns nur »Player«. Zu Beginn einer Tour fuhren wir die Straßen ab und scannten die Leute, die uns begegneten: Wer war in Bewegung, wer verharrte auf der Stelle? Wo waren Gruppen von Menschen unterwegs, wo fielen uns Einzelgänger auf? Wie agierten sie? Wie reagierten sie, wenn sie angesprochen wurden? Die meisten Menschen spazieren unbekümmert durch die Welt, sie nehmen kaum war, was um sie herum passiert. Ein Schaufenster lenkt sie ab, aber nur kurz, der Lärm eines Müllwagens lässt sie genervt aufblicken, und vielleicht schauen sie einmal nach links und rechts, bevor sie über die Straße gehen, doch ansonsten ist ein normaler Fußgänger wie in einem Tagtraum gefangen, er wandert durch den Tunnel seiner eigenen Gedanken. Bei Rauschgifthändlern und ihrer Kundschaft sieht das anders aus, das verrät schon ihre Körpersprache: Sie haben alle Antennen auf Empfang, ihre Aufmerksamkeit gilt der Umgebung, und zwar zu hundert Prozent, ständig tastet ihr Radar die Menschen auf der Straße ab – Chance auf einen schnellen Deal oder Gefahr? Süchtige haben einen speziellen Gang, an dem man sie sofort erkennt. Da ist zum Beispiel der »Rumtreiber«, der ein neues Revier erkundet oder die Lage an einem bekannten Handelsplatz peilt. Sein Schritt ist langsam, er bummelt scheinbar ziellos, lässt sich treiben – und passt trotzdem auf, dass ihm keine Gelegenheit für einen Deal entgeht. Auch typisch bei Drogenabhängigen: der »Einsatzmarsch«. Dann trippeln sie mit schnellem Schritt, immer leicht in Vorlage, als müssten sie sich gegen einen stürmischen Wind stemmen, als wollten sie auf dem Weg zum nächsten Schuss keine weitere Sekunde ihres verschwendeten Lebens verschwenden. Aber die Körpersprache unserer Player war immer nur Teil des Spiels, hinter der Fassade lauerte eine hellwache Aufmerksamkeit. Sie waren wie die Katze in der Sonne auf dem Fensterbrett: ein Bild der zufriedenen Trägheit – und doch jederzeit sprungbereit. Wir mussten nur immer eine Spur schneller sein.

Der Drogenhandel auf der Straße ist eine seltsame Kombination von aggressivem Marketing und strategischer Gefahrenabwehr, Dealer müssen ihre Ware anpreisen und dürfen trotzdem nicht auffallen. Der junge Mann auf der Parkbank da drüben sieht aus dreißig Meter Entfernung aus wie ein Schüler, der gerade das letzte Jahr an der Highschool absolviert. Wer aber auf drei Meter herankommt, erhält das Signal, dass er ein Händler und seine Ware in Reichweite ist. Zu nah darf sein Versteck natürlich nicht sein, sonst läuft er bei einer Polizeikontrolle Gefahr, wegen Drogenbesitzes verknackt zu werden. Wenn er den Stoff tatsächlich am Körper trägt, braucht er einen Fluchtweg, also etwa ein Loch im Zaun, das zu einer engen Gasse führt, die direkt vor dem Haus seiner Großmutter endet. Für uns ist der Junge auf der Bank erst mal ein Junge auf einer Bank, und nur der Kontext seiner Handlungen wird uns zeigen, ob mehr dahintersteckt. Also observieren wir ihn, wir beobachten, wen er beobachtet, wir registrieren, wer auf ihn zugeht. Die Menschen auf der Straße werden für uns zu Punkten in einem komplexen Koordinatensystem, und aus den Mustern, die entstehen, ziehen wir unsere Schlüsse.

Nehmen wir eine andere Konstellation: eine Eckkneipe, davor drei junge Typen, ein Pärchen mit einem Kinderwagen direkt an der Tür zur Kneipe, auf dem verlassenen Grundstück daneben alte Männer, die Brandyflaschen in braunen Papiertüten. Außerdem eiert ein Mann mit dem Fahrrad in einem langsamen Slalom die Straße rauf und runter. Die Jungs an der Straßenecke sind meine Kandidaten, klar, aber ich muss noch warten. Was ich brauche, ist ein Kunde. Wie eine Fliege, die in einem Spinnennetz landet, löst der potenzielle Käufer Vibrationen aus, die den Prozess in Bewegung bringen. Der Kunde ist der Köder, der unsere Player aufs Spielfeld lockt.

Er geht an den alten Männern vorbei, an der Familie mit dem Kinderwagen und steuert auf die drei Jungs an der Ecke zu, wie ich vermutet hatte. Einer der drei steckt das Geld ein, der zweite behält die Straße im Auge und der dritte geht zur Frau mit dem Baby. Sie verschwindet kurz in der Kneipe, und ich denke, Gott sei Dank, dass sie den Stoff nicht im Kinderwagen versteckt hat. Sekunden später ist sie wieder da und steckt dem jungen Dealer etwas zu. Er schlendert an seinen alten Platz zurück, der Kunde bekommt seine Ware und verzieht sich auf demselben Weg, auf dem er gekommen ist. Der Typ auf dem Fahrrad kurvt langsam hinterher. Ich gebe meine Beschreibung per Funk an die Kollegen weiter: »*Hispano, männlich, rote Kappe, blaue Tommy-Hilfiger-Jacke, Jeans, auf der Willis Avenue in Richtung Süden unterwegs. Und Vorsicht: Er hat einen Aufpasser im Schlepptau, lasst den Kunden erst mal ein paar Straßen weiterlaufen.*«

Ich habe also drei Player erwischt: die Mutter und die Typen Nummer eins und drei an der Straßenecke. Den Käufer schnappen wir uns, den Mann auf dem Rad beobachten wir. Dass die junge Mutter nur kurz im Hauseingang verschwunden ist, verrät mir, dass ihr Vorrat an Ware nicht weit weg ist; entweder trägt sie den Stoff am Körper oder er liegt gleich hinter der Tür in einem guten Versteck, in einem Briefkasten vielleicht oder in einem Loch in der Wand. Wer uns jetzt noch fehlt, ist Player Nummer zwei, wir müssen ihn weiter observieren, um herauszufinden, welche Rolle er in dieser Konstellation spielt. Steht er nur Schmiere? Oder ist er sogar der Chef der ganzen Operation? Rangiert er in der Hierarchie über den anderen oder darunter? Wenn wir die Dynamik in der Gruppe lange genug beobachten, wird uns das nicht verborgen bleiben. Wir müssen nur die Choreografie dieser Bande studieren: Wer steht wo? Wer redet und wer hört zu? Wer macht die Witze und wer lacht? Und wer geht in den Imbiss, um Fritten und Limo zu holen? Solange Mann Nummer zwei sich nicht aktiv beteiligt, also weder Geld noch Ware in die Hand nimmt, können wir ihn nicht belangen. Aber wenn er wirklich der Manager ist, der hier die Fäden zieht, muss es unsere Priorität sein, ihn zu überführen; vielleicht bekommen wir von ihm sogar Informationen über seine Lieferanten, über das ganze Vertriebsnetz. Nur fasst er Ware und Kohle eben nicht mal mit spitzen Fingern an, wenn er wirklich clever ist. Was wir in einer solchen Situation brauchen, ist mehr Verkehr, mehr Kundschaft. Je mehr Stoff umgeschlagen wird, desto gieriger werden die Dealer, und dann machen sie Fehler, kommen aus der Deckung. Wenn der Manager eingreift und mithilft, hat er verspielt. Was wir brauchen, ist Geduld.

Auch wenn nichts passiert, kann uns das etwas sagen: Hat die Bande gerade keinen Stoff mehr? Ist das Lager leer? Und wann kommt der Nachschub – in zehn Minuten oder dauert es länger? Vielleicht haben sie auch mitgekriegt, dass wir auf der Lauer liegen. Haben unseren Lieferwagen gesehen oder unseren Posten oben auf dem Dach. Oder vorsichtshalber den Laden dichtgemacht, als drei Streifenwagen vorbeigerast sind, weil es ein paar Straßen weiter einen Raubüberfall gegeben hat. Sofort zuschlagen? Oder lohnt es sich, weiter zu warten, weiter zu observieren?

Das kann manchmal eine echte Strapaze sein. Ich habe Stunden auf solchen Posten verbracht, bäuchlings auf der Teerpappe eines Dachs liegend oder kauernd, bis ich Krämpfe in den Beinen hatte, schwitzend und zitternd. Manchmal sitzt du da im prasselnden Regen und wischst alle zehn Sekunden die Tropfen vom Fernglas. Gelegentlich habe ich auch nicht genau hingesehen, bevor ich mich hinter einer Brüstung hingekniet habe – und erst später gesehen, dass ich mich nur Zentimeter neben einem Riesenhaufen Hundescheiße positioniert hatte. Einmal hatte ich meinen Posten neben einem großen Vogelkäfig bezogen, wahrscheinlich das ehemalige Zuhause eines Papageis. Am Gitter war eine Kette befestigt, an deren Ende das Skelett eines Pitbulls hing.

Du steigst also ein verdrecktes Treppenhaus hoch auf ein Dach voller Dreck über einer Drecksstraße – und sogar das Licht ist irgendwie dreckig, wenn die Natriumdampflampen der Straßenlaternen ihren schmutzig-gelben Dunst verbreiten. Doch dann passiert etwas, und du spürst die Kraft deiner eigenen Konzentration. Plötzlich nimmst du deine unmittelbare Umgebung nicht mehr wahr, du gehst komplett in der Aufgabe auf, die jetzt deine volle Aufmerksamkeit verlangt. Und wenn doch nichts los ist, kannst du dich immerhin an deiner Aussicht ergötzen, an den zufälligen und verblüffend schönen Bildern, die am Horizont entstehen, wenn man nur lange genug hinsieht: Dann wird aus der schwarzen Rauchsäule, die aus dem Schornstein aufsteigt, im Wind ein Lasso, das sich im Himmel über der Stadt kringelt.

»Graue Limousine, Käufer auf dem rechten Rücksitz, ein Weißer, und ich sehe weiße Hemdsärmel. Macht jetzt eine 180-Grad-Wende nach links.«

Eine Seifenblase steigt vor mir auf, dann noch eine, und plötzlich ganz viele, bunt schillernd schweben sie vorbei. Zwei Stockwerke unter mir steht ein Kind auf dem Balkon und starrt ihnen verzückt hinterher.

Auf der Straße gibt es jetzt Bewegung. Ich gebe über Funk durch, was ich erkennen kann: *»Okay, da ist einer, geht direkt auf unseren Player zu. Jetzt sind beide in der Lobby … und schon wieder raus. Das war schnell, er muss den Stoff am Körper haben. Und da geht er schon, Käufer ist unterwegs … Aber halt, da stimmt was nicht … Schlendert nur langsam über die Straße, sieht nicht aus wie einer, der gerade Stoff bei seinem Dealer gekauft hat. Wartet mal ab.«*

Auf dem Gebäude gegenüber schwenkt ein alter Mann ein orangefarbenes Tuch und lässt es knallen wie eine Peitsche. Seine Tauben flattern mit einem Rauschen aus ihrem Käfig, wie von einem kräftigen Windstoß getragen wirbeln sie hoch, in einer Spirale grauer Flügel und weißer Bäuche steigen sie immer höher.

»Player baut ab, er hat die letzten beiden Kunden abgewiesen, hat keinen Stoff mehr oder wurde gewarnt, keine Ahnung, aber … Los, los, los, Zugriff!«

Einmal haben wir einen Drogenumschlagplatz ausgehoben, den alle nur »das Loch« nennen, eine riesige leer stehende Fabrikhalle, in der mit Heroin gedealt wurde. Das Gebäude stand auf einem Eckgrundstück, und die Drogenhändler lotsten ihre Kundschaft von zwei Seiten in ihr Warenhaus, durch Türen, die von außen wirkten, als wären sie für immer verrammelt. Bis vor Kurzem waren solche Ruinen in der südlichen Bronx keine Seltenheit, ausgebrannt und halb eingestürzt, als hätte eine Bombe eingeschlagen. Fast konnte man den Eindruck gewinnen, hier habe ein Krieg getobt, den der Gegner gewonnen hat. Drinnen kam einem »das Loch« eher wie ein Spukschloss vor, die Säle waren so finster, dass man nur mit Mühe die Decke ausmachen konnte, und mit jedem Schritt scheuchte man Ratten oder Tauben auf. Treppen in die oberen Geschosse ächzten verdächtig und gaben unter den Füßen nach, auf dem Weg in den Keller grollte einem die aufgestaute Wut von etlichen Pitbulls entgegen. Auf dem Boden lagen Süchtige, ein halbes Dutzend bestimmt, leise jammernd oder auch ganz still. Manche bewegten sich, andere reagierten gar nicht mehr, als wären sie Patienten auf einer Intensivstation und irgendjemand hätte gerade den Stecker aus der Herz-Lungen-Maschine gezogen. »Das Loch« wurde von einer Gang im Viertel bewirtschaftet, die Junkies kauften den Stoff von ihnen und verkauften ihn weiter. Man erkannte sofort, wer die Dealer waren, wenn sie mit einer neuen Ladung in die Höhle kamen, denn zwischen all den ausgemergelten Gestalten wirkten sie gesund, glücklich und fett. Immer samstags parkte ein Bus mit weißen Missionaren vor der Ruine der Ruinierten, um belegte Brote und Pamphlete zu verteilen. Dann kamen die halb toten Junkies und übergewichtigen Dealer aus ihrem Loch und mischten sich unter das brave und blitzsaubere Christenvolk. Sie futterten Fleischwurst, redeten über Jesus Christus – und gingen weiter ihren schmutzigen Drogengeschäften nach. Bei unserem Zugriff machten alle Gesichter, als wäre eine Horde Kosaken über sie hergefallen.

Wir hatten unseren Teamgeist – und unsere eigenen Gesetze. Es gab viel zu tun in unserem Revier, wir mussten nicht auch noch den letzten Müll von der Straße räumen. Mit Leuten, die Marihuana verscherbelten, hielten wir uns gar nicht erst auf, und wir machten uns in der Regel auch nicht die Mühe, Dealern wegen Hausfriedensbruchs oder anderer Lappalien eine Anzeige zu schreiben, weil wir das fast schon unsportlich fanden. Wenn sie uns im offenen Kampf geschlagen hatten, dann war das eben so. Nur wussten die meisten Dealer nicht, dass wir sie davonkommen lassen würden, und deshalb benutzten wir eine Festnahme wegen Hausfriedensbruchs gerne einmal, um jemanden auf der Wache gründlicher zu filzen und zu verhören.

Wie die meisten Cops, die schon ein paar Jahre mehr auf der Uhr hatten, ließen wir richtige Penner in Ruhe – nicht nur, weil wir Mitleid mit ihnen hatten, sondern vor allem, weil wir uns unnötigen Ärger ersparen wollten. Wem nützt es schon, wenn wir so einen Typen für einen Tag von der Straße holen, nur um unter sechs schmutzigen Lagen uralter Unterwäsche nach seinem Crack-Versteck zu suchen, während er dich mit seiner Hepatitis vollhustet und seine Füße einen Gestank abgeben, der ausreicht, um ein Schiff zum Kentern zu bringen? Ein Polizist wird doch wohl mal nach seinem eigenen Ermessen vorgehen können, oder? Und wenn wir uns gelegentlich etwas mehr Freiheit bei unseren Entscheidungen gönnten, hat sich auch niemand beschwert.

Fast alles, was man über Drogen hört, ist wenigstens zur Hälfte wahr. Die Drogengesetze sind unfair, weil eine unverhältnismäßige Anzahl schwarzer Männer wegen Rauschgiftdelikten einsitzt, während der Konsum von Drogen unter Weißen eigentlich viel weiter verbreitet ist. Und die Gesetze sind gleichzeitig vernünftig, weil die Folgen des Drogenkonsums in den ärmeren Teilen der Bevölkerung viel dramatischer sind, viel mehr zerstören. Es ist verlogen, wenn wir gegen Nationen vorgehen, die uns mit Rauschgift beliefern, denn unser Appetit auf Drogen allein ist der Grund dafür, dass Länder wie Mexiko oder Kolumbien von Gangstern beherrscht werden. Andererseits müssen wir genau diese Strukturen zerschlagen, weil sie verantwortlich dafür sind, dass so viele Menschen zu Sklaven des Rauschgifts geworden sind. Sucht ist aber auch eine Krankheit, und deshalb ist es der falsche Weg, wenn Polizisten das Problem bekämpfen und nicht Ärzte und Therapeuten. Aber jeder hat eben auch die Wahl, ob er damit anfängt oder nicht, und die Menschen sind haftbar für die Entscheidungen, die sie treffen. Wir sind im Kampf gegen Drogen gescheitert. Unser Feldzug gegen das Rauschgift ist ein Erfolg. Beides stimmt – irgendwie.

Aus der Perspektive eines Polizisten fallen Drogendelikte in dieselbe Kategorie wie Prostitution und illegales Glücksspiel oder zu Zeiten der Prohibition die Herstellung und Verbreitung von Alkohol. »Vice enforcement« sagen wir in den USA zu diesem Bereich der Polizeiarbeit; in Deutschland wird das zum größten Teil von den Abteilungen abgedeckt, die sich mit organisierter Kriminalität befassen, aber was früher unter Sittenpolizei verstanden wurde, trifft es eigentlich auch sehr gut: Diese Truppe verfolgte »Verstöße gegen die öffentliche Ordnung mit sittlicher Ursache«. Die Angelegenheit kommt also etwas abstrakter daher, was ihre Vermittlung in der Öffentlichkeit nicht unbedingt leichter macht. In New York wird der Besitz von Drogen ab einer bestimmten Menge hart bestraft – wer mit fünf Ampullen Crack oder sieben Briefchen Heroin erwischt wird, muss mit einer Gefängnisstrafe rechnen, ein Jahr ist maximal drin. Dieselbe Strafe bekommt jemand, der eine schwere Körperverletzung begangen hat. Und hier wird die Argumentation problematisch: Ist Kokain zu schnupfen wirklich genauso schlimm wie einem anderen Menschen Gewalt anzutun? Selbst wenn viele Menschen große Mengen an Kokain konsumieren und deshalb möglicherweise die Zahl der Körperverletzungen insgesamt ansteigt, könnten wir uns doch darauf beschränken, diese Ausbrüche von Gewalt zu ahnden – und die Behandlung der Sucht den Ärzten zu überlassen, oder?

Auch wenn Heroin und Kokain so ansteckend sind wie eine Seuche und sich eigentlich wie von selbst verbreiten, steckten hinter allen größeren Rauschgift-Epidemien kriminelle Organisationen, die mit großer Energie und Rücksichtslosigkeit vorgegangen sind. Den ersten Krieg gegen die Drogen hatte die Welt bereits verloren, bevor die Mafia und die Kartelle aus Kolumbien auf der Bildfläche erschienen – und zwar gegen die Britische Ostindien-Kompanie. Ihr war es durch geschickte Lobbyarbeit gelungen, sogar die eigene Regierung für ihre Expansionspläne einzuspannen.

Mitte des 19. Jahrhunderts stach eine Flotte von sechzehn Kriegsschiffen in See, um die Chinesen zur Öffnung ihrer Märkte zu zwingen. Denn das Volk der Mitte weigerte sich doch tatsächlich, die wichtigste Handelsware der Ostindien-Kompanie ins Land zu lassen – Opium.

Die Menschheit hat es möglicherweise vergessen, aber Großbritannien war damals der größte Drogenhändler der Welt und verantwortlich für die vorsätzliche Verbreitung einer Krankheit, wie sie die Menschheit seither nicht mehr gesehen hat: Ein Drittel der Chinesen war abhängig, Millionen von ihnen menschliche Wracks.

In den so genannten Opiumkriegen wurde das Reich der Mitte gezwungen, die Einfuhr des Rauschgifts zu legalisieren. China verlor seine Vormachtstellung in Asien und seinen wichtigsten Hafen – Hongkong.

Noch vor Ende des 19. Jahrhunderts waren die Probleme der Sucht auch im Westen angekommen, wobei die öffentliche Debatte über Drogen und ihre Darstellung in der damaligen Populärkultur kräftig dabei halfen, den Absatz anzukurbeln. Sherlock Holmes war ein brillanter Detektiv, aber als SNEU-Ermittler wäre er eine totale Fehlbesetzung gewesen. In einer Geschichte verteidigt er seinen Kokainkonsum vor seinem besorgten Freund und Helfer Watson mit der Begründung, die Droge sei als Ablenkung genau das Richtige, wenn es gerade keinen Fall gebe, um seinen Geist zu stimulieren. Im ausgehenden 19. Jahrhundert wurde Kokain von prominenten Zeitgenossen fast schon als Wundermedizin gepriesen. Sigmund Freud beispielsweise hat mit seinem Essay *Über Coca* eine wahre Hymne auf das Rauschgift verfasst, und die Abstinenzlerbewegung empfahl kokainhaltige Getränke wie Celery

Cola[19] und Coca-Cola gar als gesunde und stimulierende Alternative zu Alkohol. Kokain galt unter Medizinern als Arznei, die viele Beschwerden kurierte, und wurde beispielsweise bei der Behandlung von Entzündungen der Nasennebenhöhlen verschrieben.

Heroin hingegen existierte lange nur als Phänomen einer Subkultur, unter Jazzmusikern zum Beispiel. Die Droge galt ihnen als Ausdruck einer Lebensform jenseits des Mainstreams. Manche wurden Junkies, weil ihnen der Weg in die Gesellschaft verbaut war, andere wollten erst gar nicht dazugehören, und ein nicht unbeträchtlicher Teil meinte im Heroin den Grund gefunden zu haben, warum Charlie Parker sein Saxophon spielte, wie nur er es zu spielen vermochte, und warum Billie Holiday sang, wie nur sie es konnte. Doch sobald die Leute erst einmal damit angefangen hatten, war schnell vergessen, was ihre Motivation gewesen war. Nach dem Zweiten Weltkrieg verbreitete sich Heroin in der schwarzen Community rasend schnell, der Preis für die Droge explodierte, und die Qualität des Stoffs wurde immer schlechter. Ein dramatischer Anstieg bei Eigentumsdelikten war die unmittelbare Folge – die Leute mussten ja irgendwo das Geld für ihren Drogenkonsum beschaffen. Auch bei Mord und Totschlag gingen die Fallzahlen hoch; die Dealer führten regelrechte Kriege, um neue Absatzmärkte zu erobern, und die Gangs bestraften jeden gnadenlos, der seine Schulden nicht bezahlte oder gegen den Kodex der Organisation verstieß. Heroin machte die Killer reich und schuf ein Millionenheer von verwahrlosten Süchtigen, Prostituierten und Kleinkriminellen. Kurz: Heroin ist die Ursache für die Welt des Verbrechens, wie wir sie kennen.

Und dazu gehört heute auch das mörderische Geschäft des Kokainhandels. Die Droge hat einmal so viel gekostet wie der beste Champagner, als sie noch den Geist einer kulturellen Elite stimulierte. Doch seit Kokain mit Backpulver verlängert, aufgekocht und zu Crack verarbeitet wird, kostet das zweifelhafte Vergnügen nicht viel mehr als eine Packung Zigaretten. Auch hier entbrannte ein gnadenloser Verdrängungskampf der Dealer, der mit immer

---

19

Eine Limonade aus Birmingham, Alabama, die tatsächlich nach Sellerie geschmeckt haben soll. Die US-Lebensmittelbehörde hat sich allerdings an dem nicht unbeträchtlichen Gehalt an Kokain und Koffein gestört – und das Unternehmen des Apothekers James Mayfield 1910 dichtgemacht.

mehr und immer größeren Waffen ausgetragen wurde. In den frühen Neunzigern kletterte die Zahl der Morde in New York erstmals über zweitausend im Jahr, die Hälfte davon ging auf das Konto der Drogenszene. Crack machte noch schneller abhängig als Heroin – und hat einige Stadtviertel komplett verwüstet. Heroin hat vielen Kindern die Väter geraubt, und jetzt nahm ihnen Crack auch noch die Mütter. Und als die Koks-Epidemie abzuklingen begann, warfen die Kolumbianer plötzlich mehr Heroin von außerordentlich guter Qualität auf den Markt.

Der Kampf gegen die Drogen war dennoch nicht umsonst, wir sind schon ein gutes Stück weitergekommen, auch wenn ein Ende für alle Beteiligten – Dealer, Süchtige, Cops – noch lange nicht in Sicht ist. Einige Länder, die groß in die Rauschgiftproduktion eingestiegen waren, wie die Türkei zum Beispiel, scheinen die schlechten Gewohnheiten abgelegt zu haben, aber in die Marktlücke haben sich sofort andere gedrängt, erst Burma und später Kolumbien. Vor dreißig Jahren haben sich in den USA ziemlich viele Leute unbekümmert Drogen reingezogen, schätzungsweise ein Drittel aller Teenager und vielleicht die Hälfte des Personals unserer Streitkräfte, doch die Zahlen sind seither deutlich zurückgegangen. Dass die Drogenfahndung in New York mehr Personal bekam, war ein wichtiger Bestandteil der Strategie von Bürgermeister Giuliani, das Verbrechen in der Stadt unter Kontrolle zu bringen. Der Schritt war möglicherweise genauso bedeutend wie die Null-Toleranz-Politik oder die Einführung des CompStat-Berichtswesens, auch wenn er in der Öffentlichkeit nicht dieselbe Aufmerksamkeit gefunden hat. Acht Jahre stand Giuliani als Bürgermeister an der Spitze der Stadt, während seiner Amtszeit ging die Mordrate um zwei Drittel zurück und die Zahl der Gewaltverbrechen um mehr als die Hälfte. Was sich bis heute nicht geändert hat: Das Geld für Drogen kommt vor allem aus den Vorstädten, das meiste Blut wird jedoch in den Straßen der City vergossen. Und während sich manche darüber beschweren, dass die Gefängnisse zu voll sind, und andere monieren, dass immer noch zu viele Verbrecher auf freiem Fuß sind, wird ein Umstand gerne übersehen: Wenn man Rauschgift von jetzt auf gleich komplett vom Markt nehmen könnte, wäre wahrscheinlich die Hälfte aller Cops in New York arbeitslos. Aber bis es so weit ist, gehen wir eben einen Schritt nach dem anderen und machen unseren Job.

Wir konnten uns jeden Tag wieder aufs Neue entscheiden: Crack oder Heroin, Heroin oder Crack? Mir war Heroin lieber, was vielleicht merkwürdig klingt, doch ich hatte immer das Gefühl, dass man die Player in der Heroin-Szene besser erreichen konnte. Viele Dealer sind selbst Junkies, die den Gedanken noch nicht völlig aufgegeben haben, die Sucht abzuschütteln und aus dem Geschäft auszusteigen. Crack-Dealer hingegen sind meist junge und knochenharte Typen, die für den Rest der Welt nichts als Verachtung übrig haben und einfach nur schnell viel Geld verdienen wollen. Einem Crack-Süchtigen wird man auch nie die Ware anvertrauen, er ist überhaupt für keinen Job zu gebrauchen, denn er kann ja nicht einmal still stehen und nach den Cops Ausschau halten. Crack-Konsumenten sind wie Gestalten aus einer Hungersnot, bis auf die Knochen abgemagert und völlig verwahrlost. Ein paar Monate Abhängigkeit rauben ihnen Jahre an Lebenserwartung; mit dreißig Jahren sehen sie aus wie fünfzig und sind buchstäblich wie ausgebrannt. Tief im Innern, unter der abgestorbenen und aschgrauen Hülle ihres Körpers, lodert eine letzte Glut der Verzweiflung. Bei Junkies kann man den Menschen noch erkennen, für ein wenig länger wenigstens. Heroin ist heute viel sauberer als früher, und weil die Droge häufig nicht mehr injiziert, sondern geschnupft wird, laufen die Junkies weniger Gefahr, sich andere Krankheiten einzufangen. Es ist für alle eine Reise in den Abgrund, aber bei Heroin ist es kein Absturz wie bei den Crack-Konsumenten, sondern eher ein Abrutschen. Für mich gibt es trotzdem nichts Schlimmeres als einen Heroin-Süchtigen, der ganz unten angekommen ist: Wer Crack nimmt, wird hektisch und nervös, wie ein Tier, das in eine Falle geraten ist. Junkies hingegen versacken in einer tödlichen Apathie, als ob sie mit offenen Augen ertrinken. Wenn wir sie einbuchten, machen sie ein Gesicht, als hätten wir damit nur ihren Hass auf sich selbst bestätigt, als würde ihnen jetzt geschehen, was sie erwartet und verdient haben.

Wenn ich es mir recht überlege, kann ich auch Heroin nicht ausstehen.

* * *

Einmal haben wir einen Dealer doch wegen Hausfriedensbruchs eingebuchtet, eine absolute Notlösung. Wir kannten den Mann und hatten schon eine ganze Weile beobachtet, wie er den Strom der Käufer von der Straße zu einem zweiten Player drinnen im Gebäude dirigierte. Bei unserem Zugriff hatte er sich gerade verkrümelt, aber wir erwischten ihn ein paar Straßen weiter. Er hatte zwar keinen Stoff dabei, leugnete jedoch glattweg, überhaupt im Gebäude gewesen zu sein. Eine Anzeige wegen Hausfriedensbruchs ist – wie bereits erwähnt – für einen Streifenpolizist so etwas wie das Schweizer Taschenmesser im Katalog der Vergehen, damit kann man immer etwas machen. Um eine falsche Anwendung dieses wunderbaren Multifunktionswerkzeugs zu verhindern, hat die Staatsanwaltschaft in der Bronx ein spezielles Regelwerk für solche Fälle eingeführt. Jeder Cop musste eine eidesstattliche Erklärung abgeben und in einem Fragebogen darlegen, wie er den Beschuldigten befragt und welche Antworten er bekommen hatte, wo die Festnahme erfolgte und wie der Verdächtige seine Anwesenheit dort rechtfertigte. Außerdem musste man den Nachweis führen, wie man diese Angaben des Beschuldigten überprüft hatte. Die Staatsanwaltschaft wollte sichergehen, dass der Vorwurf des Hausfriedensbruchs nicht von übereifrigen Cops zu offensichtlich als Vorwand missbraucht wurde, um eine Festnahme zu rechtfertigen, so nach dem Motto: »Wenn Sie im dritten Stock wohnen, was hatten Sie dann im achten zu suchen?« Gleichzeitig nahmen manche ADAs[20] die Buchstaben des Formulars zu wörtlich, wie auch der Mann, der an diesem Tag für meinen Fall zuständig war.

»Haben Sie den Beschuldigten gefragt, ob er jemanden im Gebäude kannte, ob er also jemanden besuchen wollte?«

»Nein, er leugnet ja, das Gebäude überhaupt betreten zu haben.«

»Aber es bestand doch die Möglichkeit, dass er dort jemanden treffen wollte?«

»Hat er auch. Viele Leute sogar – er hat ihnen nämlich Drogen verkauft.«

»Warum zeigen Sie ihn dann nicht wegen Drogenhandels an?«

»Weil wir den eigentlichen Verkauf nicht nachweisen können. Wir haben nur den Hausfriedensbruch.«

»Aber bei einer Anzeige wegen Hausfriedensbruchs müssen Sie ihn doch fragen, ob er einen Grund hatte, das Gebäude zu betreten.«

»Nein, muss ich nicht. Wenn er lügt und sagt, dass er gar nicht drin war, muss ich ihm doch nicht dabei helfen, eine andere Ausrede zu finden.«

20

Ein ADA ist der Assistant District Attorney, also der stellvertretende Bezirksstaatsanwalt.

»Aber das Formular der eidesstattlichen Erklärung ...«

»... ist nicht das Gesetz. Es macht es leichter, eine Anzeige zu formulieren. Es ist ein nützlicher Helfer – was man von Ihnen nicht unbedingt sagen kann.« Den letzten Nebensatz hatte ich allerdings nicht gesagt, sondern nur gedacht.

»Ich hole wohl besser mal meine Vorgesetzte.«

»Okey-dokey.«

Der folgende Wortwechsel geriet sogar noch merkwürdiger; die Vorgesetzte versuchte mit aberwitzigen Spitzfindigkeiten, auf die ich in meinem Leben nicht gekommen wäre, Löcher in unseren Fall zu bohren.

»Wo befand sich der Beschuldigte?«

»Im Eingangsbereich des Gebäudes.«

»Und da haben Sie ihn festgenommen?«

»Nein, als der Zugriff erfolgte, war er gerade nicht im Haus. Wir haben ihn zwei Straßen weiter erwischt.«

»Sie haben also nicht mit eigenen Augen gesehen, dass er im Gebäude war?«

»Ich habe mehrmals beobachtet, wie er durch die Tür hineingegangen ist.«

»Verstanden, aber haben Sie ihn auch drinnen gesehen?«

»Die Tür führt doch von draußen nach drinnen. Wer ins Haus reingeht, ist drinnen, oder nicht?«

»Gesehen haben Sie ihn drinnen also nicht ...«

»Vielleicht sollten Sie doch mit meinem Vorgesetzten sprechen.«

Das Vergnügen, dieses sonderbare Gespräch weiterzuführen, gehörte damit Sergeant Carroll, der die Debatte nun endgültig ins Absurde drehte:

»Sie haben natürlich recht, gnädige Frau. Wir haben gesehen, wie er das Gebäude betrat, ihn dann aber nicht weiter observieren können. Er hätte sich drinnen jederzeit in Luft auflösen können, und wir hätten nichts gemerkt.«

Man konnte sich zum Glück schnell darauf einigen, dass die Tür nicht in eine andere Dimension führte, doch das Gespräch nahm umgehend die nächste skurrile Wendung. Sergeant Carroll ertrug es weiterhin mit Humor, aber es war ihm anzusehen, dass es ihn einige Anstrengung kostete.

»Der Mann ging also rein und kam wieder raus. Den ganzen Nachmittag, immer wieder?«, fragte die Frau von der Staatsanwaltschaft.

Carroll nickte.

»Mal war er zehn Sekunden weg, mal eine halbe Minute oder so?«

Mein Chef konnte seinen Sarkasmus kaum bremsen, als er einräumte: »Stimmt, er war wirklich nicht besonders lange drin.«

Das Gespräch stockte für einen Moment, und ich wusste, dass es jetzt nicht mehr lange dauern würde.

»Jetzt verstehe ich Sie«, sagte Carroll. »Sie wollen mir sagen, dass sich jemand erst eine bestimmte Zeit verbotenerweise in einem Gebäude aufhalten muss, bevor man es einen Hausfriedensbruch nennen darf. Dann wäre ich Ihnen dankbar, wenn wir von höchster Stelle einen Hinweis bekommen könnten, wie viel Zeit tatsächlich erforderlich ist. Zwei Minuten? Oder zehn? Ich würde mir dann eine Stoppuhr zulegen und auch meine Kollegen entsprechend instruieren können.«

Die Arie mit dem Zeitlimit war absoluter Humbug, denn der Tatbestand eines Hausfriedensbruchs gilt als erfüllt, wie es in der schönen Sprache der Juristen heißt, wenn jemand »vorsätzlich und widerrechtlich in das befriedete Besitztum eines anderen eindringt und ohne Befugnis darin verweilt«. Sowie jemand auch nur seinen Fuß in der Tür hat, können wir ihn wegen Hausfriedensbruchs belangen. Trotzdem wurde die Anschuldigung wegen Geringfügigkeit fallen gelassen. Was mir dabei zu schaffen machte, war nicht der Umstand an sich, der Typ war mir total egal. Was mich aufregte, war die Gleichgültigkeit, mit der das System solche Fälle oft behandelte. Wenn nicht ich mich für meine Fälle einsetzte, wer dann? Sich nicht weiter zu kümmern, konnte leicht zur schlechten Gewohnheit werden. Als sie uns an der Akademie Boxen und Judo beibrachten, hieß es: »Wer sich beim Training reinhängt, wird sich auch draußen bewähren.« Ich habe das immer so verstanden, dass es sich früher oder später rächt, wenn man versucht, Abkürzungen zu nehmen. Und da sah ich keinen großen Unterschied zwischen dem Training in der Sporthalle und der Verfolgung eines Bagatelldelikts.

Manche Cops sagen, dass man jeden Täter zum Reden bringen kann, und ich würde ihnen zumindest insofern zustimmen, als man eine Chance hat, mehr aus ihnen rauszukriegen, wenn man sie erst einmal so weit hat, dass sie überhaupt etwas sagen. Wobei die Fälle der Drogenfahndung noch einmal etwas Besonderes waren. Bei einem »normalen« Straftäter geht es nur darum, ihn zu einem

Geständnis zu bringen. Ein Detective arbeitet nur auf diesen einen Moment hin, er wartet einzig auf die Aussage, die den Verbrecher überführt, und bei dieser Aufgabe steht ihm ein breites Instrumentarium zur Verfügung: Er kann dem Übeltäter mit den Flammen des Fegefeuers drohen oder ihn mit Süßigkeiten ködern; Freundschaft und Sympathie vorgaukeln oder Geld versprechen; ihn mit vorgetäuschten Beweisen aus der Reserve locken oder mit angeblichen Geständnissen der Komplizen unter Druck setzen. Alles ist erlaubt, solange es zur Kapitulation des Täters führt. Der Detective will den Täter nicht zum Freund haben, er braucht auch keinen One-Night-Stand, ihm genügt der schnelle Quickie, bei dem er nicht mal die Hosen runterlassen muss.

Bei uns war das anders: Ein Drogenfahnder sucht eine ernsthafte Beziehung, eine auf Dauer angelegte Verbindung. Weil er gar nicht auf die Überführung des Einzelnen aus ist. Bei der SNEU ging es uns nicht in erster Linie um das Geständnis, sondern darum, Kollaborateure zu gewinnen, um an die Hintermänner heranzukommen. Wir hatten nichts davon, wenn der Täter zwei Tage später plötzlich kapierte: »Moment mal, da war doch gar keine versteckte Kamera in der Crack-Ampulle.«

Trotzdem brauchten auch wir ein Repertoire an Argumenten, um an unser Ziel zu kommen. Der Trick war, dem Täter seine aktuelle missliche Lage klarzumachen – und seine düstere Zukunft. Und wie beides bei einer Zusammenarbeit mit der Polizei gleich viel freundlicher aussehen könnte. Man bohrt, man erklärt, man schmeichelt – und dann die ganze Prozedur von vorne. Im Jargon der Drogenfahnder heißt die Technik »Jerkology«, was man im Deutschen sehr direkt und wenig charmant mit »Wichsologie« übersetzen könnte.

Als ich versuchte, Maria, die wir geschnappt hatten, weil sie mit Heroin dealte, als Informantin anzuwerben, kam ich die ersten zehn Minuten nicht einen Millimeter voran. Sie war ein echter Hardcore-Junkie und hatte schon viele Meilen auf dem Buckel; es grenzte an ein Wunder, dass sie überhaupt noch am Leben war. Sie war nicht einfach verwahrlost, sie steckte unter einer dicken Dreckschicht, als hätte sie jemand jahrelang auf dem Dachboden vergessen, und ihre Beine waren von offenen Geschwüren gezeichnet, als hätte ein Raubtier große Stücke herausgebissen. Auf meine Frage, ob sie jemanden kenne, der Waffen besitze oder Raubüberfälle begehe, antwortete sie mit einem gelangweilten Nein, und als ich mehr über den Umschlagplatz wissen wollte,

wo wir sie geschnappt hatten, bekam ich nur ein mudes Kopfschütteln. Sie wusste natürlich nicht, dass ich mir auch so schon ein recht gutes Bild machen konnte. Sie hatte im Gefängnis gesessen, so viel war klar, und ich kannte ihre Vorgehensweise: die Sorte Heroin in ihrem Sortiment, wann sie ihren Laden aufmachte und welche anderen Figuren eine Rolle spielten. Ein Verhör ist wie Pokern, auch wenn beide Seiten wissen, dass du die bessere Hand hast. Anders als beim Kartenspiel können aber tatsächlich beide Seiten gewinnen, wenn du deine Trümpfe richtig einsetzt.

»Maria, es gibt nur einen Weg, wie du aus dieser Nummer rauskommst. Und zwar auf unserer Seite. Wenn du mit uns redest, wenn du uns hilfst. Wer dir jetzt überhaupt nicht helfen kann? Dein Boss, JJ. Denn den haben wir auch schon auf dem Kieker. Als du dich heute für deine Kundschaft abgerackert hast, stand er nämlich seelenruhig dabei. Jetzt sitzt du hier, in Handschellen, während er sich zu Hause auf dem Sofa lümmelt und *Oprah* guckt. Denn er hat seinen Schnitt heute schon gemacht. Wie viele Decks hast du heute verkauft? Zweihundert bestimmt. Macht bei zehn Dollar das Stück mal eben zwei Riesen. Und was hat er dir gezahlt? Fünfzig Dollar vielleicht? Oder hat er dich einfach mit ein paar Tütchen abgespeist? Rechnest du damit, dass er dir einen Anwalt schickt? Und deine Blumen gießt, wenn du im Knast sitzt?«

Aber ich bekam keine Antwort. Ich fragte sie, wie es im Gefängnis war, und sie sagte immerhin, dass sie es nicht besonders mochte. Sie war auf Bewährung draußen, und wenn sie jetzt erneut verurteilt würde, müsste sie erst noch den Rest ihrer vorherigen Haftstrafe absitzen. So viel war aus ihr herauszubekommen, aber mehr nicht. Es dauerte eine Weile, bis ich meinen Fehler erkannte: Ich hatte die ganze Zeit versucht, ihr die Freiheit schmackhaft zu machen. Doch sie war ein Junkie und lebte sowieso schon in einem Teufelskreis, aus dem für sie kein Entkommen war. Sie brauchte Stoff, sie besorgte sich Stoff, sie brauchte neuen Stoff. Da konnte ich von Freiheit faseln, solange ich wollte, aus dieser Isolationshaft ihres eigenen Lebens kam sie eh nicht mehr heraus. Aber ein paar Sätze hatte ich ihr schon entlockt, und ich wollte, dass sie weiterredete. Ich fragte sie, ob sie Kinder hatte, und sah, wie sie kurz zusammenzuckte. Sie bat mich um eine Zigarette und nickte. Kinder, ja.

Ich wechselte das Thema. Zurück zu ihren Deals an diesem Tag. Ihre Kunden, ihre Einnahmen, die anderen Player. Einfach weiterquatschen und sie wissen lassen, dass wir sie im Sack hatten. Und dann fragte ich sie, wie ihre Kinder hießen. Als sie die beiden Namen sagte, »Fernando und Lucy«, klang es so sanft und leise, als würde sie ihre schlafenden Kinder vor sich sehen. Sie seufzte, und dann kam alles aus ihr heraus: »JJ bunkert den Stoff im Eckhaus, zweiter Stock, erste Tür rechts. Er bringt immer nur so viel Stoff mit, wie wir an einem Tag verkaufen. Sein Hauptversteck liegt ein paar Häuser weiter.«

In dem Moment hatte ich das Gefühl, dass ich das Konzept der Wichsologie wirklich verstanden hatte.

Der Job war manchmal ganz schön frustrierend. Wie konnte es zum Beispiel sein, dass es im riesigen Fuhrpark des NYPD außer einem klapprigen Lieferwagen nicht einen einzigen Wagen für uns gab? Und warum kam es immer noch vor, dass wir auf Streife geschickt wurden, wenn unser direkter Vorgesetzter verhindert war? Die äußeren Umstände konnten so nervig sein, dass auch unsere Zusammenarbeit belastet wurde. Plötzlich stritten wir darüber, wer eine Festnahme als seinen Erfolg verbuchen konnte. Oder zankten uns nach einem Einsatz, wenn es nicht so gut gelaufen war. Aber dann bekam die SNEU einen neuen Chef, und der zeigte uns wieder, was die wahren Prioritäten im Leben waren. Ohne dass er große Vorträge halten musste.

Pat Kelly, oder kurz PK, war Mitte dreißig, ein liebenswerter und bescheidener Typ mit den ersten Ansätzen einer Glatze, der schon ein paar Pfund mehr mit sich rumschleppte, als ihm lieb sein konnte. Aber wenn er sich selbst als »den Fettsack mit der Platte« beschrieb, klang das fast wie etwas, auf das man stolz sein durfte. Er machte den Job seit mehr als zehn Jahren, und zwar so gut, dass sie ihn bereits zum Detective beförderten, als er noch nicht einmal ein Sergeant war. Doch er war nicht nur als Cop sehr kompetent, sondern auch als Chef, der sich durch einen erstaunlich unaufdringlichen Führungsstil auszeichnete. »Ihr wisst schon, was ihr macht« war so ein typischer Satz von ihm, aber wenn er wollte, dass wir einen Plan änderten, brauchte er das nicht zweimal zu sagen.

PK hatte vor allem im Nachtdienst gearbeitet, der um Mitternacht begann. In den ersten Stunden der Schicht war man da richtig beschäftigt, danach gab es in der Regel viel Leerlauf. Ich denke, er muss einige Zeit damit verbracht haben, in den Nachthimmel zu starren und über die großen Zusammenhänge im Leben zu sinnieren. PK und seine Frau Vicki hatten vier kleine Jungs: Paulie,

Dominic, Sean und Brendan. Die ersten drei waren als Drillinge mit einer Hirnschädigung auf die Welt gekommen und litten unter spastischen Lähmungen. Paulie saß im Rollstuhl, Dominic trug eine Art Korsett, und Sean war auf Krücken angewiesen. Nach Dutzenden Operationen und vielen schmerzhaften Stunden Physiotherapie waren erste Fortschritte zu erkennen, doch plötzlich starb Paulie an einer Atemwegsinfektion. Zehn Jahre lang hatte die Familie gekämpft und Strapazen ertragen, die jeden von uns zur Verzweiflung gebracht hätten. Und dann musste PK diesen Verlust verkraften, der alles übertraf, was wir uns auch nur vorstellen konnten. Aber er ließ sich nichts anmerken.

Mit PK endeten alle kleinlichen Debatten und Streitereien. Wenn er zum Dienst erschien, brachte er ein Lächeln mit; von ihm war nie auch nur ein einziges Wort der Klage zu hören, nicht über dienstliche Belange, nicht über seine privaten Umstände; und wenn ein anderer Cop Hilfe brauchte, war er sofort zur Stelle. Angesichts der vielen Leuteschinder und Bürokraten in der Hierarchie des NYPD mochte man fast nicht glauben, dass es ein Mensch wie PK in die oberen Ränge geschafft hatte. Unsere Bewunderung für ihn war so groß, dass seine Schulterklappen sowieso keine Rolle spielten. Je weniger er von uns verlangte, desto mehr waren wir bereit zu geben. Die SNEU war auch vorher schon eine Clique, die sehr fest zusammenhielt; jetzt durfte man ohne große Übertreibung von einer Sekte sprechen. Wir nahmen es klaglos hin, wenn der Dienstplan umgeschmissen wurde, weil PK wegen der Kinder nach Hause wollte. Und wenn er ganz frei nehmen musste, akzeptierten wir auch das ohne Protest, obwohl es uns wieder die verhassten Schichten auf Streife bescherte. Alles war uns recht, solange wir nur mit ihm zusammenarbeiten konnten, selbst wenn unser eigenes Privatleben über den Haufen geworfen wurde. Den anderen Cops auf dem Revier wurde unser Zusammenhalt geradezu unheimlich – die SNEU-Truppe hieß bei ihnen bald nur noch die »Manson Family«[21]. Kein besonders schmeichelhafter Vergleich – aber er lässt erkennen, wie schwer sich die Kollegen mit der engen Verbundenheit unserer Truppe taten.

---

[21]

Die »Manson Family« war eine Satanistensekte, die von dem Musiker und Hitler-Verehrer Charles Manson zu Raubüberfällen und Morden angestiftet wurde. Am 8. August 1969 brachten Mansons Anhänger auf grausame Weise die Schauspielerin Sharon Tate und vier weitere Menschen um, am Tag darauf den Supermarktbesitzer Leno LaBianca und seine Frau.

Mit PK wurde alles besser, sogar das Essen. Mit ihm versammelten wir uns morgens in einem Diner zum Frühstück, der Stacy's hieß, ein kleiner Laden in dem Gewerbegebiet ganz im Süden der Bronx. Für einen kurzen Moment wunderten sich alle, dass damit der Preis für unser Frühstück von vier Dollar auf sechs gestiegen war, doch wir konnten uns schnell einigen, dass die zwei Dollar extra gut angelegt waren, wenn wir dafür nicht schon früh am Morgen die erste Begegnung mit Fixern oder Kakerlaken erlebten. Außerdem hoben die Inhaber des Ladens, Stacy und John, immer die Tageszeitungen für uns auf, und sie hatten sich schnell gemerkt, was wir besonders gerne aßen. Normalerweise machten sie morgens um fünf auf und zwölf Stunden später wieder dicht, aber wenn wir außerhalb der Öffnungszeiten vor der Tür standen, ließen sie uns trotzdem rein, selbst wenn sie schon die Stühle auf die Tische gestellt hatten. Ich saß am liebsten mit meiner Zeitung direkt am Tresen, während es sich die anderen an den Tischen bequem machten – bis Tony kapierte, dass man von meinem Platz aus freie Sicht auf Stacy hatte. Danach quetschten sich alle zu mir an die Theke. Weil wir gutes Essen bekamen, war jedenfalls die Stimmung im Team besser.

Jede zweite Woche waren wir mit der Schicht dran, die um zehn Uhr morgens begann, nur leider brachte die Truppe, die im Revier für den Gefangenentransport zuständig war, den Lieferwagen erst nach elf Uhr zurück auf den Hof. Wir saßen also rum und erledigten Papierkram oder gingen etwas essen, um uns die Zeit zu vertreiben, was der diensthabende Captain nicht besonders gerne sah. Für die meisten Vorgesetzten waren wir nur ein gleichförmiger Rohstoff, der erst durch die hohe Kunst der Verwaltung seinen wahren Nutzen entfaltete. Dass wir da saßen und Zeit totschlugen, registrierten die Chefs mit einem Grad an Missfallen, der schon an Verachtung grenzte. Wenn gar keine Hoffnung bestand, noch ein Fahrzeug zu bekommen, zogen wir zu Fuß los, doch das war im Ergebnis wenig effektiv, weil wir mit jedem Gefangenen erst wieder zurück zum Revier mussten. Und deshalb nahmen wir schließlich meinen privaten Wagen.

Für die meisten Cops kam das überhaupt nicht infrage, weil sie es sich erstens nicht leisten konnten, ihre Karre im Dienst zu Schrott zu fahren – von den Versicherungen drohte ein Heidenärger, wenn man bei einer Verfolgungsfahrt einen Unfall baute. Und zweitens, weil manche primadonnenhaft an ihrer Überzeugung festhielten, dass der Dienstherr ihnen gefälligst einen Wagen zur Verfügung zu stellen hatte. Doch PK hatte mir versichert, dass es ein Formular gab, mit dem man problemlos die Nutzung der eigenen Karre im Dienst beantragen konnte. Umgehend wurde mein alter Oldsmobile zum Einsatzfahrzeug deklariert, eine hässliche Kiste, blau wie ein Wal, nur nicht ganz so groß. Streifenwagen haben bei uns einen vierstelligen Funkcode, und eine typische Nachricht klingt so: »*9551, wir brauchen eine 85 für 9222 Ecke 148 und Willis.*« Zu Deutsch: Der Wagen mit der Nummer 9551 soll den Kollegen im Wagen 9222 an der Ecke 148. Straße und Willis Avenue Unterstützung leisten. Als ich noch in den Projects auf Streife ging, stand außerdem »000« für »außer Betrieb«, und so tauften wir meinen Wagen auf die Codenummer »9000«. Der Dachhimmel in meinem Oldsmobile bestand aus einem Material, das wohl wie Samt aussehen sollte und mit einem Kleber befestigt war, den alle Haltekraft verlassen hatte. Wenn ich mit offenem Fenster fuhr, flatterten die Fetzen der Verkleidung im Wind und die abblätternden Überreste des Klebers wirbelten umher wie die Flocken in einer Schneekugel. Alicia weigerte sich, auch nur eine Meile in der Kiste zu fahren. Schließlich riss ich den Dachhimmel komplett raus und kratzte die letzten Reste des Klebers bis auf das nackte rostige Blech ab. Aber auch das hat Alicia nicht überzeugen können. Dabei war 9000 wirklich genau das Richtige für unseren Job. Der Wagen passte perfekt zur Kulisse – und mir war es völlig egal, ob er im Einsatz eine Beule abbekam.

Einmal war ich nachts mit Tony im Lieferwagen unterwegs – ein Gefangenentransport –, als wir in eine wilde Verfolgungsjagd gerieten, die schon mehr als eine Stunde andauerte. Der Fluchtwagen hatte es von den kleinen Nebenstraßen auf den Highway geschafft, von der Bronx bis nach Westchester und zurück, und brauste jetzt mit seiner Karawane der Verfolger an uns vorbei. Es gab bestimmt ein Dutzend guter Gründe, warum wir uns besser nicht an der Hatz beteiligen sollten: Wir hatten Gefangene im Wagen, die Kiste war nicht als Polizeifahrzeug gekennzeichnet und hatte weder Blaulicht noch Sirene – und so weiter. Abgesehen davon, dass bereits genug Cops im Einsatz waren. Aber wer lässt sich schon den Spaß einer echten Verfolgungsjagd entgehen? Also hängten wir uns auch noch an den Konvoi. »Ich könnte wetten, dass ich weiß, wo er hinwill«, sagte Tony und dirigierte mich auf Nebenstraßen ein paar Ecken weiter, wo der gesamte Tross nur Sekunden später vorbeigeflogen kam. Weiter ging's, und Tony wusste wieder ganz genau, wo der Fluchtwagen als Nächstes auftauchen würde. Wenn wir jetzt mit 9000 unterwegs gewesen wären, hätten wir den Raser einfach von der Straße rammen können – und die Karre hätte noch ein Staatsbegräbnis bekommen. Aber dazu kam es leider nicht; 9000 ist bis heute im Einsatz, ohne jemals zu Ruhm und Ehren gekommen zu sein.

Trotz unseres neu gewonnenen Selbstvertrauens vergaßen wir die wichtigste Regel nie: Auf der Straße musst du jederzeit mit verblüffenden Wendungen rechnen, auf die du von selbst nie gekommen wärst. Einmal hatten wir uns einen Drogenumschlagplatz auf der 156. Straße vorgenommen, und ich sollte zwischen Courtlandt und Morris Avenue einen Typen festnehmen. Ich war bis auf dreißig Meter an ihn herangekommen, als er merkte, was Sache war. Er war ein großer Kerl, bestimmt 1,90 Meter, aber fett und unförmig. Er bewegte sich wie ein Sack Muscheln, zog ein Bein nach und stützte sich schwer auf einen Gehstock. »Polizei, keine Bewegung«, sagte ich, wie wir es an der Akademie gelernt haben, doch er hatte wohl nur das letzte Wort gehört und rangierte seinen massigen Körper in die entgegengesetzte Richtung, wie ein Trucker, der seinen Lastwagen wendet. Selbst wenn ich Schuhe aus Zement getragen hätte, wäre mir dieser Mann nicht entkommen. Aber so ein Schwergewicht hatte im Nahkampf seine Stärken, mal abgesehen von seinem Stock, deshalb ging ich nicht zimperlich ran. Mit dem einen Arm nahm ich ihn in den Schwitzkasten, während ich mit dem anderen die Schläge von seiner Gehhilfe abwehrte. Ich holte zu einem Aufwärtshaken aus, der irgendwie vorbeiging und dann trotzdem im Ziel landete, aber bei meinem zappelnden Gegner keinerlei Wirkung hinterließ. Erst in diesem Moment sah ich, dass PK mir zu Hilfe gekommen war. Gemeinsam schafften wir es, den massigen Kerl niederzuringen und ihm Handschellen anzulegen. Als sich mein Puls wieder beruhigt hatte, fiel mir sofort das Horn auf PKs Stirn auf.

»Hat dich das Arschloch doch noch mit seinem Stock erwischt?«, fragte ich.

»Ähm, nee, das warst du.«

»Oh, sorry.«

»Schon okay.«

»Wahrscheinlich kein guter Moment, um zu fragen, ob ich das kommende Wochenende freinehmen kann …«

Wenn ich jetzt daran denke, fällt mir eine Reihe von Chefs ein, denen ich gerne eine verpasst hätte, und es ist ein Jammer, dass ich die eine gute Gelegenheit ausgerechnet an PK verschwendet hatte.

* * *

Paul Callahan war Drogenfahnder wie wir, früher mal Streifenpolizist und jetzt bei der Narcotics Division[22]. Er hatte ein Netz von Informanten wie sonst niemand. Die meisten von ihnen sehr schräge Typen, und es passierte nicht selten, dass uns jemand aus einer dunklen Gasse zuraunte: »Pssssst! Sag Paul, er soll sich mal bei mir melden!« Wir hatten viel Spaß dabei, uns auszumalen, wie er irgendwo in einer großen Wohngemeinschaft mit diesen Leuten hauste und sich alle gegenseitig Geschenke zum Geburtstag und zu Weihnachten machten. Wahrscheinlich fuhr die ganze Truppe auch zusammen in den Urlaub. Eines Tages erschien jedenfalls diese rothaarige Frau auf unserem Revier, eine von Callahans heimlichen Helfern, und erklärte, dass sie mit uns zusammenarbeiten wolle. Ein Crack-Dealer hatte sie mies behandelt, und jetzt wollte sie ihm eins auswischen.

»Hey, Conlon«, rief einer meiner Kollegen, »bist du nicht auf der Suche nach einer Freundin?«

Worauf der Rotschopf erwiderte: »Mit einem versauten Arsch wie mir will der garantiert nichts zu tun haben.«

Sie hatte offenbar vorher schon mal mit Tony gesprochen, aber auch der wollte ihren versauten Arsch nicht. So oder so, wir bekamen die seltsame Formulierung nicht mehr aus dem Kopf und tauften die gesamte Operation schließlich auf den Namen »Versauter Arsch«.

Unsere neue Informantin kannte zwar den vollständigen Namen ihres Dealers nicht, wusste aber, dass er mit seiner Freundin in einer Sozialwohnung in der Park Avenue lebte. Über die Hausverwaltung fanden wir heraus, dass unter der angegebenen Adresse tatsächlich eine Frau registriert war, auf die die Beschreibung unserer Informantin passte. Wir bekamen sogar einen

---

22
Die Narcotics Division, das Rauschgiftdezernat, verfolgt einen breiteren Ansatz als die SNEU. Während diese sich ganz auf die Dealer von Kokain und Heroin konzentriert, kümmern sich die Narcotics-Ermittler sehr methodisch um alles, was verboten ist – inklusive Cannabis oder Ecstasy.

Grundriss der Wohnung und konnten uns die Einrichtung im Detail erklären lassen: Wo stand was, wie sah die Tür aus – wir waren bestens vorbereitet. Wir wussten auch, dass unser Mann ein Tattoo hatte – das Wort *Shadow*, Schatten – und auf einem Riesenhaufen Crack saß. Und auf einer Pistole.

Der Augenblick vor einem Zugriff ist spannungsgeladen; so eine Mischung aus der Vorfreude, die man beim Auspacken von Geschenken spürt, und der angstschweißtreibenden Konzentration bei der Entschärfung einer Bombe. Wir stürmten die Wohnung im Morgengrauen, die Spezialisten von der ESU vorneweg. ESU steht für Emergency Services Unit, eine Truppe wie die SEK-Einheiten der deutschen Polizei. »Wenn ein Cop Hilfe braucht«, hieß es bei uns, »dann ruft er die ESU.« Die schlagen die Tür mit einem Rammbock ein und stürmen die Bude in voller Montur – Schutzschild, Helm, Splitterweste und Sturmgewehr. Das hinterlässt bei den meisten Leuten einen bleibenden Eindruck. Unser Mann mit dem Schatten-Tattoo kam nicht mehr rechtzeitig aus dem Bett hoch, um sich ernsthaft wehren zu können. Als die ESU-Truppe durch war, führte ich den Dealer raus ins Treppenhaus, während PK und Tony die Wohnung durchsuchten. Sie fanden sechzig Platten Crack, etwas Bargeld, Munition für eine Pistole, eine gefälschte Rolex und einen großen Batzen Crack auf einem Essteller. Als die Kriminaltechniker alles schön in Plastiktüten verpackt hatten, sah unsere Beute aus wie die Überreste von einem besonders exklusiven Picknick. Von Shadow war übrigens während der gesamten Aktion nicht ein Wort zu hören, und wir bekamen auch später nichts aus ihm heraus.

In den Tagen danach konzentrierten wir uns wieder auf die Heroin-Dealer in der 153. Straße, die das Gebiet rund um die Melrose-Wohnblöcke mit Stoff versorgten. Die Dealer gehörten zum Vertriebssystem zweier Brüder, die alle nur unter ihren Spitznamen »Satan« und »Loochi« (alias »Luzifer«) kannten – diese beiden Teufel hatten den Rauschgifthandel in den Sozialbausiedlungen weitgehend unter ihre Kontrolle gebracht. Wir hatten in letzter Zeit immer mal wieder das Feuer großkalibriger Waffen in dieser Gegend gehört, und einmal wurde ein Laserpointer auf uns gerichtet, entweder ein Kind mit einem Spielzeug oder jemand mit einer ernst zu nehmenden Waffe.

Dann kassierten wir einen der Dealer, nachdem wir ihn mit fünf, sechs Kunden beobachtet hatten. Kein schlechter Fang insgesamt, auch wenn die

Menge an beschlagnahmter Ware nicht gerade beeindruckend war. Weil die Dealer Zugang zu mehreren Wohnungen in den unteren Stockwerken hatten, rechneten wir nicht damit, dass wir auf den Fluren oder in den Treppenhäusern mehr finden würden, aber gründlich, wie wir waren, schauten wir trotzdem noch einmal genauer hin. Ich arbeitete mich systematisch bis zum dritten Stock vor, wo ich auf eine Abstellkammer des Hausmeisters stieß. Auf den ersten Blick nichts als Müll, aber dann entdeckte ich eine Plastiktüte mit Kleidung. Ein ideales Versteck für die Habe eines Obdachlosen, dachte ich zuerst, bis ich sah, dass es die Klamotten eines Teenagers waren, kleiner und auf jeden Fall sauberer als die Garderobe eines Menschen, der auf der Straße lebte. Vorsichtig wühlte ich mit einer Hand in der Tüte herum, eigentlich ohne großen Ehrgeiz, etwas zu finden, ich wollte nur eine lästige Pflicht erledigen. Doch als ich einen Overall herauszog, fielen zwei Patronen zu Boden und klackerten wie Spielwürfel. Ich setzte die Tüte ab und spürte, wie ein schwerer und harter Gegenstand aufschlug. Ich kippte alles aus – und vor mir lag eine Maschinenpistole, eine MAC-11, wenn ich mich nicht irre. Ich griff nach meinem Funkgerät.

»PK, komm mal hoch in den dritten Stock, zum Abstellraum des Hausmeisters.«

»*Hast du jemanden?*«

»Ich hab etwas.«

»*10-4.*«[23]

PK und die anderen standen im Kreis um mich und meinen Fund herum, fast schon andächtig starrten sie auf die Waffe. *Jetzt guck dir das an. Das Ding hätte auch auf uns gerichtet sein können.*

»Alright«, sagte PK. »Sieht so aus, als müssten wir uns den Laden mal gründlicher anschauen.«

»Warte«, erwiderte ich. »Lass uns erst sehen, was hier sonst noch zu finden ist.«

PK steckte den Kopf in die Kammer. »Hast recht, Mann, da liegt noch 'ne Knarre.« Eine verchromte Smith & Wesson, neun Millimeter, mit schwarzen

---

[23]
10-4 ist im Funkcode des NYPD die Bestätigung »Verstanden«.

Griffschalen. »Okay, Leute. Ich denke, wir ziehen doch mal unsere Handschuhe an.«

Wir wurden auch in der nächsten Abstellkammer fündig – ein 45er-Colt mit einem langen Lauf, so ein Ding, mit dem der Revolverheld Wyatt Earp vor hundert Jahren um sich geballert hat. In derselben Kammer stellten wir außerdem 120 Decks Heroin mit einem Marktwert von 1200 Dollar sicher, was etwa dem Tagesvorrat eines Dealers entsprach, Schachteln mit Munition und eine Plastiktüte mit kupferummantelten Patronen für eine AK-47. Das Sturmgewehr dazu konnten wir nicht finden, was einem Angst und Bange machen konnte. Denn diese Kugeln aus einer AK-47 lassen sich auch von unseren tollen Schutzwesten nicht aufhalten. Wir packten unsere gesammelten Fundstücke ein und schleppten sie zum Revier, wo sich alle Kollegen mit großem Erstaunen darüberbeugten. Kaum zu fassen, dass ein solches Arsenal in Kammern lag, die im Prinzip für jeden zugänglich waren.

* * *

Dann wurde die Arbeit unserer Abteilung von einem Tag auf den anderen eingestellt, bis auf Weiteres keine SNEU-Operationen mehr, aus. Denn es gab eine Aufgabe für die Polizei, die momentan wichtiger war als die Jagd auf Heroin- und Kokaindealer: In der Bronx gingen offenbar vier Männer um, die gleich serienweise Frauen vergewaltigten. Der erste hatte eines seiner Opfer erwürgt, und zwar ausgerechnet auf dem Dach des Gebäudes, in dem der Psychopath Larry Davis gelebt hatte. Davis war ein Gewalttäter, der sich darauf spezialisiert hatte, Dealer auszurauben, und mindestens vier Menschen auf dem Gewissen hatte. Bei seiner Festnahme lieferte er sich ein wildes Feuergefecht mit der Polizei, sechs Beamte wurden verletzt. Die Vergewaltiger Nummer zwei und drei, ein Hispano und ein Mann mit karibischen Wurzeln, vergingen sich vor allem an Frauen mittleren Alters. Über die Feuertreppe brachen sie in die Wohnungen ihrer alleinstehenden Opfer ein. Am schlimmsten war jedoch der vierte Mann, der einundfünfzig Frauen mit vorgehaltener Waffe ausgeraubt und vergewaltigt haben soll, vor allem in der Bronx, aber auch aus Manhattan und Westchester wurden Fälle nach demselben Muster gemeldet. Eine hundert Mann starke Taskforce wurde aufgestellt, um die Täter zu fassen, und alle Abteilungen des NYPD wurden aufgefordert, zusätzlich Cops für die Jagd auf die Vergewaltiger abzustellen. Wir wurden als Freiwillige gemeldet und auf zwei Teams aufgeteilt: PK, Tony, Orville und Sammy bildeten den ersten Trupp, Alicia, ein neuer Kollege namens John Timpanaro und ich den zweiten. Unsere Schicht begann um halb zehn abends und ging bis morgens um sechs.

Wir hatten zwar DNA-Spuren von Täter Nummer vier, die bei vielen der Opfer sichergestellt werden konnten, aber das einzige Fahndungsbild zeigte einen maskierten Mann. Was half uns der Gencode des Täters, wenn er auf der Straße unerkannt an uns vorbeispazieren konnte? Wir würden ihn überführen können – aber dazu mussten wir ihn erst mal erwischen, und er schien bei seinen Taten keinem festen Muster zu folgen. Mal hatte er seine Opfer schon in einer Bar ausgesucht und folgte ihnen auf dem Weg nach Hause; mal wählte er sie irgendwo willkürlich aus; es war ihm anscheinend egal, ob die Frauen alt waren oder jung, klein oder groß, dick oder dünn, und in einigen Fällen attackierte er sogar zwei oder drei Frauen auf einmal. Er trug immer eine Maske, war mit einer Pistole bewaffnet und ließ bei jedem Überfall Schmuck und Bargeld mitgehen.

Einmal waren John und ich zur Patrouille in einem ruhigen Wohnviertel eingeteilt, alles Einfamilienhäuser, und wir fuhren umher, bis wir einen der bekannten Tatorte gefunden hatten, auf einem unbebauten Grundstück. Wir stiegen aus und schauten uns um. Das Areal war komplett zugewachsen, Unkraut und dorniges Gestrüpp reichten uns bis zu den Schultern, der Boden war mit Steinbrocken übersät. Einen ungemütlicheren Platz konnte man sich kaum vorstellen, und dann fiel mir ein, dass sich die Tat im Februar ereignet hatte, bei Schnee und Eis. Da konnte die Frau um Hilfe rufen, wie sie wollte – hier hat sie niemand gehört. Einen Moment lang fragte ich mich, ob die trostlose Umgebung für den Täter ein Teil seines grausamen Szenarios war oder ob er so auf den Akt der Vergewaltigung fixiert war, dass er auch in einem brennenden Haus nicht davon abgelassen hätte. Ein anderer seiner Tatorte erwies sich nämlich als das absolute Gegenteil: Er war nicht einsam und abgelegen, sondern lag direkt an der vielbefahrenen Westchester Avenue, und der Überfall ereignete sich an einem Sommerabend, als noch viele Menschen draußen waren. Der Täter hatte drei jungen Frauen im Flur ihres Wohnblocks aufgelauert, als die gerade zu einer Party losgehen wollten. Er trieb sie mit vorgehaltener Waffe in die Grünanlagen hinter dem Haus. Ein Spielplatz lag nur wenige Meter weiter, auf den Bänken zwischen den Bäumen müssen noch Leute gesessen haben. Und wahrscheinlich standen auch viele Fenster im Gebäude offen; ein paar hundert Nachbarn saßen vor ihren Fernsehern oder lagen im Bett – und doch bekam keiner mit, wie unser Mann drei Frauen ausraubte und vergewaltigte. Hätten sie geschrien, wären sie vielleicht davongekommen oder hätten ihre Nachbarn alarmieren können. Oder wären von ihrem Vergewaltiger ermordet worden.

Für mich war es wahrlich kein Vergnügen, wieder auf Patrouille zu gehen, doch das gesamte Viertel schien erleichtert, dass wir Präsenz zeigten. Nie zuvor hatte ich eine solche Dankbarkeit verspürt; es fehlte nicht viel und die Passanten hätten applaudiert, wenn sie uns sahen. Selbst die Leute, bei denen wir eine Personenkontrolle durchführten, bedankten sich für unsere Mühe und wünschten uns Glück bei der Jagd auf den Verbrecher. Jeder Kontakt, jede Kontrolle wurde in einem speziellen Formular festgehalten, das bei uns nur »250« hieß oder »Stop and Frisk«[24]. Die Daten wurden allesamt in den Computer eingegeben, um nach Mustern zu fahnden: Welche Namen tauchten öfter auf? Wo lohnte es sich, noch einmal genauer hinzusehen? Jede Nacht begann mit einem Appell aller beteiligten Einheiten – Straßenkriminalität, Drogenfahndung, Sexualdelikte und Streifenpolizei. Anfangs gab es noch jedes Mal aufmunternde Worte von diversen Vorgesetzten, die uns an die Dringlichkeit unserer Aufgabe erinnerten. Wir würden das schon schaffen, hieß es immer wieder, und plötzlich waren auch neue Streifenwagen da.

Wir fuhren die Straßen auf und ab und starrten uns die Augen aus dem Kopf. Eine Woche verging, und noch eine. Dann kam der Abend, an dem John und ich zur Patrouille im 43. Revier eingeteilt waren, wo es in einer Sozialbausiedlung namens Soundview eine signifikante Häufung von Überfällen gegeben hatte. Kurz nach Mitternacht kämmten wir einen Wohnblock von oben bis unten durch, wir kletterten aufs Dach, überprüften jedes Treppenhaus, alle Flure und öffentlich zugänglichen Balkone. Wir stießen auf eine Glastür, die mit einem Vorhängeschloss gesichert war, doch die Scheibe war zersplittert,

---

24
Polizeijargon für unsere Standardprozedur der Personenkontrolle:
Anhalten, Name und Wohnort feststellen und durchsuchen.

das Loch groß genug, um hindurchzusteigen. Wir fanden einen Penner, im Tiefschlaf, und scheuchten ihn mit gezogener Waffe aus seinem Versteck. Wir legten ihm Handschellen an und fragten ihn, ob außer ihm sonst noch jemand auf dem Balkon hauste, was er verneinte. Trotzdem fädelte ich mich noch einmal durch die zersplitterte Scheibe, um sicherzugehen, dass wir nichts übersehen hatten, was den Mann mit unseren Verbrechen in Verbindung bringen könnte – etwa eine Sturmmaske, eine Pistole oder der geraubte Schmuck. Aber ich fand nichts außer Glasscherben, durchgeweichte Pizzakartons und ein paar leeren Crack-Ampullen. Wir nahmen den Penner trotzdem mit, vielleicht konnten wir ja etwas aus ihm herauskriegen.

Unten auf der Straße feuerte John aus allen Rohren: »Du weißt schon, warum wir dich geschnappt haben. Weil du weißt, was du verbrochen hast. Wo ist deine Sturmmaske?«

Ich musste mich wegdrehen, damit die beiden mein Grinsen nicht sehen konnten. Der Typ war nicht unser Vergewaltiger, niemals. Ich hatte wirklich schon bessere Bluffs gesehen, doch John blieb unverdrossen auf Kurs: »Aber du weißt, wer es ist, oder? Rück schon raus damit. Wir wollen seinen Namen.«

Da veränderte sich etwas im Gesicht unseres Penners, plötzlich wirkte er ängstlich und brachte stotternd heraus: »Also wissen Sie ... Ich weiß nicht, weiß nicht, wie ich es sagen soll ... Ich will eigentlich nicht ...«

Ich spürte, wie sich mein Puls beschleunigte. Da war etwas, diese Unterhaltung versprach, interessant zu werden. Wir riefen einen Streifenwagen und ließen uns zur Wache fahren.

Der Mann wusste selbstverständlich, wonach wir suchten, jedem im Viertel war das klar. Wenn wir sein Vertrauen gewinnen und ihn zum Reden bringen wollten, mussten wir erst einmal einen Gang zurückschalten. Er hatte Frau und Kinder, die in einem der benachbarten Wohnblocks lebten, und wenn er sich nicht gerade mit Crack zudröhnte, war er auch bei ihnen, ab und zu wenigstens, kam halt darauf an, wie oft er sich Crack leisten konnte. Dann kam er auf diesen Kerl zu sprechen, mit dem er ein seltsames Gespräch geführt hatte, das ihm nicht mehr aus dem Kopf gegangen war. Unser Penner hatte ihn angesprochen, weil er eine Stereoanlage verticken wollte – wir fragten gar nicht erst nach, woher er die hatte. Die Konversation nahm eine bizarre Wendung, denn sein potenzieller Käufer sagte: »Das ist doch keine Art, Geld zu verdienen.«

»Wem sagst du das«, erwiderte unser Mann.

»Ich raube lieber irgendwelche Schlampen aus und ficke sie.«

»Oh ... nee, Mann, das wär' nicht mein Ding.«

Schon in jenem Moment habe er das als sehr verstörend empfunden, sagte unser Crack-Penner, und er sei zu dem Schluss gekommen, dass es sich bei diesem Typen um den gesuchten Vergewaltiger handeln musste. Als ich nachhakte, warum er sich nicht an die Polizei gewandt habe – immerhin hatte die eine Belohnung von zwanzigtausend Dollar auf Hinweise ausgesetzt, die zur Ergreifung des Täters führen –, antwortete er, es habe ihn ja niemand danach gefragt. Außerdem hatte er noch ein weiteres Problem: Er konnte sich partout nicht an den Namen des Kerls erinnern, hängen geblieben war nur der vage Gedanke, dass der Vorname seltsam war und der Nachname ganz gewöhnlich.

»Wie merkwürdig? Merkwürdig wie in afrikanisch oder eher muslimisch?«

»Nee, so nicht. Aber eben irgendwie anders als normale Namen.«

Was wusste er sonst noch über den Typen? Dass er schon mal im Knast gesessen hatte, nicht für Vergewaltigung oder sonst etwas Bemerkenswertes, und dass er mit Drogen handelte. Als ich fragte, welchen Stoff er verkaufte, sagte unser Penner: »Red Tops.«[25] Mir war natürlich klar, dass wir im Trüben fischten. Wenn Menschen so bedrängt wurden, sich an bestimmte Details zu erinnern – und das galt erst recht für jemanden, der sein Hirn nur selten einschaltete wie unser Zeuge –, dann war die Grenze vom Reich der Fakten zur Nebenwelt der Fantasie schnell überschritten. Andererseits konnten wir ein Fragment wie Red Tops in unseren Fahndungscomputer eingeben, und der Rechner würde eine lange Liste von Namen ausspucken, die wir in einem zweiten Schritt nach Räubern und Vergewaltigern durchsieben konnten. Und unser Zeuge meinte außerdem, sich erinnern zu können, wo die Mutter des Vergewaltigers lebte – das war doch schon mal ein Anfang.

Später nahm sich ein Detective der Spezialeinheit für Sexualdelikte, der wahrscheinlich bereits eine Menge solcher Informationen von niedriger Qualität erhalten hatte, unseren Mann noch einmal vor, doch auch er spürte, dass

---

25
Red Top ist eine Sorte Crack, die in Ampullen mit einem roten Verschluss verkauft wird.

in diesem Fall mehr dahinterstecken könnte. Er würde sich die Sache genauer ansehen, sagte er uns. Und wenn die Spur weiterführte, wollte er uns Bescheid sagen. Ich war mir ziemlich sicher, dass unser Hinweis wichtig war, denn auch wenn der Zeuge ebenfalls ein Krimineller war (was aus der Ferne betrachtet ein öffentliches Ärgernis war und aus der Perspektive seiner Familie eine Tragödie), stand er, was den Vergewaltiger betraf, auf der Seite des Rechts. John und ich sahen uns zwar schon zum Detective befördert und als stolze Träger der goldenen Dienstmarke, aber wichtiger war uns selbstverständlich, dass der Vergewaltiger aus dem Verkehr gezogen wurde, dass die Mütter, Schwestern und Töchter dieser Stadt wieder auf die Straße gehen konnten, ohne gleich das Schlimmste zu fürchten. Wir bildeten in dieser Sache eine gemeinsame Front: wir alle, Cops und Bürger auf der Straße, gegen diesen Mann. Ich gab unserem Zeugen die Nummern von meinem Pager und meinem Telefon auf der Wache und versprach ihm, dass ich mich persönlich darum kümmern würde, dass er seine Belohnung bekäme. Und für den Fall, dass ihm der Name des mutmaßlichen Serienvergewaltigers doch noch einfallen sollte, versprach ich ihm zwanzig Dollar sofort und in bar auf die Kralle. In den Wochen und Monaten danach nahm ich mir immer mal wieder vor, nach ihm zu sehen, aber wie es so ist, ging mein guter Wille unter dem Berg neuer Aufgaben unter.

Als der Vergewaltiger im folgenden April endlich gefasst wurde, fiel mir sofort wieder ein, was unser Crack-Ganove gesagt hatte. Komischer Vorname, stinknormaler Nachname. Denn der Täter hieß Isaac Jones, passte doch perfekt. Und ich frage mich bis heute, ob der Detective den Hinweis unseres Zeugen mit der notwendigen Gründlichkeit verfolgt hatte. Wie Jones gefasst wurde? Seine Freundin hatte versucht, Schmuck aus den Raubzügen bei einem Pfandleihgeschäft zu Geld zu machen, und der Besitzer hatte die angebotenen Stücke von einem Flyer der Polizei wiedererkannt. Ihr war klar, dass der Schmuck gestohlen war, aber von den Vergewaltigungen will sie nichts gewusst haben. Jones lebte tatsächlich in Soundview, also genau in der Gegend, in der uns eine Häufung seiner Verbrechen aufgefallen war. Die Richter verurteilten ihn gleich in mehreren Fällen zu einer lebenslänglichen Haftstrafe, und ich weiß zwar nicht, ob Jones in den Monaten bis zur seiner Festnahme im April noch weitere Raubüberfälle und Vergewaltigungen begangen hatte, aber ich bin mir sicher, dass vieles anders gelaufen wäre, wenn unser Fund zu einem schnelleren Fahndungserfolg geführt hätte.

Als wir endlich auf unserem alten Posten in der Inspektion 7 waren, brachte ich unserem Chef, Inspector Cavanagh, aus lauter Freude eine Flasche Single Malt mit. »Als wir damals die Order bekamen, unsere besten Leute für die Jagd auf den Vergewaltiger abzustellen, haben wir selbstverständlich unsere besten Leute geschickt«, sagte Cavanagh und zuckte unglücklich mit den Schultern. »Aber wie soll ich hier meine Arbeit ohne ein funktionierendes SNEU-Team machen?« Unsere Rückkehr in den alten Job war so abrupt wie unser Aufbruch mehr als ein halbes Jahr zuvor – und genauso freudig, wie der Abschied trübselig war. Den Scotch durfte man jedenfalls nicht als Bestechung sehen, denn er wurde ja erst nachträglich überreicht. Wenn mit einer solchen Spende unsere geregelten Dienstzeiten zurückzukaufen gewesen wären, hätte der Boss einen ganzen Lastwagen mit dem Stoff bekommen. Aber Hauptsache, wir waren jetzt wieder im Geschäft.

Den Scheitelpunkt meiner Lernkurve hatte ich zwar noch nicht erreicht, aber es war interessant zu sehen, wie sich meine Arbeitsweise verändert hatte. Vieles ging automatisch, ohne dass ich lange darüber nachdenken musste: das Auftreten bei einer Kontrolle, die Gründlichkeit bei einer Durchsuchung und selbst die Formulierung von Fragen im Verhör. Bei meiner Klientel lautete die Frage eben nicht: »Sind Sie schon einmal festgenommen worden?« Sondern ganz direkt und pragmatisch: »Wann hast du das letzte Mal gesessen?« Auch bei John konnte ich solche Veränderungen beobachten. Er war selbstverständlich schon ein guter Cop gewesen, bevor er zum SNEU-Team stieß, doch unser neuer Job wartete mit ein paar Besonderheiten auf, die man nur in der Praxis lernen konnte. Auf welche Details musste man achten, wenn man auf einem Observierungsposten war? Und kriegte man es hin, dass man Straftätern gegenüber nichts ausplauderte, was sie nicht hören sollten? Das war nämlich gar nicht so einfach, wenn man den Lieferwagen voll mit Dealern und ihren Kunden hatte. Die saßen hinten drin, und du musstest irgendwie die Zeit totschlagen. Also das Radio an, gerade so laut, dass du das Funkgerät noch hören konntest. Du hast dich natürlich auch mit deinem Partner unterhalten – und

genau da wird es kompliziert. Über den Job kann man nicht reden, denn die Gefangenen sollen ja keine Details über unsere Arbeitsweise aufschnappen. Wo unser OP eingerichtet war oder woher wir einen Tipp hatten – das ging unsere Kundschaft absolut nichts an. Auch unser Privatleben war tabu: Der Name deiner Frau durfte nicht fallen, und kein einziger Hinweis darauf, wie du morgens aufs Revier fährst, weil man daraus Rückschlüsse ziehen könnte, wo du wohnst. Es bestand zwar kaum Gefahr, dass die Straftäter ein solches Wissen tatsächlich gegen dich verwenden würden, aber man musste damit rechnen, dass jedes versehentlich offenbarte Detail in den unliebsamsten Momenten wieder hochkam – etwa wenn es dir aus der Zelle entgegenschallte: »Wie geht es eigentlich deiner Frau? Weißt schon, Jenny meine ich. Was macht sie denn so?« Also sitzt du mit deinen Gefangenen im Wagen und quatschst stundenlang, ohne wirklich etwas zu sagen. Über TV-Sendungen, die du gesehen hast, Autos, Frauen ganz allgemein, über Baseball-Ergebnisse oder den Witz des Tages – je blöder und inhaltsleerer, desto besser. Das Ganze hatte zudem einen therapeutischen Nebeneffekt auf die Passagiere hinten im Wagen: Wenn sie stundenlang hören, wie sich zwei offensichtlich tumbe Cops darüber streiten, wer zuerst einen fahren lassen hat, nährt das die Zweifel an ihren eigenen Fähigkeiten: *Wie konnte ich mich bloß von zwei birnlosen Typen wie denen erwischen lassen?*

Andere Lektionen waren weniger SNEU-spezifisch, einfach der ganz normale Wahnsinn der Polizeiarbeit. John und Stix waren einmal auf Fahrrädern im Süden der Bronx unterwegs, und Stix hatte einen Platten. Er schob sein Rad zurück zur Wache, während John alleine weiterzog. Per Funk bekam er vom OP die Beschreibung eines Verdächtigen durchgesagt, nur war der Mann, den er schnappen sollte, ein Schrank von einem Kerl, bestimmt 1,90 Meter groß, 130 Kilogramm Muskelmasse, der sein Geld als Türsteher eines Striplokals verdiente. John hatte immerhin den Überraschungseffekt auf seiner Seite, als er den Schrank gegen die nächste Hauswand schleuderte. Aber der Türsteher schnallte sofort, dass John allein war, und schaltete in den Straßenkampfmodus. Die Faust, die auch das Dope umklammerte, flog auf Johns Gesicht zu, doch der schaffte es irgendwie, seinen Kontrahenten zu Boden zu ringen, wobei er allerdings sein Funkgerät verlor, während es dem 130-Kilo-Mann noch gelang, das Rauschgift in einem Gully verschwinden zu lassen. Schnell bildete sich um die beiden Männer ein Ring von Gaffern, die aber offenbar nicht gedachten, auf einer der beiden Seiten in den Kampf einzugreifen, der nun in seine entscheidende Phase getreten war. Die Kontrahenten hatten sich fest umklammert. Während der Türsteher mit einer freien Faust auf John eindrosch, klopfte der mit dem Schädel seines Gegners den Kantstein ab. John angelte sich sein Funkgerät und rief die Kavallerie, der Straftäter bekam Handschellen angelegt, und die Fachleute von der ESU fischten das Dope wieder aus der Kanalisation. Später in seiner Zelle schäumte der 130-Kilo-Mann vor Wut, dass er den Fight verloren hatte: »Ich hätte den Typ fertiggemacht, aber der muss wohl Steroide gefressen haben.«

Mehr zu schaffen gemacht hat John ein Auftritt vor der Grand Jury, dem Großen Geschworenengericht. Eine solche Jury besteht aus sechzehn bis dreiundzwanzig juristischen Laien, die über einen Zeitraum von mehreren Wochen unter Ausschluss der Öffentlichkeit tagen und darüber befinden, ob in den vorgelegten Fällen von Schwerverbrechen das Beweismaterial ausreicht, um eine Anklage zu erheben. In unseren Fällen arbeitet die Jury das Programm mechanisch ab, eine schon fast stumpfsinnige Aufgabe, aber sie muss halt erledigt werden. Der Cop vom Observierungsposten sagt aus, wie er Dealer und Kunden beim Austausch der Ware beobachtet hat; der Kollege, der für den Zugriff zuständig war, berichtet, wie er nach den Angaben vom OP die Festnahme durchgeführt hat. Fertig, nächster Fall. Manchmal wirft ein Juror noch eine Frage ein, etwa: »Haben Sie bei der Beobachtung der Tatverdächtigen Ferngläser verwendet?« Ich habe tatsächlich einmal einen Juror erlebt, der diese eine Frage so gut fand, dass er sie bei jedem Fall erneut anbrachte. In der Regel war von der Jury aber überhaupt nichts zu hören, sodass ich die Langeweile der Beteiligten förmlich spüren konnte und mich fragte, wann der Erste von seinem Kreuzworträtsel hochschaute und in den Saal fragte: »Officer, ich habe folgende Frage: Was könnte wohl ein Säugetier mit sieben Buchstaben sein?«

Im Normalfall fragt nur der Staatsanwalt, und das klingt dann so:

»Guten Morgen, Officer.«

»Guten Morgen.«

»Nennen Sie bitte fürs Protokoll Namen, Dienstgrad und Einsatzbereich.«

»Police Officer Edward Conlon, Dienstmarke 9786, Inspektion 7.«

»Officer, ich möchte von Ihnen eine kurze Darstellung der Ereignisse am 15. August 1998 um circa 14.15 Uhr an der Ecke 157. Straße / Elton Avenue. Was war Ihre Aufgabe und was ist geschehen?«

»Ich war im Dienst als Beamter der Polizei von New York, eingesetzt bei der Street Narcotics Enforcement Unit der Inspektion 7, und zwar als Beobachter auf unserem Observierungsposten. Von dort habe ich den Angeklagten über den Zeitraum von einer Stunde dabei beobachtet, wie er verschiedenen Personen gegen Bargeld einen kleinen Gegenstand übergeben hat.«

»Verstehe. Und was ist dann passiert?«

»Ich habe diese Information über Funk an unser Zugriffsteam übermittelt.«

»Vielen Dank, Officer. Wenn sonst niemand weitere Fragen hat, sind Sie hiermit aus dem Zeugenstand entlassen.«

Ein Auftritt vor der Grand Jury ist also relativ simpel, doch es ist und bleibt ein öffentlicher Auftritt, und das macht mich immer ein wenig nervös. Besonders aufgeregt war ich bei meinem ersten gemeinsamen Fall mit John, denn da hat mich der stellvertretende Staatsanwalt mit allerhand seltsamen Fragen überfallen. Nicht nur, dass er die skurrile Problematik mit dem Fernglas wieder aufbrachte, er wollte sogar genau wissen, welche Vergrößerung der uns zur Verfügung stehende Feldstecher gehabt habe. Wir hatten uns überhaupt nicht weiter vorbereitet auf unsere Aussage vor der Grand Jury, weil das in der Regel auch nicht notwendig ist für eine solche Formsache. Aber jetzt stand ich offenbar vor einem Quizmaster, der noch das kleinste Detail interessant fand. Wie es der Zufall wollte, kannte ich die technischen Spezifikationen unseres Fernglases sogar, doch der Staatsanwalt kam sofort mit der nächsten unvorhersehbaren Frage hinterher: »Wie haben Sie verifizieren können, dass es sich bei der Stimme im Funk um Officer Timpanaro handelte?« Damit brachte er mich völlig aus dem Konzept. Was zum Teufel sollte das denn heißen? Brauchten wir für unsere Arbeit eine formale Einweisung in Spracherkennungstechniken? Oder bewegte sich der Mann jetzt auf der Metaebene des Grundsätzlichen: Wollte er von mir wissen, ob es überhaupt möglich war, einen anderen Menschen je richtig zu kennen? Gab es vielleicht Besonderheiten im Vortrag meines Kollegen? *Wie Sie vielleicht wissen, Herr Staatsanwalt, zählt Officer Timpanaro zu den beliebtesten Entertainern unserer Generation.* Aber ich stammelte nur etwas wie: »Na, weil ich ständig mit ihm zusammenarbeite?«

John war als Nächster dran, und als er ein paar Minuten später wieder aus dem Gerichtssaal kam, war er blass im Gesicht und wirkte richtiggehend benommen. Er war so perplex, dass er auf die Frage nach den technischen Werten des Fernglases sogar die Aussage verweigerte. Was er erwartet hatte, war die obligatorische Antwort nach dem Muster: »Auf der Basis der Beschreibung, die ich über Funk von Officer Conlon erhielt, habe ich den Angeklagten festgenommen. Ich beschlagnahmte zehn Briefchen Heroin, die er in seiner rechten Hosentasche bei sich trug, und etwa hundert Dollar in bar, die er in die linke Hosentasche gesteckt hatte.« *Gott schütze Amerika, und noch einen schönen Tag.* Dass er stattdessen so in die Mangel genommen wurde, war zwar nicht meine Schuld, aber an irgendwem musste er seine Wut ja auslassen. Und so bekam ich auf dem Weg aus dem Gerichtsgebäude die geballte Ladung seines Frusts ab.

Draußen ging es uns gleich viel besser. Es war Sommer, und neue Songs aus San Juan und alte Lieder aus Santo Domingo dröhnten aus den Lautsprechern der Bodegas. Der Eismann machte gerade seine Runde mit seinem kleinen weißen Karren, von einem schwitzenden Eisblock raspelte er kleine Portionen ab und füllte sie in einen Becher. Dann noch ein Spritzer Sirup darüber, Mango, Kokosnuss oder Kirsche – und fertig. An Leinen quer über die schmalen Straßen hing Wäsche zum Trocknen in der Sonne, die man im Vorbeigehen auch als Botschaft verstehen konnte. *Alles sauber hier. Aber bei euch gibt es einiges an schmutziger Wäsche zu waschen, oder?*

Ich zog in diesem Sommer öfter mal alleine los. Wenn ich mit meiner alten Kiste irgendwo auftauchte, beachteten mich die Leute kaum. Einmal hängte ich mich an einen Verdächtigen und folgte ihm über die Brücke bis nach Manhattan, keine wilde Verfolgungsjagd, wir zuckelten im Schritttempo durch die Stadt, und er merkte nicht, dass ich die ganze Zeit hinter ihm war. Er hatte einen Mastiff auf der Rückbank, ein Monster von einem Hund mit einem faltigen Gesicht und einer Riesenschnauze. Bis der Rest des Teams eintrudelte, hatte ich den Mann längst in Handschellen. Aber wie sollten wir den Typen auf die Wache bekommen? Tony und OV wäre wahrscheinlich ein lebender Hai lieber gewesen als dieser bestimmt hundert Kilo schwere Vierbeiner, und auch der Rest des Teams schien keine große Neigung zu verspüren, der Bestie als Futter zu dienen. Dabei schien der Hund so weit eigentlich ganz friedlich zu sein. Also schloss ich bei meinem Gefangenen die Handschellen wieder auf, setzte mich neben ihn auf den Beifahrersitz und sagte ihm, dass er zur Wache im 46. Revier fahren solle. »Wenn dein Köter mich beißt«, fügte ich hinzu, »knalle ich euch beide ab.« Der Hund nahm es glücklicherweise nicht persönlich und legte seine faltige Schnauze auf meine Schulter, als wäre ich sein bester Freund. Auf der Wache stellten wir unserem Verdächtigen eine Vorladung für den nächsten Tag aus, damit er seinen Mastiff erst einmal nach Hause bringen konnte.

Alleingänge sind bei Cops eigentlich verpönt, aber ich war trotzdem gerne solo unterwegs. Selbst abends nach der Schicht machte ich noch hier und da Halt, um mir die Ecken genauer anzuschauen, an denen unsere Kundschaft ihre Ware an den Mann brachte, und besonders erfolgreich war ich immer dann, wenn ich mich richtig in Schale geschmissen hatte. Mit Anzug und Krawatte fiel man in dieser Gegend zwar auf wie ein bunter Hund, aber die Leute hielten einen für einen Junkie von der Wall Street, der Stoff für seinen nächsten Trip brauchte. Ich rieb meine Augen, bis sie rot waren, und torkelte ein bisschen, als hätte ich schon einen sitzen. Meine Tarnung war so perfekt, dass ich mir eher Sorgen machte, von meinen Kollegen aufgegriffen als von einem Verbrecher attackiert zu werden. So konnte ich jedenfalls ohne Durchsuchungsbefehl in jedes Gebäude reinspazieren und mir in aller Ruhe die Gegebenheiten einprägen: Wie kam man aufs Dach? Wo ging es zur Feuertreppe? Welches Fenster kam als Fluchtweg infrage? Klar, meine Kollegen bekamen auch während der Arbeit schon viel mit, aber ihre Schilderungen konnten den eigenen Augenschein nicht ersetzen.

Das galt für unsere Arbeit ganz allgemein. Wir mussten raus auf die Straße, so nah ran wie möglich. Wenn man mit einem Lieferwagen ein paarmal zu oft die Straße rauf- und runterfährt, um die Lage zu peilen, sind alle weg, die man eigentlich observieren will. Also sind Stix und ich zu Fuß los, und der Rest der Mannschaft hat uns aus sicherer Distanz beobachtet. »Guckt mal, was so los ist«, lautete unser Auftrag von PK. Was die Leute auf der Straße sahen, waren zwei abgerissene, ungepflegte weiße Typen, die offenbar auf der Suche nach einem Dealer waren; dafür konnte es zwei Erklärungen geben, und wir spekulierten darauf, dass unsere Player in ihrer Gier eher der zweiten möglichen Interpretation folgen würden. Unser Funkgerät hatten wir tief in die Hosentasche geschoben, und wir trugen weite, schlabberige Hemden, unter denen man unsere Schutzwesten und Waffen nicht erkennen konnte. Stix zog unbekümmert los, als wäre so eine Undercover-Aktion nichts anderes als ein lustiger Streich unter Erwachsenen, aber ich fühlte mich eher, als hätte man mich bei der Premiere eines neuen Stücks gerade auf die Bühne geschubst. Wie war noch mal mein Text? Wann kam ich dran? Aber dann fand ich den Gedanken beruhigend, dass ein gewisses Maß an Nervosität gar nicht so schlecht zu unserer Rolle passte.

Auf der University Avenue waren früher einmal die Dealer des West-Hell-Kartells unterwegs gewesen, in den Wohnblöcken 1669 und 1675 hatten sie ihren Stoff gebunkert. Aber jetzt war überhaupt kein Player auf der Straße. Erst vor der Bodega an der Kreuzung mit der Tremont Avenue entdeckten wir einen Trupp, der schon von Weitem verdächtig aussah. Wir gingen auf die Typen zu, hielten aber mehrmals inne, als müssten wir uns erst noch beraten. Die Dealer sollten denken, dass wir unsicher waren, dass wir uns nicht richtig auskannten hier. Kurz vor der Bodega führten wir unser einstudiertes Schauspiel vor.

»Nein, du fragst«, raunte ich Stix zu.

»Quatsch, du bist dran.«

»Immer ich ...«

Einer der Typen kam auf uns zugeschlendert, betont lässig.

»Was gibt's? Was wollt ihr denn?«

»Heroin«, sagte Stix und strahlte den Mann an. »Wir sind auf der Suche nach Heroin. Habt ihr welches?«

Unser Auftritt war komplett surreal – und vielleicht genau deshalb glaubhaft. Stix versuchte gar nicht erst, nach Ghetto zu klingen, weil er es nicht konnte. Aus seinem Mund hätte sich das angehört, als würde Charlton Heston aus den Werken von Snoop Dog vorlesen. Ghettospeak war für uns eine Fremdsprache; wir verstanden zwar, was die Leute sagten, aber wir beherrschten den Slang nicht wirklich.

Der Dealer starrte uns an. Nachdenken zählte ganz offensichtlich nicht zu seinen Stärken. Diese Typen konnten einfach keine Cops sein. So tief konnte das NYPD nicht gesunken sein, oder? Irgendwas müssen die in ihrer Ausbildung doch mitgekriegt haben. So doof wie diese zwei Figuren können Bullen gar nicht sein.

»Weiß nicht, vielleicht«, sagte er schließlich. »Wie viel wollt ihr denn?«

Er schien noch unentschlossen, deshalb mischte ich mich ein: »Für hundert Dollar.«

Falls er dachte, dass wir die Mühe für den Mindesteinsatz von zehn Dollar nicht wert waren, half ihm die Ansage vielleicht bei der Entscheidung. Er kehrte zurück zu seiner Truppe vor der Bodega, um sich mit ihnen zu beraten. Dann kam er wieder auf uns zu.

»Erst die Kohle.«

»Nein.«

»Her mit dem Geld, dann hole ich den Stoff. Aber bei uns wird erst gezahlt.«

Wir hatten höchstens zwölf Dollar in der Tasche, deshalb spielte ich genervten Protest: »Ach, vergiss es, so eine Scheiße hören wir uns gar nicht erst an. Wenn der Typ unser Geld nicht will, dann eben nicht. Wir finden schon jemand, der es nimmt.«

Wir entfernten uns, aber wir waren noch keine fünfzig Meter weit gekommen, da rief er hinter uns her: »Ist ja gut. Ich mach schon.«

Er winkte, und wir folgten ihm in den Eingang mit der Hausnummer 1815, ohne dem Rest seiner Truppe weiter Beachtung zu schenken. Der Flur war nur schwach beleuchtet und führte zu einem Treppenhaus. Am Ende des Gangs forderte unser Dealer erneut das Geld, aber wir blieben bei unserem Nein. Mit dem Versprechen, dass er gleich wieder da sein würde, verschwand er nach oben. Ich ging im Kopf schon mal meine beiden Optionen durch: das Heroin sicherstellen und dann den Dealer mit Pfefferspray kampfunfähig machen. Oder erst ein kräftiger Schlag gegen den Kopf und dann den Stoff einkassieren. Stix und ich schauten uns an – ganz wohl war uns nicht in unserer Haut. Ein weiterer Player kam zur Tür rein und hielt auf uns zu.

Und dann war plötzlich die Kavallerie da, das ganze Team, Zugriff. Der Typ war sofort in Handschellen, und wir stellten uns, Hände über dem Kopf, an die Wand. Es sollte ja weiter so aussehen, als wären wir Junkies.

»Los, ihr müsst auch uns filzen«, flüsterte ich OV zu, und sie führten uns sogar in Handschellen aus dem Gebäude.

Später fragte ich empört: »Was war denn los? Noch eine Minute, und wir hätten den Dealer gehabt. Warum seid ihr dazwischengegangen?«

PK blieb ganz ruhig: »Weil der Rest der Truppe hinter euch her war. Denke, die wollten euch ausrauben.«

Und wenn schon, dachte ich, eine Anklage wegen versuchten Raubüberfalls wäre doch noch besser gewesen. So groß war unser Enthusiasmus und unser Selbstbewusstsein damals, dass wir kein Risiko gescheut hätten, um die Rauschgifthändler dranzukriegen. Beim nächsten Einsatz als verdeckte Ermittler zogen Stix und ich die Schnürsenkel aus unseren Schuhen, damit es so aussah, als seien wir gerade eben aus dem Knast entlassen worden, und wir stellten uns sogar gefälschte Entlassungspapiere aus. Wobei den Dealern bei genauerem Hinsehen möglicherweise aufgefallen wäre, dass ich als Adresse für mein italienisches Alter Ego *12 Junkie Lane* angegeben hatte. Prompt lockten wir einen Typen auf dem Fahrrad an, einen sehr vorsichtigen Zeitgenossen, der mich sogar an der Schulter anstupste, um sicherzugehen, dass ich keine Schutzweste trug. Zum Glück erwischte er mich an der falschen Stelle. Er fuhr kleine Kreise um uns herum und bombardierte uns mit seinen Fragen wie: »Und wo habt ihr eure Karre geparkt?« Ich war mir sicher, dass er uns nicht als Cops erkannt hatte, aber zum Schluss gewann doch seine Vorsicht Oberhand: »Nee, nee, nee, mit Drogen habe ich nichts zu tun. Kenne auch niemanden hier im Viertel, der dealt. Echt nicht.«

Auch egal. Dann kriegen wir dich eben beim nächsten Mal.

Unsere Motivation war ungebrochen, daran konnten selbst kleine moralische Rückschläge nichts ändern, wie eine aufschlussreiche Begegnung mit zwei Informanten, die uns in der Vergangenheit schon ein paar gute Tipps gegeben hatten. Als ich mich bei Tommy und Charlie mit ein paar Dollar bedanken wollte, hoben sie abwehrend die Hände.

»Passt schon, Eddie, lass stecken.«

Aber ich insistierte: »Jetzt ziert euch doch nicht so. Ihr arbeitet für uns, ihr geht Risiken ein, und dafür sollt ihr auch bezahlt werden.«

Tommy griff nach dem Geld und schüttelte gleichzeitig den Kopf.

»Nimm mir das jetzt nicht krumm, aber ich muss es einmal sagen. Ich weiß, dass ihr das Geld aus eurer eigenen Tasche zahlt, und das fühlt sich für uns schon komisch an. Wisst ihr eigentlich, was wir kleinen Fische in unserem Geschäft so verdienen, wenn es mal richtig gut läuft?«

»Nee, keine Ahnung.«

»Etwa einen Dollar die Minute.«

Ich nahm das Geld zwar nicht wieder zurück, aber ich hatte kapiert, was er uns sagen wollte. Darauf hätte ich auch längst selbst kommen können, das war wirklich simple Mathematik: Wir verdienten im Schnitt weniger als hundert Dollar am Tag, und so viel gaben die beiden allein für den eigenen Drogenkonsum aus. Rein ökonomisch gesehen stand ein Beamter der New Yorker Polizei noch mal eine Stufe tiefer als diese Penner. Ein Gedanke, den ich besser schnell wieder verdrängte.

Bis Ende August hatten wir fünfundsechzig Anzeigen geschrieben, allein zweiundzwanzig Dealer gingen uns innerhalb von zwei Tagen ins Netz, als wir mit vereinten Kräften gegen den Handel mit Blue Tops, China White und Eazy Money vorgingen. Der Drogenumschlagplatz an der Kreuzung, wo die 157. Straße auf die Elton Avenue traf, war damit praktisch tot. OV saß auf seinem Observierungsposten auf einem der Wohntürme, ich hatte mich oben auf dem Altersheim verschanzt. Wir gaben unsere Beschreibungen durch, und unten auf der Straße sammelten die Kollegen einen Kunden und einen Dealer nach dem anderen ein.

»Habt ihr ihn?«, funkten wir von oben.

»*Wir haben ihn*«, kam von unten zurück.

»Super, hab hier gleich noch einen für euch.«

Als ich Inspector Mullen, dem neuen Chef im Rauschgiftdezernat der Bronx, von unserer Serie berichtete, sagte er, dass ich das gesamte Team mal zu einem Gespräch unter Kollegen vorbeibringen solle. Wir quetschten uns also allesamt in unseren Lieferwagen und fuhren bei seiner Dienststelle vor. Wie Cowboys am Lagerfeuer standen wir um seinen Schreibtisch herum, und er verschwendete keine Zeit mit einer langen Vorrede. »Ich brauche gute Leute«, sagte er, und wir lehnten uns noch ein Stückchen weiter vor, weil wir auf keinen Fall etwas verpassen wollten. Wir sagten ihm, dass wir als Team weiter zusammenarbeiten wollten, und das fand er im Prinzip okay, er würde uns allerdings anfangs auf die erfahrenen Detectives verteilen, bis wir wussten, worauf es ihm ankam. Wir guckten uns an und nickten, murmelten unsere Zustimmung. Es fühlte sich an, als hätten wir an der Highschool gerade Bescheid bekommen, dass wir mit unseren besten Freunden ein gemeinsames Stipendium an einer Uni unserer Wahl gewonnen hatten. Wir hatten einen echt guten Lauf.

Anfang September jährte sich der Tod von PKs Sohn Paulie zum ersten Mal. Alle im Team hatten zusammengelegt und eine traditionelle irische Mass Card[26] besorgt und unterschrieben, die ich ihm zum Ende der Schicht überreichte. Er lächelte kurz und nickte. Dann ging er schnell zu seinem Wagen.

26
Ein Kartengruß, der den Empfänger darüber
informiert, dass im Gedenken an einen Verstorbenen eine Privatmesse
gelesen worden ist.

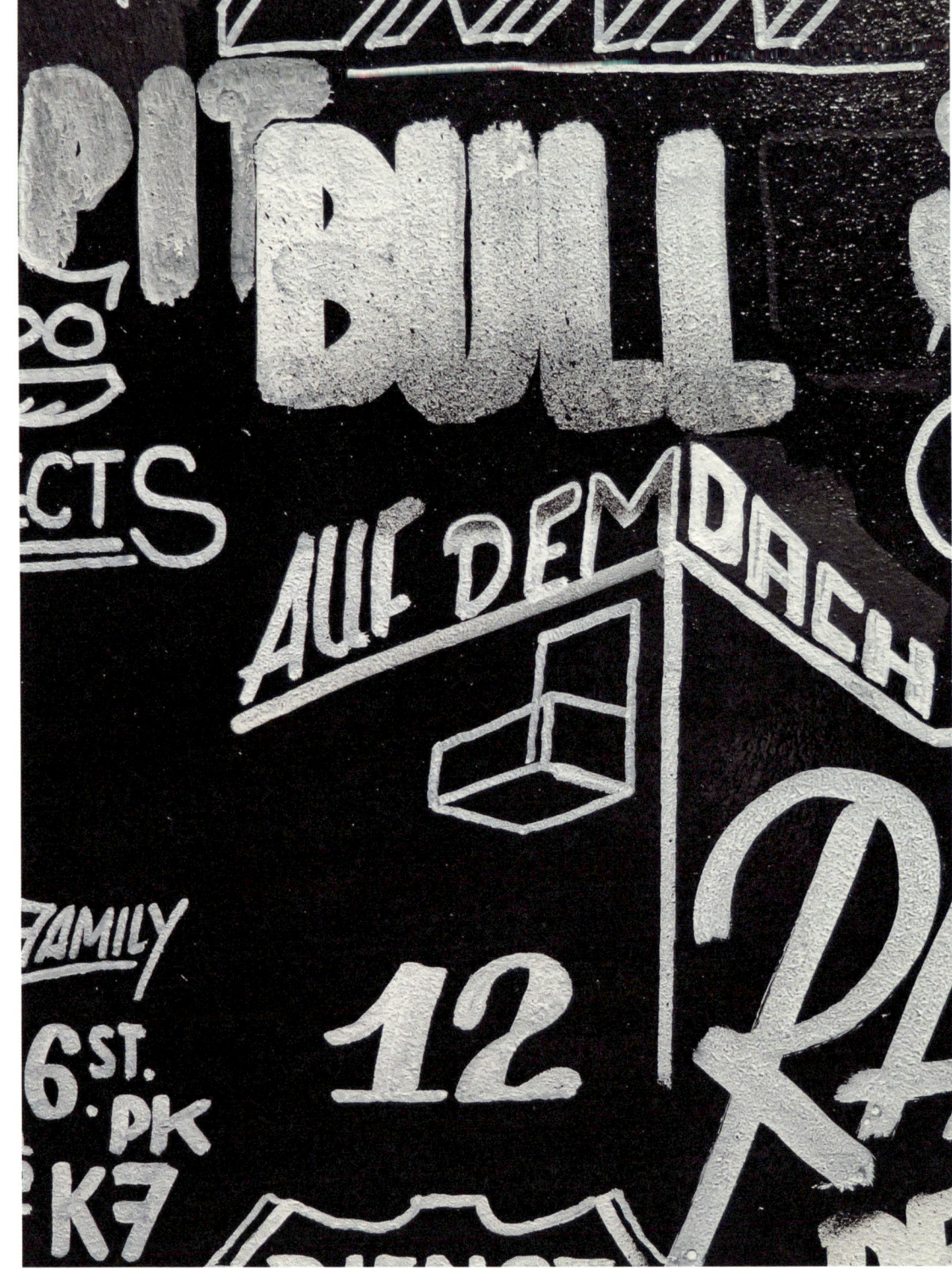

Es war Inspector Mullen, der mir von der Toilette aus Glas erzählte. Die Cops am Flughafen setzen mutmaßliche Drogenkuriere auf diese Sonderanfertigung und warten, bis wieder zum Vorschein kommt, was die Schmuggler vor den Augen der Welt verbergen wollten – mit Heroin oder Kokain gefüllte Kondome. Ich fand sowohl die Apparatur wie auch ihre Anwendung faszinierend, traute mich aber nicht, Mullen nach den Details zu fragen, die mich brennend interessierten. Gab es beispielsweise einen Verschluss an der Spülung, der verhinderte, dass wertvolles Beweismaterial im Orkus verschwand? Vielleicht war es aber auch gar keine schlechte Idee, die Sache so stehen zu lassen und nicht weiter zu hinterfragen, denn der gläserne Thron war für mich eine Art Symbol für das geworden, was ich unter der Arbeit eines Polizisten verstand: Wir schnappten uns Typen, die uns verdächtig vorkamen – und dann schauten wir mal, was aus ihnen herauszubekommen war. Jeder Cop war im Prinzip ein Wächter seiner eigenen Kloschüssel, und wie ein Klempner besaß er die geeigneten Werkzeuge, um Verstopfungen zu beseitigen, wenn die Wahrheit partout nicht ans Licht kommen wollte. War natürlich kein schöner Job, neben der stinkenden Schüssel zu wachen, aber immer noch besser, als selbst darauf zu sitzen. Gleichzeitig machte die Prozedur einem bewusst, dass es Dinge im Leben eines Polizisten gab, die nicht besonders appetitlich waren. Es war wohl besser, wenn man solche Details für sich behielt.

Ich hatte mich daran gewöhnt, ein Doppelleben zu führen und die beiden Bereiche meines Lebens weitgehend getrennt zu halten. Nicht weil ich etwas zu verbergen gehabt hätte, sondern aus dem schlichten Grund, dass ich meine Privatsphäre bewahren wollte, auch wenn mir das nicht immer so gelang, wie ich es mir gewünscht hätte. Im Prinzip fing mein Doppelleben bereits mit dem Tag an, als ich mich an der Polizeiakademie bewarb, denn schon da ließ ich meine Familie und meinen Freundeskreis im Dunkeln über mein Vorhaben. Wie die meisten Cops tat ich mich schwer damit, neuen Bekanntschaften oder überhaupt Fremden zu erzählen, womit ich meinen Lebensunterhalt verdiente, und es war mir jedes Mal sehr peinlich, wenn ich von Freunden in aller Öffentlichkeit geoutet wurde: *Hey, darf ich vorstellen, das ist Edward, er ist ein Bulle, aber sonst eigentlich okay.* Denn eine solche Enthüllung löste bei den Leuten unweigerlich seltsame Reaktionen aus. Die meisten gaben sich betont freundlich, als müssten sie sich in meiner Gegenwart besonders gut benehmen, und viele erwarteten, dass ich sofort den ganzen Saal mit lustigen Anekdoten aus der Welt der Räuber und Gendarmen unterhielt. Besonders nervig fand ich Waffenliebhaber, die sich nicht einkriegen konnten, dass ich über meine Dienstwaffe kaum mehr wusste, als wie ich sie dazu bringe, laut Peng! zu machen. Erstaunlich viele Leute wollen wissen, ob ich schon mal einen Menschen getötet habe, und gelegentlich werde ich gefragt, ob ich im Alltag viel Korruption erlebe. Und das waren nur die Fragen von Leuten, die ein gutes Bild von der Polizei haben.

Auf einer Weihnachtsparty wurde ich einmal einem Typen als Cop vorgestellt und sofort zum Thema Strafzettel ins Kreuzverhör genommen – auch das ein Klassiker, um mit einem Polizisten ins Gespräch zu kommen. Wie immer versuchte ich es erst mal mit der Taktik, geduldig Verständnis zu signalisieren: »Ja, manche Cops sind schon sehr kleinlich, aber was sollen sie machen, wenn ihre Vorgesetzten bei Parksündern ein hartes Durchgreifen verlangen? Und klar, wenn du meinst, dass du den Strafzettel zu Unrecht bekommen hast, musst du Widerspruch einlegen.« Es nützte nichts, der Mann war in seinen Tiraden nicht mehr zu bremsen.

»Aber bei dem System der alternierenden Parkstreifen hat man in Manhattan wirklich überhaupt keinen Platz mehr, sein Auto …«

»Ja, wirklich ein Ärgernis …«

»Was ich dann immer mache …«

»Ich bin nicht zuständig für Knöllchen, und in Manhattan schon gar nicht.«

»Trotzdem, südlich der 59. Straße müsst ihr echt …«

Ich wendete mich ab und versuchte zu entkommen, aber er blieb an mir dran wie eine Klette, bis ich ihn schließlich anblaffte: »Jetzt halt mal die Luft an. Was machst du von Beruf?«

»Ich bin Koch.«

»Super. Und das nächste Mal, wenn mir jemand im Restaurant ein mieses Essen serviert, rufe ich dich an. Zu Hause. An deinem freien Tag.«

Die meisten Cops führen also lieber ein Doppelleben, und nur von verschiedenen Sphären zu sprechen, ist beinahe untertrieben; für viele Kollegen sind es eher gegensätzliche Welten. Das beginnt schon mit der täglichen Reise aus den friedlichen Vorstädten ins Chaos der Ghettos, wo sie ihren Dienst verrichten. Und selbst wer mittendrin wohnt, überquert jeden Morgen die Schwelle vom geschützten Raum der Privatsphäre in die Welt des Verbrechens. Genau so ist es meinem Vater ergangen: Seinen Arbeitstag verbrachte er mit anderen Cops und Gangstern, seinen Feierabend und die Ferien mit der Familie. Andererseits bedeuteten die Routine im Job, die Regeln und Traditionen für viele einen Ausgleich zu den Zumutungen des Privatlebens, sei es das ganz normale Chaos in der Familie oder die Einsamkeit eines zweimal Geschiedenen, der nur noch Halt findet, wenn er an einem Tresen sitzt und Kurze kippt. Pat Brown, der korrupte Cop in unserer Familie, war so ein Fall, dem die Arbeit einen letzten Rest von Struktur vorgegeben hat. Und der einzige Polizist, der mir auf Anhieb als Ausnahme einfällt, weil bei ihm Dienst und Privatleben nahtlos ineinander übergingen, ist mein Onkel Eddie bei der Wasserschutzpolizei. Er verbrachte den lieben langen Tag auf dem Patrouillenboot, und abends saß er mit Kollegen auf seinem eigenen Kahn. Manchmal wird es ihm wahrscheinlich vorgekommen sein, als würde sein Leben nur aus Dienst und Überstunden bestehen. Und dann wieder, als würde er überhaupt nie wirklich arbeiten. Für die meisten Cops aber bestand eine tiefe Kluft zwischen Dienst und Freizeit; Pflicht und Privatvergnügen lagen nicht im selben Universum.

Das war bei mir selbst nicht anders. Auch wenn ich den Job nicht nur des Geldes wegen, sondern leidenschaftlich gern machte, gab es eine zweite Seite, den Schriftsteller, und ich lebte in der Hoffnung, dass für beides genug Platz war und ich nie vor eine Entscheidung gestellt werden würde, was mir wichtiger war. Seltsamerweise geschah genau das Gegenteil – ich bekam von einem Magazin den Auftrag, darüber zu schreiben, was es bedeutete, ein Cop zu sein. Und auf den ersten Artikel folgten viele weitere. Plötzlich begegneten sich die beiden Welten, die ich immer auseinandergehalten hatte, doch ich war vorsichtig genug, die Polizeigeschichten unter einem anderen

Namen zu veröffentlichen. Ich war recht neu im Geschäft und wollte nicht als Rookie verspottet werden, der noch nicht verstanden hatte, wo es langgeht, oder – noch schlimmer – als jemand abgetan werden, der sich bei den Kollegen eingeschlichen hatte, um dann über sie zu schreiben. Ich wollte mit meinen Artikeln auch nicht für andere Cops sprechen, keine allgemeingültigen Weisheiten verbreiten, sondern lediglich die Arbeit schildern, wie ich sie erlebte. Wenn ich von den Abenteuern auf der Straße erzählte, versuchte ich, die Rolle meiner Partner möglichst nüchtern zu beschreiben und sehr eng an den Tatsachen zu bleiben. Auf keinen Fall wollte ich, dass die Kollegen sich beobachtet fühlten oder sich zurücknahmen, weil sie Nachteile für sich befürchteten. Niemand hat es gern, wenn man ihm bei der Arbeit ständig auf die Finger schaut, und Polizisten sind da noch einmal besonders allergisch, weil sie eh schon permanent unter der Beobachtung einer kritischen Presse stehen. Meine Kollegen sollten immer das Gefühl haben, dass sie sich auf ihren Partner hundertprozentig verlassen können – und dass er nicht immer ganz so genau hinschaut.

Tatsächlich lässt sich der Job des Polizisten eigentlich gar nicht machen, ohne irgendwo gegen das Regelwerk zu verstoßen, Cops leben quasi in einem Zustand der chronischen Verletzung von Pflichten und Paragrafen. Sie sind mit dem Schreiben ihrer Berichte im Rückstand; haben die neuesten Memos zu Spanisch im Dienst oder häuslicher Gewalt noch nicht abgeheftet; ihre Schuhe glänzen nicht wie vorgeschrieben; sie haben unterwegs kurz angehalten, um sich Geld aus dem Bankautomaten zu holen, ohne vorher über Funk Bescheid zu sagen; oder sie vergessen ihre Schirmmütze im Wagen, wenn sie im Einsatz sind. Wie ich erst vor Kurzem erfahren habe, zählt es als Dienstvergehen, wenn man im Streifenwagen sitzt und Zeitung liest. Wenn man mich jedes Mal dabei erwischt hätte, wie ich im Dienst durch die Tageszeitung blättere, wäre ich wahrscheinlich lebenslänglich hinter Gittern verschwunden. Niemand hält sich sklavisch an die Regeln, wie sie im Lehrbuch stehen, weil das in unserem Fall der Leitfaden für den Streifenpolizisten ist, der zwar einerseits jeden Schlenker im Labyrinth der Polizeibürokratie verzeichnet, doch andererseits immer wieder darauf verweist, dass Regeln »flexibel« und den »Umständen angemessen« anzuwenden sind. Was in zynischer Lesart bedeutet, dass man jeden Schritt korrekt nach Vorschrift gehen konnte – und trotzdem mit Ärger rechnen musste, wenn es schiefging. Man hätte ja, der Situation angemessen, anders entscheiden können und sogar müssen. Das ist natürlich jedem Cop bewusst, vom einfachen Bullen auf Streife bis hinauf zum Polizeichef. Man konnte nur nach bestem Wissen und Gewissen die Grundregeln befolgen und hoffen, dass man nicht zu weit danebenlag, wenn man nach eigenem Ermessen mal anders entschied. Wahrscheinlich hatte man schon die ersten paar Regeln gebrochen, wenn man nur zum Dienst erschien, aber weil das allen klar war, breitete man den Mantel des Schweigens über die vielen kleinen Verfehlungen. In den Medien liest man dann gelegentlich von der *Mauer des Schweigens*, die einem beim NYPD begegnet.

Ich ging also vorsichtig zu Werke, ohne gleich in einen Verfolgungswahn zu verfallen. Ich war weder Agent der CIA noch Spion der Russen, sondern nur ein nicht gänzlich unbeteiligter Augenzeuge der täglichen Polizeiarbeit in einer Großstadt. Selbstverständlich hatte ich mir die Erlaubnis eingeholt, über unseren Alltag zu schreiben, und zwar bei der stellvertretenden Pressechefin des NYPD, Marilyn Mode, und beim Chef der ganzen Abteilung, Inspector Michael Collins. Beide hatten meinen ersten Artikel gelesen und nichts einzuwenden; später ging nur noch Collins über meine Texte. Meine anfängliche Sorge, dass sie meine Geschichten als ideale Gelegenheit nutzen würden, die offizielle PR zu transportieren (»Schreib doch etwas über die verstärkte Kontrolle von Radfahrern in dieser Woche, das ist dem Polizeichef sehr wichtig.«), erwies sich glücklicherweise als unbegründet. Inspector Collins begnügte sich damit, mir ein paar Rechtschreibfehler rot anzustreichen. Leider war ich etwas zu naiv in meiner Gewissheit, dass meine beiden Lebenswelten schon nicht kollidieren würden. In meinem Freundeskreis war es ein offenes Geheimnis, dass ich über meine Arbeit beim NYPD schrieb, und ich hatte auch zwei langjährige Freunde eingeweiht, Mike Shea und Brian McCabe, die ebenfalls bei der Polizei waren. Sie mussten mir schwören, dass sie meinen Namen nicht erwähnten und auch meine Dienststelle nicht, wenn sie die Artikel an Kollegen weitergaben. Eigentlich hätte ich einen offiziellen Antrag auf eine Nebenbeschäftigung stellen müssen, aber für die Bewilligung wäre der Chef meines Reviers zuständig gewesen, und das war mir dann doch zu heikel.

Das erste Mal flog meine Tarnung ausgerechnet bei mir zu Hause auf. John, der mit seiner Familie sechzig Meilen vor der Stadt wohnte, hatte schon gelegentlich bei mir übernachtet, aber daraus war jetzt beinahe eine Gewohnheit geworden. Wenn es im Dienst mal später wurde, blieb er einfach da, was ein- oder zweimal die Woche vorkam. Ich habe es sowieso nie verstanden, wie John – oder auch PK, der sogar siebzig Meilen weit zur Arbeit fuhr – es aushalten konnte, jeden Tag drei oder vier Stunden mit der Pendelei zum Dienst zu verbringen, um dann im Beruf noch einmal acht Stunden und mehr in einem Auto zu sitzen. Was blieb ihnen noch an Freizeit? Nachdem John ein paar Wochen regelmäßig bei mir übernachtet hatte, schien es mir eine Selbstverständlichkeit zu sein, ihm zu erklären, was die Berge von Papier in meiner Wohnung zu bedeuten hatten. Wahrscheinlich hatte er sich darüber am Wenigsten gewundert, denn meine Bleibe war mit ihren Fenstern zum Hinterhof ein finsteres Loch und außerdem so hellhörig, dass man jederzeit genau mitbekam, was die Nachbarn rechts und links und oben und unten gerade trieben. Dass er sich über das Chaos in meiner Wohnung nicht beschwerte, kann also durchaus damit zusammenhängen, dass er in dieser Umgebung nichts Besseres erwartet hatte. Also erzählte ich ihm von meinem zweiten Universum, und er fand meinen heimlichen Nebenerwerb als Schreiber durchaus interessant. Jedenfalls nahm er am Morgen nach meiner Beichte demonstrativ einen meiner Artikel mit ins Badezimmer. *Geht nichts über guten Lesestoff auf dem Thron, oder?* Und so erfuhr auch John von der Existenz und Bedeutung der gläsernen Kloschüssel.

✳ ✳ ✳

Inspector Mullen war sichtlich beeindruckt von der Arbeit, die unser Team in den letzten Wochen abgeliefert hatte. Klar: Ermittlungstechniken konnte man jedem Cop beibringen, Erfahrung kam von selbst, und Nachwuchs war zum Glück reichlich vorhanden. Aber eine Motivation wie bei uns war doch eher eine Seltenheit. Mullen zeigte sich geradezu euphorisch, dass wir uns vorstellen konnten, für sein Rauschgiftdezernat zu arbeiten, und sein Enthusiasmus war ansteckend.

»Was meinst du, Eddie? Wollt ihr hier bei mir anfangen?«

»Meinst du das ganze Team? PK inklusive?«

»Wäre nicht das erste Mal, dass wir so etwas hinbekommen haben. Und ich sehe keinen Grund, warum es uns nicht wieder gelingen sollte.«

Uns war bewusst, dass es speziell war, wie wir im Team zusammenhielten; uns gelang es irgendwie, mit totaler Konzentration zu arbeiten und dabei trotzdem locker zu bleiben, in einem perfekten Zusammenspiel von Können, Erfahrung und absolutem Vertrauen. Kann gut sein, dass wir uns alle noch mehr reinhängten, weil wir kapiert hatten, wie wertvoll und rar eine solche Konstellation sein musste. Wahrscheinlich ist das allen Menschen angeboren – ein Instinkt, der uns sagt, wann wir eine Chance ergreifen müssen. Etwa wie beim letzten Sonnenstrahl des Altweibersommers, da weiß auch jeder, dass er diese Wärme so schnell nicht mehr genießen wird. Wir haben immer mal wieder diskutiert, wie es weitergehen soll mit unserer Laufbahn bei der Polizei, ob und wann wir die goldene Dienstmarke des Detectives anstreben sollten, und ohne das jemals auszusprechen, waren wir übereingekommen, dass wir genau so weitermachen wollten wie gehabt, bis sich eine Gelegenheit ergeben würde weiterzukommen – und zwar für die ganze Crew. Wir wollten nicht, dass es uns erging wie bei der Abschlussfeier an der Highschool, wo einen auch die schönsten Luftschlangen und kitschigsten Hymnen nicht darüber hinwegtäuschen konnten, dass es auf einen Abschied für immer hinauslief. Einige würden weiterziehen, manche bleiben, aber die Zeit der Gemeinsamkeit war vorbei. Aus, Ende.

Doch nicht jeder Tag war von Erfolg gekrönt, und einmal – ich hatte gerade frei – ging es so richtig schief. Alicia und ein zweiter Cop saßen im Lieferwagen, während die anderen auf ihrem OP saßen oder auf dem Fahrrad auf und ab fuhren, um die Lage zu peilen. Dann ein Zugriff: Alicia sprang aus dem Wagen, um den Typen festzunehmen, doch der dachte nicht daran, sich wehrlos einsammeln zu lassen. Ihr Partner eilte ihr zu Hilfe, und gemeinsam bekamen sie den Mann unter Kontrolle. Als sie wieder in den Lieferwagen stiegen, merkten sie sofort, dass ihnen zwei Gefangene abhandengekommen waren. Wenn man nur nach den Vorschriften geht, hat der zweite Cop einen Riesenfehler begangen, als er seinen Posten und die Gefangenen in seiner Obhut verließ. Aus der Perspektive eines Polizisten war es natürlich genau richtig, was er getan hatte. Wenn der Partner Unterstützung brauchte, dann bekam er sie auch, Ehrensache. Das Team schaltete sofort auf die Standardprozedur: PK gab die Flucht der Gefangenen über Funk durch, die Fahndung wurde eingeleitet, und eine halbe Stunde später waren beide Täter wieder festgenommen und in Handschellen. Wenn es nach mir gegangen wäre, hätte man das nicht ganz so offiziell durchziehen müssen, und ich habe später von anderen Cops in führender Position gehört, dass sie es ähnlich sahen wie ich. Aber es wurden unmittelbar danach auch keine Verfahren eingeleitet wegen »Nichterfüllung von Dienstpflichten beim Transport von Gefangenen«, und es gab auch keine Rüge für PK wegen »Verletzung der Aufsichtspflicht«. Als ich mit Inspector Mullen über den Fall sprach, zuckte er nur mit den Schultern. »Ja und? Bisschen Schwund ist immer.«

Während sich die Bürokraten mit Mullens Antrag befassten, widmeten wir uns weiter dem Tagesgeschäft, der Jagd auf die kleinen Fische (die ich immer genoss), und planten auch den ein oder anderen komplexen Feldzug gegen die Hintermänner (wofür ich mich noch mehr begeistern konnte). Ein paarmal standen wir kurz davor, einen Drogenumschlagplatz auszuheben, als uns die Kollegen im Streifenwagen dazwischenkamen. Die Bewohner der Melrose-Wohnblocks wurden offenbar von einer Familie Waschbären terrorisiert, und die Biester machten den Leuten mehr Angst als jede stinknormale Schießerei vor der Tür. Denn die Waschbären waren ihrer Ansicht nach »tollwütig« (möglich, aber nicht wirklich wahrscheinlich) und würden »die Kinder attackieren« (definitiv Blödsinn). Wir staunten nicht schlecht, wie ein paar possierliche Pelztiere ein ganzes Viertel in Aufruhr versetzen konnten, wo Raubüberfall und Mord zum Alltag gehörten. Die Komiker unter den Cops machten sich über Funk einen Spaß daraus: *»Zentrale, bitte kommen, habt ihr eine genaue Beschreibung der Täter? Ich habe drei von ihnen festnehmen können, aber sie tragen eine Maske …«*

Ein paar Wochen nach dem Gespräch bei Inspector Mullen überbrachte uns PK die schlechte Nachricht: »Ich habe noch mal mit dem Chef gesprochen«, sagte er, »und er will die Versetzung nicht genehmigen. Offenbar haben sie ihn von oben unter Druck gesetzt, vordergründig mit dem Argument, dass wir noch nicht genug Erfahrung hätten, doch ich denke, sie wollen einfach das Team nicht hergeben. Und unser Chef will es sich nicht mit seinen Vorgesetzten auf der Bezirksebene verscherzen.« So einen Quatsch hatten wir lange nicht gehört. Hatten sie uns nicht im Fall des Serienvergewaltigers aus unserem regulären

Job abgezogen, ohne auch nur eine Sekunde zu zögern? Und jetzt plötzlich, wo wir mal einen Schritt nach vorne machen konnten, wurden wir wieder wie Anfänger behandelt, die man eng beaufsichtigen muss? Eine Unverschämtheit ersten Grades – aber ich war trotzdem nicht am Boden zerstört. Denn wir blieben weiter als Team zusammen, in einem Job, den wir wirklich gerne machten. Als ich Inspector Mullen von dem Bescheid aus der Führungsetage erzählte und von der fadenscheinigen Begründung, wurde ich Zeuge eines sehenswerten und herzerfrischenden Wutausbruchs: »Keiner gibt gerne Leute her, das ist doch klar«, dröhnte Mullen. »Aber wenn sie ihren Job gut gemacht und eine Beförderung verdient haben, kann man ihnen doch nicht so den Weg verbauen. Das ist erstens eine Böswilligkeit und zweitens schlechte Personalführung. Was für Idioten!«

Der negative Bescheid des Bezirkschefs machte die Sache nicht leichter, sagte Mullen, nachdem er sich wieder beruhigt hatte, aber sie war noch nicht unrettbar verloren. Bis zum vorgesehenen Termin für die »Operation Luftbrücke« – wie wir die Versetzung nannten – blieben ein paar Wochen Zeit, um hinter den Kulissen weiter an dem Projekt zu arbeiten, vielleicht kämen wir am Ende doch noch an Bord. Was für mich persönlich mehr zählte als dieser Funken Hoffnung, war die Einschätzung Mullens, dass wir für die nächste Aufgabe bereit waren. Dass die Bürokraten beim NYPD uns die verdiente Beförderung verweigerten, sei eine zynische Missachtung unserer bisherigen Leistung. So sah Mullen das.

Wir rückten also noch enger zusammen und machten uns wieder an die Arbeit. Trotzdem war es nicht wie vorher, sagte mir mein Gefühl, etwas hatte sich entscheidend verändert: Wir waren jetzt in die internen Machtkämpfe des NYPD verstrickt, und selbst wenn alles gut lief, würden wir aus der Angelegenheit nicht wieder rauskommen, ohne dass es irgendwo böses Blut gab. Und natürlich beeinträchtigten solche Überlegungen auch unsere Arbeit selbst: Wir dachten nicht mehr nur an den nächsten Dealer und den nächsten Zugriff, sondern beschäftigten uns außerdem noch mit den neuesten Wendungen der Hauspolitik. Als ob der Job nicht schon genug von unserer Zeit in Anspruch nehmen würde: Fünfzig, sechzig Stunden hatte jeder von uns am Ende der Woche auf der Uhr, und jetzt verbrachten wir auch unsere Freizeit noch damit, über die wechselnden Allianzen in der Hierarchie der

Polizei zu grübeln. John fuhr inzwischen unter der Woche gar nicht mehr nach Hause und war quasi als Untermieter bei mir eingezogen. Er war zu einem meiner besten Freunde geworden, aber das bedeutete eben auch, dass wir in unserer eh schon knappen Freizeit weiter über den Job redeten. Einmal Cop, immer Cop, vergesst das nie. Euer Tag hat vierundzwanzig Stunden, eure Woche sieben Tage. Dienstfrei? Gibt es für einen Cop nicht. Ich musste daran denken, wie wir an der Akademie alle gelacht hatten, als unsere Ausbilder uns ermahnten, unter keinen Umständen unsere »zivilen« Freunde und Bekannten zu vernachlässigen. Das hatte in meinem Fall ja super geklappt: Fünf Tage die Woche schob ich Dienst mit einem Haufen Cops, und mit einem Typen aus diesem Haufen saß ich auch nach Feierabend zusammen. Was blieb da eigentlich noch von mir? Meinen Wagen hatte ich auch schon an den Dienst verloren – sollte ich künftig vielleicht am besten gleich in Uniform schlafen?

Ein paar Tage darauf, es war kurz vor Halloween, machten wir uns im 46. Revier auf die Jagd nach Dealern. In der Ferne hörten wir Schüsse, aber auf dem Abschnitt der Nelson Avenue, den wir uns ausgesucht hatten, war kaum etwas los. Wir legten uns vor der Hausnummer 1684 auf die Lauer, einem bekannten Umschlagplatz für Brainstorm, Shotgun, Checkmate und Crack. Ich machte den OP, John und OV saßen unten im Wagen und warteten auf meine Beschreibung des Täters. Der erste Kunde ließ nicht lange auf sich warten; er verschwand kurz im Haus, kam wieder raus und machte sich in Richtung Macombs Road davon. Kaum hatte ich die Info durchgegeben, erschien der nächste Kunde vor dem Haus. Ich erkundigte mich über Funk: »Seid ihr bereit, Jungs? Habt ihr den anderen erwischt? Irgendjemand 98 da unten?«[27] Funkstille. Ich fragte noch einmal nach: »OV, was ist los, habt ihr den Mann?« Keine Antwort. Dann hörte ich, wie John sich bei PK meldete: »*Komm rüber, schnell.*« Es war fast etwas wie Panik in seiner Stimme, als er außerdem einen Krankenwagen anforderte. Kurz darauf rief PK alle zusammen, Schluss für heute. Das klang gar nicht gut.

Unser Mann lag auf dem Bürgersteig, bewusstlos, wie bei einem epileptischen Anfall zuckend, und John sah auch nicht viel besser aus. Als der Ret-

---

27
»98« heißt im Funkcode des NYPD »einsatzbereit«.

tungswagen da war, untersuchte einer der Sanitäter den Kopf des Bewusstlosen und sagte: »Ich glaube, der hat eine Schusswunde abbekommen.«

Neugierig beugte ich mich vor und schaute mir die Beule am Kopf und die vermeintliche Einschussstelle näher an.

»Wahrscheinlich Kleinkaliber«, fuhr der Sanitäter fort. »22er oder 25er, wie es aussieht. Habt ihr denn Schüsse gehört?«

»Ja«, erwiderte ich, »aber in großer Entfernung, nicht direkt hier.«

Ich durchsuchte die Taschen des Patienten – Heroin, das dazugehörige Besteck – und versuchte gleichzeitig, mir vorzustellen, wie der Zugriff abgelaufen sein musste. Hat der Typ die Kugel genau in dem Moment abbekommen, als John ihn sich schnappen wollte? Oder war er bereits getroffen und mit der Kugel im Kopf weitergelaufen? Alles schon vorgekommen, wie 1957 bei dem fehlgeschlagenen Attentat auf den Mafiaboss Frank Costello, dem Vinnie Gigante einen Kopfschuss verpasste. Die Kugel aus seiner 22er durchschlug zwar den Skalp, zischte dann aber innen am Schädelknochen um das Hirn des Gangsters herum, ohne bleibenden Schaden anzurichten. Was zum Teufel war hier wirklich passiert?

Als die Sanitäter unseren Mann auf die Trage heben wollten, kam er zu sich und versuchte, sich freizustrampeln. Es brauchte vier Mann, um ihn so lange festzuhalten, bis die Sanitäter ihn festgeschnallt und gesichert hatten. John war sichtlich froh, dass der Täter offensichtlich wieder zum Leben erwacht war. Doch als ich auf dem Weg eine witzige Bemerkung darüber machen wollte, schnitt er mir das Wort ab: »Ich verstehe nicht, was der Rettungssanitäter da erzählt hat, der Mann hat keinen Schuss abbekommen. Als ich ihn mir schnappen wollte, rannte er weg, also ich hinterher. Dann hat er sich plötzlich umgedreht und hatte irgendwas in der Hand. Ich bin auf ihn los und habe ihn mit einem Bodycheck zu Boden gebracht. Dann lag er da, und ich habe im ersten Augenblick gedacht: Jetzt hast du ihn umgebracht.« Beim Sturz hatte sich der Mann offenbar an einem schmiedeeisernen Zaun den Kopf angestoßen. Für ein paar Minuten hatte John gedacht: Das war's. Und zwar für beide.

Dieses ungute Gefühl war sofort wieder da, als uns der Arzt im Krankenhaus nach dem Röntgen seine Diagnose mitteilte: »Es ist schon ein wenig sonderbar. Euer Mann hat eine Schädelfraktur, nur scheint die Verletzung schon älter zu sein.«

Ich drehte mich zu John um und sagte: »Das kann auch nur dir passieren. Da erwischst du einen Dealer und nimmst ihn in die Mangel – und er hat schon einen angeknacksten Schädel.«

Er lachte, aber ich war mir nicht ganz sicher, wie ernst er es meinte, als er mich fragte: »Geht die Festnahme auf dein Konto oder auf meins?«

»Kannst ihn gerne haben.«

PK setzte das 46. Revier in Kenntnis und auch unsere Chefs von der Inspektion 7. Wir erledigten den anstehenden Papierkram, und dann machten sich alle auf den Weg nach Hause.

Als wir das nächste Mal auf die Episode zu sprechen kamen, nahm ich John ins Kreuzverhör, so wie es ihm bei einer Anhörung ergehen würde. John war ein kräftiger Kerl, er hätte nur mit dem Finger schnipsen müssen, um den Junkie zu Boden zu strecken. Also piesackte ich ihn: Wie viel Frust steckte in deiner Attacke? Warst du sauer, weil er wegrannte? Hattest du wirklich Angst, dass er dich mit einer Nadel stechen würde? Konntest du die überhaupt sehen? Ich war überzeugt, dass er sich genau diesen Fragen stellen musste, denn früher oder später würde er sie nicht nur seinen Freunden beantworten müssen – nämlich wenn der Typ wirklich das Zeitliche segnete. Gerade erst hatte ich eine Geschichte in der Zeitung gelesen, wo ein Cop bei einer Verfolgungsjagd einem Junkie sein Funkgerät an den Kopf schmiss und ihn dabei so unglücklich traf, dass der Mann seinen Verletzungen erlag. John nahm die Angelegenheit ganz schön mit. »Ich bin doch kein schlechter Mensch«, sagte er. »Hab' doch keine Freude daran, jemandem wehzutun. Ich bin Cop geworden, weil ich Leuten helfen will, und nicht, weil ich ihnen Schaden zufügen will.« Was aber mindestens genauso schlimm war: Er machte sich ernsthaft Sorgen, dass er die Sache nicht aus dem Kopf bekam, bis er das nächste Mal in eine solche Situation geraten würde, und dass er womöglich nicht reflexartig handeln, sondern erst noch überlegen würde. Ich wusste sofort, was er meinte. In der NYPD-Zentrale hängt eine Wand voll mit Gedenktafeln, die an Cops erinnern, die im Dienst umgekommen sind. Und darunter sind so einige, die nur deshalb starben, weil sie einen Moment gezögert hatten.

Tatsache war, dass auch ich an den Zwischenfall und seine möglichen Folgen dachte, als ich ein paar Tage später blitzschnell eine Entscheidung fällen musste. Wir waren wieder im Einsatz, und ich saß mit meinem Fernglas auf

dem Dach eines Wohnblocks an der Courtlandt Avenue. Ich scannte die Straße nach Kundschaft ab, als plötzlich hinter mir ein Hund laut bellte. Ein großer Hund, der Tonlage nach zu urteilen, und ich konnte seine Krallen auf den Treppenstufen hören; er kam schnell näher. Im zweiten Stock des Gebäudes lag das Versteck der Dealer, auf die wir es abgesehen hatten. Hatten sie ihren Hund auf mich gehetzt? Andererseits kam es nicht gerade selten vor, dass die Leute ihre Köter zum Scheißen aufs Dach schicken, weil sie zu faul sind, mit ihnen runter auf die Straße zu gehen. Ich zog meine Dienstwaffe mit der einen Hand, holte mit der anderen mein Pfefferspray raus – und überlegte, wie ich vorgehen wollte. An der Akademie hatten sie uns eingebläut, dass ein Angreifer an die sieben Meter zurücklegt, bis ein durchschnittlicher Cop sein Ziel anvisiert und abgedrückt hat. Viel weiter war es nicht von der Tür des Treppenhauses bis zu meinem Standort an der Dachkante. Mit dem Pfefferspray konnte ich nur im Nahkampf etwas anfangen, wenn der Gegner bis auf wenige Meter herangekommen war; außerdem wehte ein leichter Wind. Also steckte ich es wieder weg. In dem Augenblick schlug die Tür auf, und der Hund stand vor mir. Er bellte kurz und rückte einen Meter weiter vor. Knurrte, fletschte die Zähne – und kam noch einmal näher. Er war annähernd so groß, wie ich vermutet hatte, ein Pitbull-Mischling, bestimmt sechzig Kilo Kampfgewicht.

»Holt euren Scheißhund vom Dach«, brüllte ich, »und zwar sofort!«

Der Köter kam näher, noch fünf Meter. Er bellte, ich brüllte. Jetzt musst du schießen, dachte ich, und gleichzeitig ging mir durch den Kopf, was passieren würde, wenn ich den Hund erlegte. Bei Waffengebrauch durch einen Polizeibeamten hast du sofort die Herren und Damen vom Dezernat für interne Ermittlungen an den Hacken. Es folgen endlose Verhöre; erst nehmen sie dich in die Mangel, als ob du selbst der Straftäter wärst, dann nehmen sie sich PK und den Rest der Mannschaft vor. Die Chefs bestellen PK zum Rapport und halten ihm die Liste seiner jüngsten Verfehlungen vor: erst die entflohenen Gefangenen, dann der schwerverletzte Junkie, jetzt der junge Kollege, der einen Hund abknallt. *Hast du deinen Laden eigentlich noch unter Kontrolle?* Ich behielt meinen Finger am Abzug und brüllte noch einmal, so laut ich konnte: »Holt jetzt endlich euren Scheißköter vom Dach!«

Der Hund hörte auf zu kläffen und lauschte einer Stimme, die aus dem dunklen Treppenhaus hinter ihm ertönte. Er knurrte mich noch einmal an, drehte sich um und verschwand durch die offene Tür. Erst mal verschnaufen. Ich setzte mich auf den Boden und wartete, dass sich mein Puls wieder normalisierte. Als ich auf dem Weg nach unten an der Wohnung der Dealer vorbeikam, hörte ich hinter der Tür das bekannte tiefe Bellen.

Ich war natürlich froh, dass ich nicht geschossen hatte, aber gleichzeitig fand ich es ziemlich bedenklich, dass mich die interne Politik des NYPD abgelenkt hatte, auch wenn es nur für ein paar Sekunden war. Wenn man in eine Situation gerät, in der man sich selbst verteidigen muss, darf einen nichts anderes beschäftigen als dieser eine Gedanke, dass es um das eigene Überleben geht. Wenn der Hund auf mich losgegangen wäre, hätte ich vom Dach stürzen können. Ich war sowieso nicht besonders erpicht darauf, meine Dienstwaffe zu ziehen oder gar zu schießen, aber wenn ich es in diesem Fall getan hätte, hätte ich eine Menge Fragen beantworten müssen. Und nur PK und die anderen im Team hätten es für nötig befunden, sich zu erkundigen, wie es mir eigentlich geht.

Jetzt musste ich den Vorfall erst mal so schnell wie möglich abhaken, es war ja nichts passiert. Zurück an die Arbeit, ein paar Straßen weiter richteten wir einen neuen OP ein. Dass die Gefahren, denen wir uns täglich aussetzten, sehr real waren, konnte niemand leugnen – PK war von einem Verbrecher angeschossen worden. Und diese Tatsache ließ sich nicht abschütteln, sie begleitete uns jeden Tag bei der Arbeit, sie floss in jede unserer Überlegungen ein. Nicht nur, wenn es um Leben oder Tod ging und um die Entscheidung, ob man schießen soll oder nicht. Die grundsätzliche Frage war doch: Wie viel war man bereit zu investieren? Welches Risiko wollte man eingehen – und war es den Einsatz wert? Die Antwort darauf weiß man leider immer erst im Nachhinein. Also hängten wir uns weiter rein.

Bis wir ein paar Wochen später im 46. Revier einen guten Platz für einen OP suchten. Wir fuhren die Straßen ab, University, Tremont, Popham und Andrews, als wir über Funk die Order bekamen, umgehend zu unserer Wache zurückzukehren. Inspector Cavanagh hatte sich in den Ruhestand verabschiedet, und unser neuer direkter Vorgesetzter wollte dringend mit PK sprechen. Wir warteten in der Toreinfahrt auf der Rückseite der Wache und fragten uns, was die Chefetage sich wohl jetzt wieder ausgedacht haben mochte. Wir waren einfach nur neugierig, was anlag, daran kann ich mich noch genau erinnern,

Sorgen machten wir uns nicht. Ich weiß nicht mehr genau, worüber wir quatschten, um die Wartezeit zu überbrücken, oder was sonst in uns vorging, doch ich sehe noch heute das Gesicht von PK vor mir, als er auf uns zukam: Er war vollkommen fertig, bleich, wie unter Schock. Und dann ließ er die Bombe platzen: »Sie haben mich aus der Einheit abgezogen«, sagte er und erzählte uns, immer wieder stockend, was der neue Boss ihm gerade mitgeteilt hatte. Die Verwandten des obdachlosen Junkies, mit dem John aneinandergeraten war, hatten sich einen Anwalt genommen. Obwohl der Junkie sich nicht einmal an die Festnahme erinnern konnte und er sich die Schädelfraktur einige Zeit zuvor bei einem Autounfall zugezogen hatte, rief der Anwalt bei der *Daily News* an und verkündete, er vertrete das Opfer in diesem neuen Fall von »Polizei-Brutalität in der Bronx«. Bei der *News* taten sie, was Journalisten in solchen Fällen tun: Sie fragten in der NYPD-Zentrale nach, was denn dran sei an diesen Vorwürfen, worauf der Pressesprecher nur mit einer Frage antworten konnte: »Welche Vorwürfe? Wovon redet ihr überhaupt?« Und wenn es eines gibt, das sie in den Führungsetagen nicht ausstehen können, dann sind es Überraschungen dieser Art; Louis Anemone, Leiter der für uns zuständigen Abteilung beim NYPD, soll geschäumt haben vor Wut. Ein Jahr zuvor war eine Anordnung an alle Dienststellen rausgegangen, dass die Vorgesetzten sofort zu informieren sind, wenn ein Verdächtiger oder Täter bei seiner Festnahme »ernsthafte Verletzungen« davonträgt. Außerdem muss der Vorfall kriminaltechnisch wie ein Verbrechen behandelt werden, um den Hergang später in allen Details rekonstruieren zu können, sollte es zu einem Rechtsstreit kommen. Wir hatten das damals nicht mitbekommen und PK offenbar auch nicht. Die Mitteilung war rausgegangen, als er gerade seinen Sohn Paulie zu Grabe trug.

Ich kann mich nicht mehr erinnern, wie wir auf PKs Nachricht reagierten und was wir sagten. »Bullshit!« ist wahrscheinlich das Erste, was uns eingefallen sein wird, oder: »Das kann doch nicht sein!«, oder: »Das ist so was von bescheuert.« Ich fing jedenfalls noch im selben Augenblick an, mir eine Strategie zu überlegen, was ich tun und mit wem ich reden wollte. Mullen anrufen, sofort, oder noch besser: direkt zu Anemone gehen und ihm erklären, was Sache ist. Doch PK schüttelte nur den Kopf, schicksalsergeben, die Sache war gelaufen, da war nichts mehr zu machen. Ein elenderes Gesicht habe ich noch nie gesehen, dachte ich, aber dann blickte ich zu John hinüber, der sich offenbar schlimme Vorwürfe machte. Ohne ein weiteres Wort machte er sich einfach davon. Tagelang ließ er sich nicht mehr sehen und ging nicht ans Telefon. Auch bei Alicia, Tony, Stix und Sammy war inzwischen angekommen, dass jeder weitere Protest vergeblich sein würde. Mit einem seltsam förmlichen Händeschütteln verabschiedeten wir uns. Und dann gingen auch wir nach Hause.

Manchmal finden sonderbare Wendungen aus dem Jargon von Fachleuten ihren Weg in die Sprache der Allgemeinheit. Im Englischen hat es ein besonders schönes Beispiel aus dem Slang der Cops zu dieser Ehre gebracht: »Moonlighting« ist inzwischen ein derart fester Bestandteil des regulären Wortschatzes geworden, dass die Herkunft des Begriffs komplett in Vergessenheit geraten ist. Ins Deutsche übersetzt heißt es deshalb auch nicht »Mondscheinarbeit«, sondern schlicht und einfach »Nebenjob«. Moonlighting stammt aus der Zeit, als Bürger noch zwangsweise zur Nachtwache in den Straßen der Stadt eingezogen wurden. Viele kauften sich von dieser Bürgerpflicht frei, indem sie eine Vertretung anheuerten. Das kann man durchaus als einen Verfall demokratischer Ideale werten – oder pragmatisch als einen Fall akzeptieren, wo der freie Markt die Lösung für ein Problem findet. Das Resultat war jedenfalls, dass die Gemeinschaft die Funktion des Ordnungshüters komplett ausgelagert hat; sie bezahlt Polizisten dafür, dass sie diesen unangenehmen Job übernehmen. Damals bedeutete Moonlighting also, als Cop zu arbeiten; heute steht die wunderbare Wendung für jede Form von Nebenerwerb.

Bei meinem persönlichen Moonlighting stand die nächste größere Aufgabe an; nach diversen Artikeln hatte man mich gefragt, ob ich mir nicht vorstellen könnte, ein Buch über meinen Job als Cop zu schreiben. Die bekannten Zweifel regten ihr Haupt: Ein Buch würde es ungleich schwieriger machen, meine Tarnung aufrechtzuerhalten. Für viele meiner Kollegen war ich zudem immer noch ein Rookie, auch wenn mir der Job nach vier Jahren im Dienst in Fleisch und Blut übergegangen war. Die Haut über meiner Hüfte hatte schon Schwielen gebildet, wo das Holster meiner Pistole saß, und wenn ich Urlaub machte, dauerte es immer ein paar Tage, bis ich mich daran gewöhnt hatte, dass ich meine Dienstwaffe nicht auf mir trug. Ein paarmal ertappte ich mich dabei, wie ich panikartig nach der Waffe griff – nicht weil ich sie brauchte, sondern einfach aus Angst, dass ich sie möglicherweise verlegt oder verloren hatte. Ihr Gewicht fehlte mir, es war fast wie der Phantomschmerz, den ein Amputierter verspürt. Nach den jüngsten Vorfällen rund um unser SNEU-Team dämmerte mir außerdem, dass für einen Polizisten möglicherweise galt, was Senator Moynihan nach der Ermordung von John F. Kennedy eher allgemein formuliert hatte: Irisch zu sein, bedeutet ein Leben in der Gewissheit, dass die Welt dir irgendwann das Herz brechen wird.

Wenn du ein Buch schreiben willst, heißt es, brauchst du eine Geschichte, du brauchst eine Idee. So langsam reifte bei mir die Überzeugung, dass ich gefunden hatte, worüber ich schreiben wollte.

Im ersten Moment waren wir wild entschlossen, PK zu folgen und der SNEU den Rücken zu kehren, unseren Protest zu zeigen, indem wir uns verweigerten, alle zusammen. Sein Rauswurf war so unerwartet, unbegründet und unfair. Die beiden Fälle, um die es dabei ging, die entwischten Gefangenen und der Verbrecher mit dem angeknacksten Schädel, zählten zu der Sorte Panne oder Missgeschick, die sich leider nie völlig vermeiden lässt. Ursache war weder böse Absicht noch echte Fahrlässigkeit, in beiden Fällen haben wir richtig reagiert und später unseren Bericht geschrieben, ohne irgendetwas zu beschönigen oder zu vertuschen. Und hatten die Chefs nicht gerade erst mit allen Mitteln versucht, unsere Versetzung zu verhindern? So schlecht kann unsere Arbeit wohl nicht gewesen sein. Wer einen Funken Anstand besaß, konnte diese Nummer einfach nicht durchziehen. PK war ein richtig guter Mann, und wir waren ein Superteam. Jetzt musste ich nur noch einen Weg finden, das unseren Chefs verständlich zu machen.

Anstatt in den Streik zu treten, suchten wir das Gespräch mit unserem neuen Captain. Was wir von seinen ehemaligen Kollegen hörten, klang schon mal nicht schlecht: Wer sich für ihn reinhängte und hart arbeitete, hatte seine volle Unterstützung. Und als neuer Vorgesetzter würde er natürlich die Statistik analysieren und sich anhören, was man sich auf den Fluren des Reviers so über uns erzählte. In unserem Fall sahen die Zahlen blendend aus, sie stellten sogar alles in den Schatten, was die Gerüchteküche über uns zu berichten wusste. Andererseits wirkte unser Spitzname »Manson Family« eher abschreckend, und dass unsere Truppe so eng zusammenhielt, passte so gar nicht zu der neuen Philosophie des NYPD, dass jeder jederzeit durch jeden zu ersetzen war. Gleichzeitig war unsere Moral ein großes Plus auf der Habenseite der Gesamtbilanz – und ein wichtiger Grund, warum PK weiter ein Teil davon sein sollte. Die Stimmung bei der New Yorker Polizei schwankte in der Regel zwischen schlecht und miserabel, da sollte ein Chef wie PK, der ein motiviertes Team aufgebaut hatte, das jeden Tag gerne zum Dienst erschien, eigentlich unentbehrlich sein. Unsere Argumentationskette war stark; wir mussten uns nur mit dem neuen Mann hinsetzen und alles genau so erklären, dann hatten wir eine Chance, etwas zu bewegen. Und wenn nicht, würden wir eben gehen: *Bye-bye SNEU.*

Ich hatte zwar nicht erwartet, dass es bei einem solchen Gespräch zugeht wie an der Universität, wenn sich zwei Professoren um das Budget streiten, hatte also weder blumige Höflichkeitsfloskeln erwartet noch vorsichtig verhüllte Drohungen, während alle artig an ihrem Espresso nippen, aber bei einem Gespräch auf Augenhöhe sollte wenigstens jeder eine angemessene Sitzgelegenheit haben. Der Captain empfing uns in seinem Büro; freundlich lächelnd thronte er hinter seinem Schreibtisch, aber der Raum war viel zu klein für unser Team; wer keinen Stuhl ergattern konnte, fand sich in die Ecken gedrängt, mit dem Rücken zur Wand. Unser Captain sah überhaupt nicht aus wie ein Cop und er redete auch nicht wie einer. Mit seinem sorgfältig getrimmten und gekämmten Schnurrbart und seinem knittrigen Hemd zur knittrigen Krawatte machte er auf mich eher den Eindruck eines Buchhalters, der mit dem eigentlichen Geschäft nichts zu tun hatte, aber die Kennzahlen von jedem Fließband des Unternehmens aus dem Effeff kannte. Eine erste Einschätzung, die mich eher positiv stimmte, denn wenn man auf dieser Ebene argumentierte, dann lieferten wir in großer Zahl ein echtes Premiumprodukt. Während die interne Statistik der Polizeireformer viele Bürokraten in Angst und Schrecken versetzen mochte (Schon wieder drei Morde! Und warum sind die Festnahmen bei den Drogendelikten um zehn Prozent runter?), verschaffte sie hart schuftenden Cops wie uns echte Genugtuung. Klar, es kann einem schon komisch vorkommen, wenn die eigene Bedeutung nur noch in Zahlen bemessen wird. Aber wenn das heute so Usus ist, dann zählen wir eben mal zusammen, was in unserem Fall herauskommt.

Doch dazu kam es gar nicht. Polizeichef Anemone selbst habe verfügt, dass PK abgezogen werde, erklärte der neue Captain, und damit sei die Sache erledigt, selbst wenn er wollte, könnte er nun nichts mehr daran ändern. Mit der Endgültigkeit dieser Aussage war unser Protest im Keim erstickt, was sollten wir da noch sagen? Wir waren in das Amtszimmer des Gouverneurs gestürmt, um die Hinrichtung in letzter Sekunde zu verhindern – nur um festzustellen, dass der Todeskandidat schon am Tag zuvor auf dem elektrischen Stuhl gesessen hatte. Wir kamen zu spät, sie hatten schon auf den Knopf gedrückt, es war vorbei. Also Plan B: Wir würden die SNEU verlassen, erklärten wir dem Buchhalter-Captain, und zwar sofort. Aber auch da hatte er eine schlechte Nachricht für uns: Wenn wir weiter bei der Polizei bleiben wollten, könnten wir nicht alle auf einmal gehen. Aber warum wir denn eigentlich wegwollten? Jetzt schlug der Captain einen völlig neuen Kurs ein und versuchte, uns mit Lob und Wertschätzung zu ködern: Er wisse doch, wie hart wir arbeiteten und wie ernst wir unseren Job nähmen. Und weil das so sei, sollten wir doch unserem neuen Sergeant eine Chance geben. Den Mann wenigstens einmal treffen, das müsse doch drin sein. Und was die Entscheidung mit PK betreffe, sei er im Übrigen ganz bei Polizeichef Anemone. Der Leiter einer Einheit habe dafür zu sorgen, dass seine Leute keinen Ärger bekommen, und die jüngsten Vorfälle hätten gezeigt, dass PK offenbar nicht die Eigenschaften habe, die es braucht, um ein Team unfallfrei zu führen.

Und dann standen wir schon wieder auf dem Flur. So hatten wir uns das nicht vorgestellt, und ich konnte den Eindruck nicht abschütteln, dass wir übers Ohr gehauen worden waren. Warum waren wir so schnell eingeknickt? Warum hatten wir uns gar nicht mehr gewehrt? Auch wenn der Captain in manchen Punkten recht haben mochte und es sicherlich angenehm war, von einem Vorgesetzten über den grünen Klee gelobt zu werden, zeigten einige seiner Ausführungen, dass er im Grunde gar nicht verstanden hatte, worin unsere Arbeit eigentlich bestand. Wahrscheinlich interessierte er sich auch gar nicht dafür, weil es letzten Endes keine Rolle spielte. Und seine Bemerkungen über PK waren eine echte Beleidigung und schlicht überflüssig. Sollten wir jetzt gehen? Oder doch bleiben? Und wie sehr hing diese Entscheidung von den persönlichen Umständen eines jeden Einzelnen ab? Noch kann ich meine Kinder morgens zu Schule bringen – aber was soll werden, wenn ich ab sofort nur noch Frühschichten bekomme oder sogar nachts arbeiten soll? Wie viel Familienleben bleibt noch, wenn meine gewohnten freien Tage wegfallen? Und stecken sie uns wieder in eine Uniform? Was ist mit unseren coolen Ziegenbärten? Erst nehmen sie uns PK, und jetzt wollen sie uns ans Barthaar!

PK wollte nichts davon hören, dass wir unseren Job hinschmeißen: »Leute, ihr habt doch einander«, sagte er. »Und ich glaube nicht, dass ihr von mir noch groß etwas lernen könnt. Offen gestanden hatte ich eh nie das Gefühl, dass ich euch etwas beibringen musste – ich habe euch mehr oder weniger machen lassen, wie es euch passte, und das hat bestens funktioniert. Deshalb dürft ihr nicht einfach aufgeben, was ihr euch zusammen erarbeitet habt.« Außerdem sei es in einem großen Apparat wie dem NYPD eben so, fügte er hinzu, dass man auch mal seinen Kopf hinhalten müsse. Und wenn man das mit Anstand über die Bühne gebracht habe, dürfe man nach einer gewissen Karenzzeit wieder auf eine angemessene Position hoffen. Ob man ihm tatsächlich einen solchen Deal versprochen hatte, wollte er uns zwar nicht sagen, doch wir konnten zwischen den Zeilen lesen, dass man ihm wohl etwas in der Richtung signalisiert haben musste. Die Zwangsversetzung war natürlich ein herber Absturz, doch der Captain hatte dafür gesorgt, dass PK zumindest weich landete. Er war ab sofort der »Koordinator für Bandenkriminalität« – und in dieser Funktion konnte er selbst bestimmen, wann und wie er arbeitete. Seine nur für ihn geschaffene Abteilung bestand aus genau einem Mann, einem Computernerd namens Tom Frankenberry, dessen Aufgabe es war, eine Datenbank mit Fotos und anderen nützlichen Informationen über die zentralen Figuren der organisierten Kriminalität einzurichten. Nicht gerade Schwerstarbeit für Frankenberry, und auch PK konnte eine ruhige Kugel schieben. Für ihn war das unter diesen Umständen genau das Richtige, und uns hätte es auch gut gepasst, John vor allem, der noch immer an diesem Schuldgefühl litt: *Ich habe das Team ruiniert, ich, ich.*

Wer wird unser neuer Boss? Das war die Frage, die uns wochenlang umtrieb, während die SNEU neu aufgestellt wurde und wir einspringen mussten, wo gerade das Personal knapp war. Mal fuhren wir mit anderen Kollegen im Streifenwagen, mal waren wir zu Fuß auf Patrouille unterwegs, und manchmal zogen wir sogar gemeinsam im Team los. Wir wussten, dass wir keinen unser Wunschkandidaten bekommen würden. O'Hagan blieb, wo er war, Fackler wollte seine geliebten Nachtschichten nicht aufgeben, und Clark hatte wahrscheinlich auch Besseres vor, als bei der SNEU anzufangen. Alle anderen Spekulationen, wer es werden könnte, erwiesen sich als absolute Zeitverschwendung. Denn den neuen Sergeant hatte niemand auf dem Zettel; er kam von außen, und es war auch sein erster Job als Leiter einer Einheit. Er war jünger als ich und hatte trotzdem mehr Jahre beim NYPD auf dem Buckel, die allerdings von längeren Intervallen beim Militär unterbrochen worden waren. Bei ihm gab es keinen Dünkel und auch sonst keine Show, und als wir zum ersten Mal mit ihm zusammensaßen, bekam auch jeder einen Sitzplatz. Gleich seine erste Ansage begann mit einer Überraschung: »Ich weiß, dass ihr gerade eine miese Zeit hinter euch habt, und mir ist auch klar, was PK euch bedeutet hat. Ihr macht einen guten Job, wie ich höre, und deshalb will ich gar nicht erst mit großen Veränderungen kommen. Was ich mir von euch wünsche, ist einzig, dass ihr mir eine Chance gebt, mit euch zusammenzuarbeiten.« Damit hatten wir nicht gerechnet: Wochenlang hatte man uns auf Abstellgleisen hin und her geschoben, und jetzt kam ein neuer Chef daher, der uns darum bat, mit uns arbeiten zu dürfen. Tony lachte und tat so, als müsste er sich die Freudentränen aus dem Auge wischen: »Er ist wie ein junger Hund, oder?« Und damit stand unser Beschluss fest: Wir würden der SNEU eine zweite Chance geben.

Unsere Truppe war nach dem Rauswurf von PK in ein tiefes Loch gefallen, aber jetzt schien sich die Stimmung zum Besseren zu wenden. Im Untergeschoss des Reviers entdeckten wir einen Raum, der nur darauf wartete, von uns erobert zu werden. Endlich hatten wir ein eigenes Büro. Es stand zwar voller Gerümpel, und aus obskuren, unbeschrifteten Kanistern suppte eine nicht identifizierbare Chemikalie, doch wir machten uns an die Arbeit. Eine Woche lang räumten wir auf in dem Loch, wir putzten und schrubbten, kratzten und schabten und malten, bis die Bude in neuem Glanz erstrahlte. Zu unserem Erstaunen hatte niemand etwas dagegen einzuwenden, dass PK und Frankenberry in unsere neue Wohngemeinschaft einzogen. Der Sergeant beantragte beim Quartiermeister Tische, Stühle und ein paar Schränke, und wir steuerten bei, was wir sonst noch für unabdingbar hielten. Ich brachte einen Teppich mit und einen alten Fernseher, irgendwer spendierte eine Kaffeemaschine und einen Wasserspender, und wir bekamen sogar einen eigenen Telefonanschluss. Unser Vorschlag, eine Couch zu besorgen, fand keine Zustimmung bei den Vorgesetzten. Angeblich, weil sie unser Büro zu gemütlich aussehen lassen würde und wir dann überhaupt nicht mehr nach Hause gehen wollten.

Als die Nachricht die Runde machte, dass ich ein Buch schreiben würde, nahm ich mir ein paar Tage frei. Solange ich noch kürzere Artikel geschrieben hatte, war es mir gelungen, mich hinter einem Pseudonym zu verstecken, aber jetzt musste ich mein Team ins Vertrauen ziehen und ihnen sagen, was ich vorhatte. Sie waren anfangs zwar überrascht, kamen dann aber alle zu dem Schluss, dass die Angelegenheit irgendwie sogar witzig war. Tony sagte: »Das ist also der Grund, warum du tippen kannst wie eine Tussi.«

Bei einem Einsatz kurze Zeit später gab Stix vom OP die Beschreibung eines Täters durch, und als ich mir den Typen schnappte, erkannte ich ihn wieder – ein Junkie, den wir früher einmal als Informant anwerben wollten. Ich schubste ihn gegen eine Hauswand, nicht gerade sanft, damit es wie eine echte Festnahme wirkte. »Hey, schön dich zu sehen«, sagte er. »Wie ich höre, schreiben sie ein Buch über dich.« Besser konnte er nicht demonstrieren, wie wenig Verlass auf seine Informationen waren, und wir haben ihn danach auch nicht mehr eingesetzt.

Dann hatte jemand Graffiti auf meinen Spind geschrieben, zum ersten Mal überhaupt. Einige Kollegen hatten ihre Schließschränke selbst mit Sprüchen verziert, *Loverboy* stand da auf dem Blech, bei Orville hieß es *Orville Redenbacher*, nach einer populären Popcorn-Marke, und einer nannte sich in einem bizarren Anflug von Selbstironie *Zertifizierter Arschkriecher*. Nachdem sich ein Cop am Schießstand blamiert hatte, fand er am nächsten Tag ein Fadenkreuz auf seinem Spind – und aufgemalte Einschusslöcher neben dem Ziel, die bis an die Decke reichten. Dazu der Spruch: *Nimm doch lieber ein Messer.* Bei mir also stand: *Selfmademillionär* – man hatte mich schon Schlimmeres geschimpft. Natürlich machten jetzt alle Witze über mein Buch, anerkennend klopften sie mir auf die Schulter und bestellten kostenlose Leseexemplare – oder stellten klar, dass sie gefälligst nicht erwähnt werden wollten. Andere fragten mich ganz pragmatisch, wie man denn ein Buch schreibe, worauf ich antwortete, dass ich es ihnen verraten würde, wenn ich es geschafft hätte. Nicht von einem einzigen Kollegen bekam ich ein negatives Feedback, und ich fragte mich, ob meine Vorsicht der vergangenen Jahre nicht doch ein wenig paranoid gewesen war. Ich hatte Vertrauen in die Cops, mit denen ich arbeitete – und sie vertrauten mir.

Es war nicht das erste und auch nicht das letzte Mal, dass ich mit meiner Einschätzung in dieser Angelegenheit komplett danebenlag: Ich hatte wie gesagt immer befürchtet, dass die Kollegen ein Problem damit haben würden, dass ich ein Buch über unseren Alltag schrieb – und die Chefs nicht, selbst wenn sie es möglicherweise einfach nur toll fanden, so einen Schlaumeier herumkommandieren zu können. Aber es war tatsächlich genau andersherum: Bei den Leuten, mit denen ich jeden Tag draußen unterwegs war, fand ich echte Unterstützung, während der Captain damit offenbar gar nicht klarzukommen schien. Bestimmt ein Dutzend Mal berichteten mir Kollegen, wie er hinter meinem Rücken blöde Bemerkungen machte, nach dem Motto:

»Ich trau dem nicht über den Weg ...«

»Passt bloß auf mit dem ...«

»Was denkt er eigentlich, wer er ist – so eine Art zweiter Serpico[28]?«

Der Spruch hat mich ziemlich überrascht, das muss ich zugeben. Denn der größte Skandal, den ich in meinem Revier bis dahin beobachtet hatte, war der Bescheid aus der Chefetage, dass wir in unserer Bürohöhle kein Sofa aufstellen durften. Falls es auf unserer Wache dunkle Geheimnisse gab, waren sie mir jedenfalls nicht bekannt. Und überhaupt: Wenn ich hier die Rolle des Serpico spielte, was war denn eigentlich sein Part? Wie immer ging ich die Sache direkt an und fragte ihn höchstpersönlich, ob er ein Problem mit meiner

---

28

*Frank Serpico war ein New Yorker Cop, der Missstände nicht durchgehen lassen wollte –
und den Vorgesetzten meldete, dass Kollegen Verdächtige misshandelten und Schmiergelder annahmen.
Doch er wurde schikaniert und unter Druck gesetzt; selbst der Bürgermeister ignorierte seine
Hinweise, bis Serpico sich an die New York Times wendete. Er wurde der erste Polizist, der vor einem
Untersuchungsausschuss über die systematische Korruption im NYPD aussagte. Nur wenig später
wurde Serpico bei einem Einsatz unter rätselhaften Umständen lebensgefährlich verletzt. Seine Geschichte
wurde 1973 mit Al Pacino in der Hauptrolle verfilmt, im selben Jahr, da Serpico den Dienst quittierte.
Bis heute setzt er sich für die Opfer von Polizeigewalt ein.*

Nebenbeschäftigung habe und was ich tun könne, um eventuelle Bedenken auszuräumen. Doch er versicherte mir aufs Allerfreundlichste, dass alles in bester Ordnung sei.

Leider kann ich das von unserer nächsten Begegnung nicht behaupten. Ich hatte von einem Informanten einen guten Tipp bekommen und einen Durchsuchungsbefehl für die Wohnung eines Dealers beantragt. Unserem Sergeant hatte ich alles erklärt, das ESU-Team für den Zugriff war bestellt, alles war organisiert. Der Sergeant war hochzufrieden und bedankte sich für unseren besonderen Einsatz, der ihm zeige, dass wir ihn als den neuen Boss akzeptiert hätten. Nur leider versäumte er es, auch den Captain über die bevorstehende Razzia zu unterrichten, und als der schließlich Wind davon bekam, zitierte er uns allesamt in sein Büro, wo ich zu erklären hatte, warum er der Letzte war, der von dieser Aktion erfuhr. Unser Sergeant stand da wie der Totempfahl in einem Indianercamp, während ich meine Entschuldigung für die lückenhafte Kommunikation vorbrachte und vom Captain mit Fragen bombardiert wurde.

»Woher wissen wir, dass wir diesem Informanten trauen können? Sind nicht alle Junkies notorische Lügner?«

»Und wenn er so ein toller Informant ist, warum wird er nicht längst vom Rauschgiftdezernat geführt?«

»Warum zum Teufel bezahlt ihr den Mann aus der eigenen Tasche? Das kann er doch jederzeit gegen euch verwenden.«

Ich erklärte ihm also die ganze Sache noch einmal von vorn. Dass die Wohnung leer stand und für die Übergabe von Drogen verwendet wurde, dass also bei einem Zugriff keine Gefahr bestand, dass Kinder oder alte Leute zu Schaden kommen. Dass wir eigentlich gar keinen Durchsuchungsbefehl brauchten, wenn wir über den Besitzer der Wohnung gingen, wir aber Hinweise hatten, dass der gemeinsame Sache mit den Dealern machte. Dass unser Informant, ein Mann namens Charlie, sich in der Vergangenheit als absolut zuverlässig erwiesen habe – und dass die Leute vom Rauschgiftdezernat abgewinkt hätten, weil Charlie sowieso aus dem Geschäft aussteigen wollte. Auf den Vorwurf, dass wir den Informanten selbst zahlen würden, ging ich lieber nicht weiter ein, denn es war natürlich so, wie es PK später formulierte: Wer nicht kapiert, dass man seinen Informanten gelegentlich ein paar Dollar zusteckt, hat das System einfach nicht verstanden. Was den Unmut des Captains erregt hatte, war wohl eher der Umstand, dass er nicht informiert worden war, und da hatte er natürlich recht. Wenn seine Leute irgendwo eine Tür einschlagen wollen, sollte er Bescheid wissen. Und weil wir ihn nicht unterrichtet hatten, wurde jetzt nichts daraus. Wieder ein Durchsuchungsbefehl verschwendet. Der Dealer strich seine Kohle ein, die Süchtigen bekamen ihren Stoff, und alle machten weiter, als wäre nichts passiert.

Der Sergeant verstand sehr wenig vom Tagesgeschäft einer SNEU-Einheit und von den technischen Feinheiten eines Durchsuchungs- oder Haftbefehls leider noch viel weniger, was nicht weiter schlimm war, denn wir wussten ja, wie der Prozess reibungslos läuft. Wir brauchten überhaupt keine großartige Anleitung, was unsere Arbeit auf der Straße betraf; nur ein wenig mehr Unterstützung in den Auseinandersetzungen mit den Bürokraten in den Führungsetagen hätte uns wirklich geholfen. Doch ließ der abgeschmetterte Durchsuchungsbefehl vermuten, dass auch das nicht unbedingt zu seinen Stärken zählte. Stattdessen führte er regelmäßige Team-Meetings ein, oder »Gruppentherapie«, wie Tony die Treffen nannte, auf denen wir gemeinsam und mit großem Ernst über unsere Schwächen diskutierten oder unsere Erfolge feierten. Das Ganze hatte etwas von Kindergarten, als ob wir von unserem Erzieher goldene Sterne bekamen, die wir in unsere Malbücher kleben durften. Genauso merkwürdig erschien uns die schon fast zwanghafte Suche nach negativen Aspekten unserer Arbeit – denn es mussten in jeder Sitzung sowohl Erfolge besprochen werden wie auch Dinge, die nicht so gut geklappt hatten. Wenn wir in der laufenden Woche keine Minuspunkte gesammelt hatten, wurden die aus der vergangenen Woche noch einmal aufgewärmt. Die Anleitung für diese Veranstaltung schien direkt aus dem Lehrbuch für angehende Führungskräfte zu stammen, nach dem Motto: So führen wir Rituale ein, die unsere Gruppe als Ganzes motivieren. Oder: So maximiere ich die Performance meiner Mitarbeiter. Aber wir konnten mit solchen Optimierungsformeln nichts anfangen; wir marschierten schon lange nach unserer eigenen Musik. Die Ansprachen unseres neuen Sergeants klangen für uns wie das nervige Rauschen und Kratzen eines fernen Radiosenders, der sich leider nicht genau einstellen lässt.

Im Februar 1999 wurde der Ärger über unseren Chef von einem größeren Konflikt überlagert, der mit einem wirklich dramatischen Ereignis begann. Als ich eines Morgens zur Arbeit kam, lief Angelo Ricci, unser Mann von der Gewerkschaft, schon von Büro zu Büro und raunte: »Hat im 43. Revier eine Schießerei gegeben. Die Leute von der Street Crime Unit[29] haben einen Unbewaffneten erschossen. Üble Sache.« Wie sich bald herausstellte, hatten sich vier Polizisten, die nach einem Serienvergewaltiger fahndeten, einem Mann genähert, der in einem dunklen Hauseingang stand. Viele Opfer waren exakt an einem solchen Ort überfallen worden, und in diesem Viertel hatte es besonders viele Vorfälle gegeben. Als die Cops den Mann aufforderten, die Hände hochzunehmen, zog er sich einen Schritt in den Eingang zurück und griff an den Hosenbund. Einer der Cops glaubte, eine Waffe zu sehen, und rief den Kollegen eine Warnung zu, ein zweiter stolperte im selben Augenblick, die anderen dachten, er sei getroffen worden – und feuerten auf den Verdächtigen. Einundvierzig Schüsse gaben sie auf Amadou Diallo ab, einen Immigranten aus Westafrika. Er war unbewaffnet und hatte offenbar versucht, nach seiner Brieftasche zu greifen. Einer der Cops kniete neben der Leiche nieder und brach in Tränen aus, als ihm die Tragweite des Vorfalls bewusst wurde.

Die Reaktion der Öffentlichkeit war harsch, und je mehr Fakten ans Licht kamen, desto schlechter sah die Polizei aus. Diallo hatte bei der Einreise in die USA zwar falsche Angaben gemacht und behauptet, er sei in Guinea ein Opfer politischer Verfolgung gewesen, aber davon abgesehen war er ein unbescholtener und völlig harmloser Bürger, der seinen Lebensunterhalt als Straßenhändler verdiente. Die einundvierzig Schüsse auf ihn waren schnell mit Bedeutung aufgeladen, bald galten sie im ganzen Land als Symbol für den exzessiven Einsatz von Gewalt durch das NYPD und besonders durch die Männer von der SCU. Das Motto der Truppe – »Die Nacht gehört uns« – wurde jetzt als Metapher für Selbstüberschätzung oder gar Selbstjustiz gelesen, obwohl das dazugehörige Logo über jeden Macho-Verdacht erhaben war: Es zeigte eine ältere Frau, die abends unbehelligt auf den Straßen New Yorks unterwegs ist.

29
Die Street Crime Unit war eine Einheit mit bis zu 300 Cops,
die 1971 für den Kampf gegen die Straßenkriminalität in New York aufgestellt wurde –
und viel mit verdeckten Ermittlern gearbeitet hat.

Selbst wenn im Gespräch unter Polizisten durchaus Kritik an den vier SCU-Cops laut wurde, die offensichtlich nicht gut auf solche Konfrontationen vorbereitet waren, so zweifelte niemand auch nur eine Sekunde daran, dass sie ohne bösen Vorsatz gehandelt hatten, sondern vielmehr in der Gewissheit, dass sie schießen mussten, um ihr eigenes Leben und das ihrer Kollegen zu retten. Wer schon einmal nachts in den Straßen oder auf den Dächern der Bronx einen Verdächtigen gestellt hat, kennt diesen Moment, wo alles darauf ankommt, eine Geste richtig zu interpretieren und eine mögliche Bedrohung rechtzeitig zu erkennen. Wenn ein Schuss fällt, wird einen das Echo so oder so für den Rest des Lebens begleiten – und der kann sehr kurz sein, wenn man falsch reagiert. Aus dem Kreis der Kollegen war deshalb auch nichts zu hören, was nach einer Vorverurteilung klang.

Selbst Bürgermeister Giuliani warnte davor, schnelle Schlüsse aus der Tragödie zu ziehen, und das war für ihn eher untypisch. Er hatte in der schwarzen Community nie besonders großen Rückhalt genossen, nachdem er sich in zwei harten Wahlkämpfen gegen David Dinkins durchgesetzt hatte, den ersten schwarzen Bürgermeister New Yorks. Mit den zentralen Punkten seiner Agenda – Bekämpfung der Kriminalität, Reform der Sozialsysteme und Senkung der Steuerbelastung – hatte er sich außerdem mit dem linksliberalen politischen Establishment der Stadt angelegt. Giuliani war zielstrebig und aggressiv, und wenn er ein Thema anging, dann tat er es mit vollem persönlichem Einsatz, was die Schar seiner Feinde weiter anschwellen ließ, obwohl er in der Bevölkerung zunehmend an Unterstützung gewann. Die Wiederwahl war für ihn kein Problem, denn unter seiner Ägide genoss die Stadt einen Wohlstand und Frieden, wie ich es mir nie hätte vorstellen können. Klar, der Wohlstand blieb auf die feinen Wohngegenden im weißen Teil Manhattans konzentriert, aber die – sagen wir – »Friedensdividende« erreichte auch die ärmeren Schichten in den Stadtvierteln, in denen ich meinen Dienst tat. Unter Dinkins lag die Mordrate Jahr für Jahr bei zweitausend. In dem Jahr, als der westafrikanische Immigrant Diallo im Kugelhagel starb, war die Zahl der Morde auf siebenhundert gefallen.

In den Augen der Öffentlichkeit war Giuliani nicht einfach nur der Chef der Behörde, er war für die Menschen so etwas wie die Inkarnation des NYPD – und wir einfachen Polizisten galten seinen Gegnern und Kritikern allesamt als Mini-Giulianis, die sein schmutziges Werk verrichteten. Als es bei der nächsten großen politischen Auseinandersetzung in New York um den Posten des Senators ging – Rudolph Giuliani oder Hillary Clinton hieß das Duell –, überlegten die Demokraten laut, wie sie die Polizeireform des Bürgermeisters gegen ihn wenden konnten. Innere Sicherheit, klar wollen die Bürger das, aber haben sie mit Giuliani nicht einen zu hohen Preis dafür gezahlt? Hat er nicht seinen Apparat von der Leine gelassen und dann ein Auge zugedrückt, wenn die Polizisten mit großer Brutalität vorgegangen waren? Die gesamte Opposition schwenkte auf diese Linie ein, gefolgt von dem größten Teil der Medien, die *New York Times* eingeschlossen. Wen kümmerte es, dass diese Anschuldigungen den bekannten Fakten diametral widersprachen? Die Bürger brachten weniger Beschwerden über die Polizei ein als vorher, die Cops griffen seltener zur Waffe als in anderen amerikanischen Großstädten und erschossen weniger Personen als unter dem schwarzen Bürgermeister Dinkins, und wenn es doch vorkam, dann war die Anwendung von Gewalt im größten Teil der Fälle unzweifelhaft gerechtfertigt. Aber die Fakten wurden im Wahlkampf entweder ignoriert oder sogar als Beleg angeführt, wie herzlos Giuliani mit Zahlen argumentierte und wie wenig er sich um das Schicksal der farbigen Bevölkerung scherte. Weder der Bürgermeister noch die beteiligten Polizisten haben jemals bestritten, dass der Tod von Amadou Diallo eine Tragödie war, oder gar behauptet, dass er ein Kollateralschaden des Kampfs gegen die Kriminalität war, traurig, aber leider unvermeidbar. Politisch richtete der Fall jedenfalls mehr Schaden an, als sich irgendjemand in der Stadt hätte vorstellen können.

Vor Diallo hatte es in der Ära Giuliani bereits einen großen Polizeiskandal gegeben: die Vergewaltigung von Abner Louima durch den Beamten Justin Volpe auf einer Wache in Brooklyn. Der Cop war zu einer Schlägerei vor einem Nachtclub gerufen worden, und irgendwie hatte Louimas Faust ihren Weg in sein Gesicht gefunden, wie so etwas eben vorkommt. Aber nach der Festnahme hatte Volpe seinem Häftling in der Toilette der Wache seinen Schlagstock so brutal ins Rektum geschoben, dass es zu massiven inneren Blutungen gekommen war. Die öffentliche Empörung war laut und schrill – aber nur von kurzer Dauer. Es hatte eine grausame Misshandlung durch einen Polizisten gegeben, und die wurde schnell und angemessen verfolgt. Der Vorfall war ein absoluter und krasser Ausreißer, das konnten selbst die schärfsten Kritiker des NYPD nicht leugnen. Trotzdem lagen einige Aspekte des Falls vielen Cops richtig quer. Von den vielen Lügen des Opfers (seine Zähne waren ihm beispielsweise nicht von Cops ausgeschlagen worden) bis zum Übereifer der Anklage, die selbst die Verlobte und den Vater des Beschuldigten vor der Grand Jury verhörte. Im Dienst ließ sich niemand etwas anmerken, aber es blieb eben doch etwas hängen, eine latenter Unmut, dass es einen der ihren getroffen hatte.

Deshalb wurde noch Jahre später dieselbe Komödie immer wieder aufs Neue aufgeführt, wenn ein Straftäter auf dem Revier seinen Hass über Bürgermeister Giuliani auskotzte, in der Hoffnung, seine bodenlose Dreistigkeit würde die Polizisten genauso treffen, als hätte man ihre Mutter beleidigt. Es war jedes Mal ein Genuss, das Erstaunen auf den Gesichtern der Typen zu sehen, wenn der Cop nur mit den Schultern zuckte und sagte: »So weit kann ich dir folgen, ich kann den Kerl auch nicht leiden.«

Dass er die Kriminalitätsrate so deutlich senken konnte, war der wichtigste Erfolg, den Giuliani in seiner Amtszeit verzeichnen konnte, und das NYPD war die Truppe, die seinen Plan umsetzte. Mehr Sicherheit auf den Straßen war der Schlüssel zu mehr Wachstum und Wohlstand in der Stadt – und die Cops konnten im Prinzip stolz darauf sein, dass sie einen wichtigen Beitrag dazu geleistet hatten, dass New York einen derartigen Aufschwung genoss. Nur leider gingen sie bei der Verteilung der Friedensdividende leer aus. Ein Polizist in New York verdient nämlich deutlich weniger als seine Kollegen in den anderen Großstädten der Vereinigten Staaten, obwohl die Lebenshaltungskosten höher sind als überall sonst. In wohlhabenden vorstädtischen Bezirken wie Nassau und Suffolk auf Long Island, in unmittelbarer Nachbarschaft zu Brooklyn und Queens, bekommt ein Cop doppelt so viel wie in New York, und selbst in den ärmeren Gemeinden von Newark bringt ein Polizist noch dreißig Prozent mehr nach Hause als sein Kollege in der Metropole. Ganz unschuldig waren wir nicht an unserem Los, denn wir leisteten uns eine Polizeigewerkschaft, die man bestenfalls inkompetent nennen konnte. Einen unserer Anwälte haben sie dabei erwischt, wie er sich beim Glücksspiel aus der Gewerkschaftskasse bediente. Als ihm daraufhin seine Zulassung als Anwalt entzogen wurde, heuerte ihn unsere so genannte Arbeitnehmervertretung als externen Berater wieder an – für ein noch höheres Entgelt als zuvor. Wir hätten wahrscheinlich auch das ertragen, wenn die Gewerkschafter wenigstens einen anständigen Abschluss herausgeholt hätten, aber nach zwei Jahren ohne gültigen Tarifvertrag ließen sie sich schließlich auf einen Fünf-Jahres-Deal ein, der uns für drei Jahre einen mageren Zuwachs bescherte – und für weitere zwei Jahre Nullrunden. Es folgte ein Aufstand an der Basis, doch auch der neue Mann an der Spitze der Gewerkschaft konnte das Desaster nicht mehr abwenden. Giuliani hatte der Polizei seine volle Unterstützung versprochen – und sie ihr ausgerechnet in diesem Punkt versagt. Enttäuschung war noch zu milde, um die Gefühlslage der Cops zu beschreiben, sie empfanden es als Verrat, dass der Bürgermeister ihnen den Lohn für ihre Anstrengungen verweigerte. Wenn es in New York eine Bevölkerungsgruppe gab, die sich durch die Administration Giuliani noch weniger vertreten fühlte als die Schwarzen, dann waren es die Cops.

Der Fall Diallo war eine Tragödie, aber zu behaupten, dass New York oder das NYPD ein Problem mit Rassismus hatten, wäre eine Übertreibung gewesen, auch wenn sich die Demonstranten alle Mühe gaben, diesen Eindruck zu erwecken. Die Polizei hatte jedoch tatsächlich ein Problem, einmal von der schlechten Stimmung abgesehen, und das ließ sich mit Zahlen belegen: Dem NYPD gingen die Leute aus, und die Rekrutierung von Nachwuchs lief alles andere als zufriedenstellend. Ein Viertel des Personals stand kurz vor der Pensionierung; in den Achtzigern waren in großem Maßstab Polizisten angeworben worden, und die hatten nun allesamt zwanzig Jahre Dienst auf dem Buckel. Viele waren außerdem schon vorher abgesprungen und entweder in Bezirke gewechselt, wo sie besser verdienten, oder ganz ausgestiegen. Das NYPD hatte große Mühe, die Plätze an der Polizeiakademie zu füllen, und einmal kündigte der Jahrgangsbeste noch am Tag der Abschlussfeier, weil er ein lukrativeres Angebot aus Suffolk bekommen hatte. Also entschied man sich, die Anforderungen an die Rekruten noch einmal herabzusetzen, und auch wenn es aus dem Rathaus hieß, dass man mit der Qualität der Bewerber hochzufrieden sei, hörte ich aus der Personalabteilung, dass sie nun wirklich jeden einstellten, »solange er sich keiner schweren Straftat schuldig gemacht hatte«. Aus den Reihen der Diallo-Demonstranten war außerdem immer wieder die Klage zu hören, dass die Polizisten des NYPD nicht den Querschnitt der Bevölkerung repräsentierten; zwei Drittel der Beamten waren weiß, obwohl Weiße weniger als die Hälfte der Einwohnerschaft stellten. Mal abgesehen von

der Tatsache, dass die Zehn-Millionen-Dollar-Kampagne zur Anwerbung von Farbigen ein totaler Reinfall war, gab es jedoch kein grundsätzliches Problem bei der Rekrutierung von »Minderheiten«. Die Anzahl der Cops hispanischer Abstammung entsprach sehr wohl dem Anteil der hispanischen Bevölkerung, und ich bin überzeugt, dass der Name Gonzales für einen Streifenpolizisten einmal so zum Klischee werden wird, wie es der irische Cop Murphy in den vergangenen zwei Jahrhunderten war. Wirklich schwer fiel es dem NYPD allerdings, Schwarze für den Job des Polizisten zu begeistern, sie stellten gerade einmal zehn Prozent der Truppe. Dass der frühere Bürgermeister David Dinkins in einem seiner Wahlwerbespots einen kleinen Jungen präsentiert hatte, der vor laufender Kamera seine Angst vor der New Yorker Polizei bekundete, hat natürlich nicht gerade zur Lösung des Problems beigetragen.

Vielleicht geht man zu weit, wenn man behauptet, dass die öffentliche Debatte über den Diallo-Skandal Polizisten konkret in Gefahr gebracht hat, doch ganz so abwegig ist der Gedanke wiederum auch nicht. Wer kann schon sagen, wie viele Ziegel mehr damals von den Dächern geflogen sind? Oder wie oft Leute vom Fenster aus gesehen haben, wie ein Cop in Bedrängnis geraten ist – und niemand die 911 gewählt hat, um Hilfe zu rufen? Wenn die Rhetorik eines Skandals – in diesem Fall vom rassistischen Bullen – sich erst einmal festgesetzt hat, wenn plötzlich alle glauben, dass die Ausnahme zur Regel geworden ist, dann nehmen wir den Kollegen, die selbstverständlich auch in den finstersten Ecken weiter auf Streife gehen oder Verbrechen aufklären, die allererste und wichtigste Verteidigungslinie – die Unterstützung durch die Bürger der Stadt.

Normalerweise überlässt der Staatsanwalt der Bronx seinen Stellvertretern den Job, vor Gericht die Anklage zu vertreten. Im Fall der vier Polizisten, die Amadou Diallo erschossen hatten, erschien er höchstpersönlich. Seine Anwesenheit sei notwendig, verkündete er, um ein deutliches Zeichen zu setzen. Es war erst das zweite Mal in seiner zehn Jahre währenden Amtszeit, dass er ein solches Signal für angemessen hielt; der einzige andere Fall war der eines Brandstifters, der siebenundachtzig Menschen auf dem Gewissen hatte. Dass während seiner Amtszeit etliche Cops in Ausübung ihres Dienstes getötet wurden, hatte er offenbar nicht einer solchen Geste für würdig befunden, und das verlieh seinem Auftritt im Diallo-Prozess noch einmal ein besonderes Gewicht.

Einen Monat nach der Diallo-Tragödie trugen wir Matthew Dziergowski zu Grabe, einen Polizisten aus Staten Island, der umgekommen war, als er sich mit seinem Wagen einem Raser in den Weg stellte, der direkt auf seine Kollegen zuhielt, die gerade einen Unfall aufnahmen. Wenn man als Cop zu einem solchen Begräbnis geht, steht man stundenlang Spalier und reagiert auf die wechselnden Kommandos der Chefs. »Stillgestanden! Rührt euch! Stillgestanden!« Und so weiter. An diesem Tag war es kalt und dunkel und nass, was die bedrückende Atmosphäre noch verstärkte. Die dicke blaue Wolle unserer Uniformmäntel schien jeden Tropfen Regenwasser aufzusaugen, und unsere Füße erstarrten in den blank gewienerten schwarzen Lederschuhen zu gefühllosen Klumpen. Als der Leichenwagen vorfuhr, hoben sich ein paar hundert weiße Handschuhe zum Salut. Es folgten die Limousinen mit den Angehörigen, und durch die regennassen Scheiben sah ich, dass sie uns überhaupt nicht wahrnahmen; sie starrten nach unten oder geradeaus ins Nichts. Hunderte waren gekommen, um Matthew Dziergowski auf seinem letzten Weg zu begleiten, aber in ihrer Trauer waren die Hinterbliebenen ganz allein.

Ich weiß kaum etwas über die Familie, aber ich vermute, dass ihr die Hautfarbe des Mannes, der Dziergowski getötet hat, genauso egal ist wie die Farbe seines Autos. Es gibt Momente, da spielt die Hautfarbe eine Rolle, und manchmal eben nicht. Zwei von drei Cops, die im Jahr zuvor im Dienst umgekommen waren, Gerard Carter und Sean Carrington, waren Schwarze. Beide wurden von Schwarzen ermordet, und im Fall von Gerard Carter war der Täter ein Teenager, der vorher schon zwei weitere Männer getötet hatte, auch sie Schwarze. Die Urban League[30] hat vor Kurzem einen Bericht veröffentlicht, wonach in amerikanischen Großstädten ein Drittel der schwarzen Männer im Alter zwischen zwanzig und dreißig entweder im Gefängnis sitzt oder zu einer Strafe auf Bewährung verurteilt wurde. Eine niederschmetternde Zahl und eine nationale Schande, und ich habe nicht die geringste Ahnung, was ich dagegen unternehmen würde, wenn ich könnte – außer meinen Job weiterzumachen, was nicht wenige gerade für den Grund des Übels halten. Weil die

---

30

Die National Urban League ist eine überparteiliche
US-Bürgerrechtsbewegung, die gegen die Diskrimierung von Schwarzen kämpft.
Ihr Logo ist ein großes Gleichheitszeichen.

Themen Kriminalität und Ethnie – ob sie zusammenhängen oder nicht – ein derart grässliches und lautes Echo hervorrufen, sagen zu viele Menschen lieber gar nichts dazu, und damit ist der Sache leider auch nicht gedient.

Zur Polizeiausbildung gehört eine Übung, die ich mehrmals beobachten konnte und deren Ausgang jedes Mal derselbe war: Der Ausbilder wählt aus dem Auditorium eine Reihe von Polizeianwärtern, Weiße und Schwarze, und stellt mit ihnen zwei Szenarien nach. Beim ersten steht ein Schwarzer mit erhobenen Armen an der Wand, flankiert von zwei Weißen. »Was haben wir hier?«, fragt der Ausbilder in die Runde, und aus dem Saal schallt es zurück: »Eine Festnahme.« Nächstes Szenario mit umgekehrten Vorzeichen: Zwei Schwarze haben sich einen Weißen geschnappt. Verlegenes Lachen aus dem Auditorium, weil jeder die Antwort denkt, aber nicht aussprechen will: »Ein Überfall.« Die Einlage soll als Lektion wirken, wie mächtig und gefährlich Klischees sein können, aber mir ist bei meinen diversen Besuchen dieser Veranstaltung aufgefallen, dass die Reaktion bei Hispanos oder Schwarzen genauso ausfällt wie bei Weißen. Sie nicken zustimmend beim ersten Szenario und lachen verlegen beim zweiten. In der Regel denken Cops eben wie Cops und nicht in Kategorien von unterschiedlichen Hautfarben. Eine wissenschaftliche Untersuchung der schweren Unruhen und sozialen Probleme in Detroit zum Ende der Sechzigerjahre behandelt eine Frage, die in der Betrachtung des Abschlussberichts oft übersehen wird: Die befragten Schwarzen gaben zu Protokoll, dass sie von schwarzen Cops nicht ein Deut besser behandelt werden als von weißen. Dass sie dennoch für die gleichberechtigte Aufnahme von Schwarzen in den Polizeidienst sind, hat eher mit der Hoffnung auf anständig bezahlte Jobs zu tun als mit der Erwartung, dass sich damit die Beziehungen zwischen der schwarzen Community und der Polizei verbessern.

Wenn ich die Geschichte der Rassenfrage betrachte und überhaupt das gesamte Konzept von verschiedenen Ethnien, sehe ich nur Irrationalität und Grausamkeit. Für mich ist kein Weg erkennbar, wie sich das auf kurze Sicht ändern könnte. Wenn ich die Beschwerden von Schwarzen höre, dass die uralten Klischees und Vorurteile noch immer bestehen, dass Diskriminierung ein Aspekt ihres täglichen Lebens ist, neige ich dazu, ihnen zuzustimmen. Und wenn ich von Weißen gesagt bekomme, dass sie aufgrund der gezielten Förderung von Minderheiten einen bestimmten Job nicht bekommen sollen, kann ich auch ihren Frust verstehen. Überhaupt bin ich ein sehr verständnisvoller Typ, der sich nicht einmal dann wundert, wenn eine schwarze Kollegin sagt, dass ich einer der wenigen Weißen sei, den sie überhaupt in ihre Wohnung lassen würde. Klischees und Vorurteile – sie sind allgegenwärtig, auf beiden Seiten. Einmal hatte ich zusammen mit Orville einen Termin bei einem Richter, und ein Gerichtsdiener weigerte sich tatsächlich, Orville durchzulassen – Informanten sollten doch bitte draußen warten. Und dann habe ich neulich von einem Schwarzen gelesen, der trotz einer Verurteilung wegen Raubüberfalls in den Polizeidienst aufgenommen werden sollte, als man gerade einmal wieder verzweifelt versuchte, die Zahl der »Minderheiten« in der Truppe zu erhöhen. Die meisten Menschen, mich eingeschlossen, bemühen sich, einen Mittelweg zwischen den Extremen zu gehen, damit sie das Thema nachts nicht um den Schlaf bringt. Nur taucht es dann am nächsten Tag wieder auf, und das Problem bleibt ungelöst. Wir müssen unsere Kräfte auf die Schlachten konzentrieren, die wir gewinnen können, das ist meine Philosophie, auch wenn es nicht so schnell vorwärtsgeht, wie wir uns das wünschen. Als Cop nimmst du dir einen Fall nach dem anderen vor: Wenn du einen prügelnden Ehemann aus dem Verkehr ziehst oder einen Dealer verhaftest, dann denkst du an die eine Familie und die eine Straßenecke, wo es jetzt sicherer zugeht als vorher. Du fragst dich nicht, ob du damit einen nachhaltigen Beitrag im ewigen Kampf gegen Gewalt und Drogenkriminalität geleistet hast – und schon gar nicht, ob dieser Kreuzzug auch die Vision hat und über das Arsenal verfügt, damit ein Erfolg daraus wird. Ich danke dem lieben Gott (oder wem ich die weise Fügung sonst zu verdanken habe), dass es nicht zu meiner Jobbeschreibung gehört, die großen brennenden Fragen unserer Zeit beantworten zu müssen. Nur steckt man als Cop in New York mittendrin in dem Schlamassel und muss manchmal eben doch schnell eine Antwort finden.

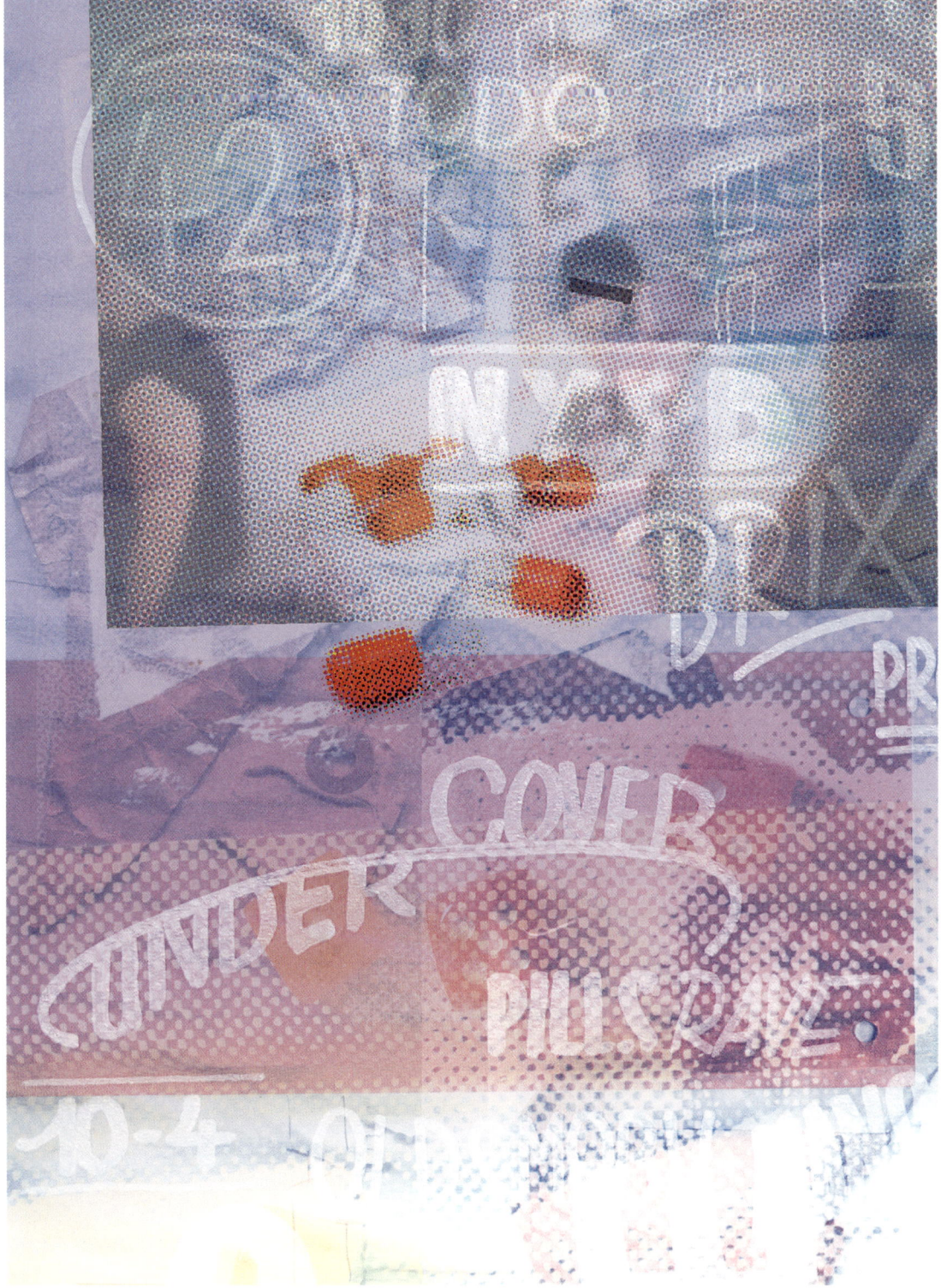

KAPITEL 10 / UNDERCOVER

Die ständigen Auseinandersetzungen mit dem Sergeant eskalierten bis zu einem Punkt, an dem wir es alle nicht mehr aushalten konnten. Tony und Orville hatten bereits zwei Wochen vor mir eingesehen, dass es so nicht weitergehen würde, und sich zur Street Crime Unit versetzen lassen. Doch als ich meinen Captain bat, mir ebenfalls eine Empfehlung für den Transfer zu schreiben, sah er mich an, als hätte ich ihm gerade verkündet, dass ich zur Fremdenlegion gehen wollte. »Street Crime ist eine Sackgasse«, grummelte er. »Da kannst du dich zehn Jahre lang abrackern, und es nützt dir gar nichts, wenn du es wirklich zum Detective bringen willst.« Ich insistierte und drängte und ging ihm eine Woche lang auf die Nerven, bis er meinen Antrag schließlich unterschrieben hatte. Allerdings ließ er den Abschnitt aus, wo nach einer kurzen Bewertung des Kandidaten gefragt wurde, und prompt bekam ich meinen Antrag wieder zurück. Am selben Tag erhielt ich Bescheid aus der Personalabteilung, dass man ein Disziplinarverfahren gegen mich einleiten würde wegen meiner »ungenehmigten Nebenbeschäftigung«. Ich hatte mir für meine Schriftstellerei zwar das Okay aus der Chefetage eingeholt, hatte es aber versäumt, die entsprechenden Formulare der NYPD-Bürokratie auszufüllen. Das Resultat war eine offizielle Ermahnung, die ich als pure Schikane empfand. Aber es kam noch schlimmer.

Street Crime lud mich tatsächlich zu einem Vorstellungsgespräch ein, und alles lief super, bis zu dem Augenblick, als mich der Captain der Einheit zu meinem Ausbildungsweg befragte: »Sie haben studiert? Welches Fach denn?«

»Englisch«, erwiderte ich.

»Und, haben Sie schon ein Buch geschrieben?«, witzelte der SCU-Mann.

»Noch nicht, aber ich bin dran.«

Es entstand eine kurze Pause, der Captain starrte mich an und sagte: »Jetzt weiß ich, wer Sie sind.«

Es wäre vielleicht besser gewesen, er hätte auf der Stelle den Hebel für den Schleudersitz betätigt, doch so musste ich auch den Rest des Interviews mit Fragen zu meiner moralischen Integrität ertragen. Um es kurz zu machen: Sie wollten mich nicht. Aus der Einheit wurde mir später zugetragen, dass die Chefs vor ihrer Truppe ganz offen sagten, dass sie »keinen verdammten Reporter« im Team haben wollten. Schade um den freien Tag, den ich für die Vorstellungsrunde geopfert hatte.

Also wieder zurück zur SNEU und einem Sergeant, der jeden Tag aufs Neue unter Beweis stellte, dass er von seinem Job nicht viel verstand. Zum Glück hatte er sich angewöhnt, allein und mit dem eigenen Wagen zum Einsatz zu fahren, was uns den Streit darüber ersparte, wer ihn chauffieren musste. Nur leider offenbarte er dabei immer mal wieder große Lücken, was die Geografie unseres Reviers anging. Einmal stürmten wir ein Gebäude, um einen Dealer hochzunehmen – aber der stand mit gezogener Waffe ein paar Straßen weiter in der Lobby eines anderen Wohnblocks. Ein anderes Mal hatten wir die Hausnummer 550 an der 147. Straße observiert und festgestellt, dass sich dort überhaupt nichts tat. Wir waren weitergezogen, um einen neuen OP einzurichten, als er uns aufgeregt anrief: »Ich weiß einen tollen neuen Spot, da geht es richtig ab.«

»Ah, wo denn?«, erkundigten wir uns.

»147. Straße, Hausnummer 550.«

»Sorry, Sarge, da waren wir gerade.«

Je mehr der Respekt für unseren Vorgesetzten erodierte, desto erratischer gerieten seine Bemühungen, sich als Autoritätsperson zu beweisen. Weil die Jagd auf Dealer nicht zu seinen Stärken zählte, verlegte er sich darauf zu warten, dass irgendwo eine andere Einheit Unterstützung anforderte. Wenn über Funk ein »10-13« kam – das war der Code für »Brauche die Kavallerie, und zwar sofort« –, rasten natürlich alle Cops los, um zu helfen, – aber eigentlich waren immer nur die Streifen gemeint, die sich in unmittelbarer Nähe befanden. Unser Sergeant jagte uns auch dann los, wenn das »10-13« aus einem ganz anderen Revier kam. Am Ort des Geschehens bellte er dann Befehle, als hätte er das Kommando übernommen, selbst wenn der zuständige Lieutenant schon längst bei der Arbeit war. Wenn wir unter uns waren, hieß er nicht mehr »Sergeant«, sondern in eleganter Alliteration »Captain Chaos«.

Jeder andere Posten beim NYPD musste besser sein als dieser, und ein paar Wochen später stand ich vor einem Lieutenant in der Personalabteilung und sagte ihm, dass ich nicht eher wieder gehen würde, bis er einen neuen Job für mich gefunden hatte. »Zeit für einen Wechsel, was? Ist vielleicht besser so«, sagte er und beugte sich über die Dienstpläne der anderen Einheiten. »Was willst du denn machen? Ich hätte da eine Vakanz in den Nachtschichten bei der Streife ...« Nicht ganz, was ich mir vorgestellt hatte zu diesem Zeitpunkt in meiner Laufbahn, aber immer noch besser, als unter dem Kommando von Captain Chaos zu arbeiten. Ich ging rüber in mein altes Büro, um der SNEU-Truppe Bescheid zu sagen.

Meine Nachricht war nicht die einzige Hiobsbotschaft an diesem Tag: Nur kurz zuvor hatte der Sergeant Stix aus dem Team geworfen – wegen »Insubordination«. Stix hatte eine simple Frage gestellt, die der Sergeant als Untergrabung seiner Autorität verstanden hatte. Hatte der Personalchef deshalb so schnell einen neuen Posten gefunden und mich deshalb so freundlich behandelt? Weil er einen Kollegen der SNEU erwartet und mich mit Stix verwechselt hatte?

Als ich den Sergeant später auf dem Flur traf, sagte ich ihm kurz und knapp: »Ich bin dann auch weg, Sarge.«

»Okay«, sagte er.

Und ich ging einfach weiter.

So fingen Stix und ich wieder bei der Streifenpolizei an. Wenigstens hatten wir dieses Mal Glück mit unserem Boss – Sergeant Yolanda Gonzalez brachte zwanzig Jahre Erfahrung mit und stand kurz vor ihrer Pensionierung. Sie strahlte eine Ruhe und Gelassenheit aus, wie ich sie in meiner Zeit bei der Polizei noch nicht erlebt hatte. Ihre Leute verehrten sie, und Gonzalez kümmerte sich wie eine Lehrerin um ihre Schutzbefohlenen. Die Kollegen der Nachtschicht hatten selbstverständlich gehört, wie es uns bei der SNEU ergangen war, doch auf ihrer nach oben offenen Skala der echten Katastrophen rangierten inkompetente Vorgesetzte nicht besonders hoch. Sie schauten uns zwar mitleidig an, aber so ganz ernst nehmen konnten sie unsere Beschwerden nicht. Eine Anklage wegen irgendwelcher Dienstvergehen hatten wir ja nicht am Hals. Und es war doch auch keiner umgekommen, oder? Also keine wirkliche Tragödie, das Ganze.

Sie hatten natürlich Recht, was unsere eigene Situation betraf; der Sergeant und auch unser Captain hatten unsere Nerven strapaziert und unsere Motivation untergraben. Aber die Tragödie war doch, dass etliche Verbrecher weiterhin ihre Freiheit genossen, weil diese Vorgesetzten uns daran gehindert hatten, unseren Job zu machen. Und es gab wirklich böse Menschen da draußen, wie wir gleich bei einem unserer ersten Einsätze in Uniform wieder erfahren mussten. In einem Treppenhaus der Morris-Wohnblöcke, also genau da, wo ich als Cop einmal angefangen hatte, war eine Frau vergewaltigt worden. Der Tatort erstreckte sich über drei Stockwerke, auf dem Weg nach oben hatte der Täter seinem Opfer ein Kleidungsstück nach dem anderen vom Leib gerissen. Ganz unten fanden wir ihre abgewetzte Lederjacke und einen orangefarbenen Pullover, eine Treppe weiter oben ihre hellbraune Hose, dann ihren türkisfarbenen Slip und ihre Stiefeletten, schließlich eine Kondomverpackung und ganz oben den gebrauchten Präser. Ich wurde eingeteilt, das untere Ende abzusperren, Stix wachte am Fahrstuhl, und ein Cop namens Vinnie Commisso bezog oben neben dem Gummi Stellung. Von den Detectives schnappte ich ein paar Details auf, was sich zugetragen haben musste: Die Frau gab an, dass sie auf dem Weg zum Einkaufen war, als sie überfallen wurde, aber die Ermittler waren offenbar der Ansicht, dass sie anschaffen ging und ihren Freier mit ins Treppenhaus gebracht hatte.

»Dann kriegen wir ihn eben für Leistungserschleichung dran«, murmelte einer der Detectives – und weg war er.

»Wir stehen hier jetzt eine Stunde und warten auf die Kriminaltechniker«, sagte ich zu Stix. »Und dann heißt es bestimmt, dass sie von einem Knopf im Fahrstuhl keine brauchbaren Fingerabdrücke bekommen können. Und schon ziehen sie wieder ab.«

Es kam genau so, wie ich prophezeit hatte, nur dass es sogar noch länger dauerte. Ich stand neben einer Tür, die mit Gangster-Graffiti beschmiert war, und versuchte, möglichst nicht mit der Wand in Kontakt zu geraten, auf der es von Kakerlaken nur so wimmelte. Als ich überlegte, was wohl die vielen Fliegen auf den Kleidungsstücken des Opfers bedeuten mochten, erschienen die zwei Experten von der Spurensicherung und erkundigten sich, was Sache war. Ich gab den Hergang wieder, so weit wir ihn bisher rekonstruiert hatten, und gab ihre erste Nachfrage nach oben weiter: »Hey Vinnie, ist das Kondom voll?« Die Forensiker leuchteten die Kleidung der Frau mit UV-Licht ab, fanden aber keine Hinweise auf Körperflüssigkeiten des Täters. Sie sammelten die Klamotten ein, und einer machte gerade Anstalten, auch die Kondomverpackung aufzuheben, als er feststellte: »Urrgh, alles voller Scheiße, kann sich mal einer den Slip der Frau ansehen?«

»Nee, das machst du mal schön selbst«, gab sein Kollege zurück.

Das tat er dann auch – der Slip war komplett mit Exkrementen beschmiert. Vielleicht hatte die Sache wirklich als Deal zwischen einer Hure und ihrem Freier begonnen, aber dann wollte er mit ihr nach oben, möglicherweise sogar aufs Dach, und sie wollte nicht mit. Er riss ihr die Kleidung vom Leib und zerrte sie die Treppe rauf. Ob sie aus schierer Angst die Kontrolle über ihre Ausscheidungen verloren hatte oder um den Angreifer abzuschrecken? Es spielte keine Rolle, denn er hatte sie trotzdem vergewaltigt und dann in ihren eigenen Exkrementen sitzen lassen.

Nicht jeder Einsatz in der Nachtschicht war so krass wie dieser, doch es ging schon deutlich drastischer zu als in den regulären Tagschichten. Wenn man nachmittags über Funk die Warnung hörte, dass irgendwo »Schüsse gefallen« sind, dann hieß das meistens nur, dass irgendjemand versuchte, die Kids aus einem Haus zu verjagen. In der Nachtschicht bedeutete dieselbe Botschaft, dass tatsächlich scharf geschossen wurde. Die Hälfte aller Morde wurde in den wenigen Stunden der Nachtschicht begangen, und in den meisten Fällen waren es Verbrecher, die sich gegenseitig umlegten. Als Stix und ich einmal zu einem Tatort gerufen wurden, hatte man die Leiche schon abtransportiert, doch alles war noch mit Blut und Hirnmasse bekleckert. Kleine weiße Federn segelten in der Luft, einige klebten schon in den Pfützen aus Blut und den Haufen aus grauem Brei.

»Was ist denn hier passiert? Eine Kissenschlacht oder was?«

»Nee, das Opfer trug 'ne Daunenjacke, und die Rettungssanitäter mussten die erst mal aufschneiden, bevor sie arbeiten konnten.«

Trotzdem genoss ich den neuen Job, wie ich es vorher nicht vermutet hätte. Auf Streife wird einem das große Theater geboten, und zwar auf eine Art und Weise, als hätten Kinder das Verfahren erfunden. Du klopfst an eine Tür, und ein Mensch, den du vorher noch nie gesehen hast, muss dir seine Geschichte erzählen. Wie bei einem Fall von häuslicher Gewalt, zu dem wir gerufen wurden. Die Frau sprach kaum Englisch, und als ich sie fragte, was ihr Ehemann denn getan habe, kreischte sie los: »Er hat mich getötet!« Ein anderes Mal nahmen wir einen Kerl fest, weil er offenbar seine Freundin gewürgt hatte. Als ich meinen Papierkram ausfüllte, stellte ich ihm eine Frage, die sich eigentlich auf seine berufliche Situation bezog: »Was haben Sie denn in New Jersey gemacht?«

»Sechs Jahre abgesessen.«

»Dafür müssen Sie schon fast jemanden erschossen haben.«

»Nö, ich habe nur eine Wohnung zusammengeschossen.«

»Eine Wohnung?«

»Genauer gesagt: die Stereoanlage.«

Eine halbe Stunde vor Schichtende kam noch einmal eine Meldung rein: *»10-34, tätlicher Angriff mit einer Waffe. Bei der Waffe handelt es sich um eine Bratpfanne! Klingt nach einem Fall von häuslicher Gewalt!«* Im Flur vor der Wohnung der Klägerin lag in mehreren Haufen der Inhalt eines Kleiderschranks, alles Herrenbekleidung, die jemand offenbar bereits mit Bleichmittel bearbeitet hatte. Eine riesenhafte Frau im Nachthemd empfing uns an der Tür – und sie bebte vor Wut: »Ich habe ihn schon mal außer Gefecht gesetzt ... Meinen Ehemann, blöde Frage ... Warum? Weil er mich betrogen hat, deshalb! ... Was soll das heißen, Ehebruch ist kein Verbrechen? Schon klar: Die verdammten Gesetze werden ja auch von Männern gemacht! Dann schickt mir das nächste Mal wenigstens eine Polizistin. Die versteht mich.«

Wir baten darum, den Beschuldigten selbst in Augenschein nehmen zu können, und sie verschwand in der Wohnung, um den Ehebrecher zu holen. Als er schließlich vor uns stand, sahen wir sofort, dass er anscheinend die ganze Nacht durchgezecht haben musste und der Spaß möglicherweise sogar den Ärger mit seiner Alten wert gewesen war.

»Jetzt guckt euch nur diese Sauerei an!«, rief er aus und zeigte auf seine ruinierten Klamotten. Hinten im Flur konnten wir ein halbes Dutzend Kinder ausmachen, die ihre Köpfe aus der Tür steckten, um bloß nichts zu verpassen. Als sie sich langsam anpirschten, wedelte er sie mit einer ungeduldigen Handbewegung weg, als würde er ein paar lästige Fliegen vertreiben.

»Jetzt gucken Sie sich das mal an«, sagte der Mann und hielt uns seine Brille hin, die zu einer grotesken Skulptur verbogen war. »Ich schwöre Ihnen, dass ich keine andere Frau angefasst habe. Ich war mit meinen Kumpels zusammen, und wir haben uns Koks reingezogen. Ich bin doch immer noch total high.«

Immerhin stimmte er uns zu, dass es keine schlechte Idee sei, mal für eine Weile zu verschwinden. Nur eine Sorge quälte ihn: Wer würde sich jetzt um sein Aquarium kümmern?

»Ich bin für diese Burschen wie ein Vater«, sagte er und deutete auf einen großen Wassertank, in dem drei riesige Buntbarsche ihre Kreise zogen und mit grimmigen Mäulern Wasser schluckten. »Sie lieben mich, sehen Sie nur!«, sagte der Kokser und steckte seine Hand ins Aquarium. Sofort knabberten die Barsche an seinen Fingern. Aus dem Flur kamen auf Zehenspitzen die Kinder angeschlichen, aber wie zuvor scheuchte er sie mit einer missgelaunten Handbewegung weg.

Stix hatte mit dem Lieutenant von der Einsatzplanung einen Deal ausgehandelt: Wenn er die nächsten paar Monate anständige Resultate lieferte, also genügend Strafzettel oder Anzeigen schrieb, würde er auf einen Job in der Tagschicht wechseln können. Das klang natürlich wie die Ansage, die jeder Rookie mit auf den Weg bekommt, wenn er die Ausbildung hinter sich hat und zum ersten Mal auf Streife losgeschickt wird, aber für Stix war es im Moment die einzige Chance, sein Privatleben wieder auf die Reihe zu bekommen. Fünfzehn Anzeigen mindestens pro Monat – als Preis für seine Freiheit schien uns das gar nicht mal so hoch. Doch als wir dann einen Wagen sichteten, der schon länger als ein Jahr nicht mehr bei der obligatorischen technischen Untersuchung[31] war, konnte er sich nicht entscheiden, dem Besitzer einen weiteren Strafzettel

---

31

In den USA gibt es zwar keinen TÜV wie in Deutschland, aber 17 Bundesstaaten verlangen immerhin eine »annual inspection«, bei der Verkehrssicherheit und Abgasemissionen überprüft werden. In New York muss als Nachweis der bestandenen Prüfung ein Aufkleber auf der Windschutzscheibe angebracht werden.

aufzubrummen, weil er genau dieser Karre in der Woche zuvor schon eine Verwarnung verpasst hatte.

»Soll ich es wirklich tun?«

»Keine Ahnung, deine Entscheidung.«

»Findest du das nicht total peinlich?«

»Mach, wie du denkst.«

Und das war nur der erste von acht Versen in diesem Stil. Als er sich schon
fast dagegen entschieden hatte, ließ er das Kennzeichen doch noch überprüfen, in der Hoffnung wahrscheinlich, weitere Gründe geliefert zu bekommen,
keinen Strafzettel schreiben zu müssen.

»Vielleicht gehört die Gurke ja einer Rentnerin oder einem alten Mann ...«
Doch es stellte sich heraus, dass sie auf eine vierunddreißigjährige Frau registriert war, die ihren Wohnsitz nur ein paar Straßen weiter hatte.

»Sie führt bestimmt ein Leben in Sünde«, lästerte ich. »Warum schreibst
du ihr nicht einen Strafzettel für fortgesetzte Vergehen gegen die Sittlichkeit?«

Er kämpfte immer noch mit seinen Zweifeln, und als er schließlich unseren
Wagen startete und losfuhr, streute ich weiter Salz in die Wunde: »Emotional hat
dich diese Angelegenheit offenbar sehr mitgenommen.« An der nächsten Kreuzung hielt er abrupt an, wendete und fuhr wieder zurück zu dem Auto mit der
abgelaufenen Inspektionsplakette. Ich stichelte weiter: »Wollen wir noch einmal zusammen beten, bevor du eine solch weitreichende Entscheidung triffst?«

»Ist doch Scheiße. Wenn ich es jetzt nicht mache, macht es ein anderer.«

Und dann füllte er den Strafzettel aus.

Ein paar Nächte nach dem Urteil im Fall Diallo[32] hatten wir selbst zweimal
mit Immigranten aus Westafrika zu tun. Wir hatten einen gestohlenen Wagen sichergestellt, der einer Frau von der Elfenbeinküste gehörte. Weil auf der
Rückbank eine Telefonrechnung mit ihrer Adresse in Harlem lag, hatten wir
sie schnell gefunden. Sie war hocherfreut, dass ihr Auto wieder aufgetaucht

---

32

*Die vier Polizisten wurden wegen Mordes mit bedingtem Vorsatz angeklagt –
sie hätten bei ihrem Einsatz billigend in Kauf genommen, dass ihr Opfer ums Leben kommt,
fand der Staatsanwalt. Doch alle vier wurden freigesprochen. Die Angehörigen legten vor einem
Zivilgericht Klage wegen grober Fahrlässigkeit und widerrechtlicher Tötung ein – und bekamen
in einem außergerichtlichen Vergleich drei Millionen Dollar Schadenersatz zugesprochen.*

war – trotz der späten Stunde. Kurz darauf hielten wir einen Taxifahrer an, der den Verkehr komplett blockiert hatte, um einen Fahrgast einsteigen zu lassen. Der Mann ratterte alle möglichen Ausreden herunter und gestikulierte wild mit beiden Armen – was uns aber nicht darüber hinwegsehen ließ, dass er überhaupt keine Papiere vorweisen konnte. Er hatte weder Taxilizenz noch Fahrzeugpapiere, nicht einmal einen Führerschein. Ich bat den Fahrgast, sich ein anderes Taxi zu suchen, und ging zurück zu unserem Streifenwagen, um das Kennzeichen an die Zentrale durchzugeben, während Stix weiter mit dem Mann diskutierte. Ein paar Minuten später stand er vor der Wagentür und hielt mir den kompletten Satz an Dokumenten hin. Alles da, alles auf dem letzten Stand. Der Typ konnte einfach vor Nervosität nicht klar denken, als wir ihn angehalten hatten. Aus Angst vor einem Strafzettel wahrscheinlich, aber vielleicht hatte ihn der Fall Diallo auch Schlimmeres befürchten lassen, wer weiß. Stix fügte hinzu: »Und als er mir seine Papiere schließlich überreicht hat, wollte er mir einen Zwanziger in die Hand drücken.«

Beamtenbestechung war noch einmal eine ganz andere Nummer – und hätte Stix' Strafverfolgungsbilanz mit Sicherheit auf einen Schlag blendend aussehen lassen. Wir kauten einen Moment auf dem Gedanken herum, doch Stix winkte ab: »Ach was, vergessen wir die Sache. Der Typ ist doch ein armer Schlucker und nicht vom Kaliber eines Drogendealers oder so.«

»Hast recht. Der kommt bestimmt aus einem Land, in dem ihn die Cops in die Mangel nehmen oder sogar einsperren, wenn er nicht mit ein paar Geldscheinen winkt. Der hatte einfach Angst und wusste sich nicht anders zu helfen.«

Wir brachten ihm seine Papiere zurück und mahnten ihn eindringlich, beim nächsten Mal rechts ranzufahren, wenn er einen Fahrgast einsteigen lassen wollte. Zurück in unserem Wagen hatten wir jedoch beide das Gefühl, dass wir etwas vergessen hatten, dass eine wichtige Frage offen geblieben war. Wir folgten dem Taxi und hielten den Mann noch einmal an. Wieder war er extrem nervös.

»Nur die Ruhe«, sagte ich. »Es gibt keinen Ärger, und Sie bekommen auch keinen Strafzettel – nur eine kurze Standpauke. Sie hatten einen Geldschein in der Hand, als Sie mit meinem Partner geredet haben, und wir wissen beide, was diese Geste bedeuten sollte. Ich wollte Ihnen nur sagen, dass wir das hier nicht so machen – beinahe wäre aus einem harmlosen Verkehrsdelikt eine schwere Straftat geworden. Ich weiß, dass Sie in Ordnung sind und versuchen, auf ehrliche Weise Ihr Brot zu verdienen, und deshalb war es mir wichtig, Ihnen das noch einmal zu sagen: Machen Sie das lieber nicht wieder, okay?«

Wir gaben uns die Hand, und er fuhr los.

Wenn man nur Zeit hat, läuft alles bestens, dann bleibt sogar dieser Moment, einem Menschen einen guten Ratschlag mit auf den Weg zu geben. Manchmal ist es sogar fast zu viel Zeit, wenn sonst gar nichts passiert – eine ruhige Nacht in der schlaflosen Metropole New York kommt einem eh verdächtig vor. Wenn es dann wirklich hektisch wird, hat das aber erst recht etwas Unwirkliches, weil es so gar nicht der Natur der Nacht entspricht. Ein unauflösbarer Widerspruch, ich weiß, aber so fühlt es sich an. Einmal sind wir nachts zu einer U-Bahn-Station gerast, wo es einen Schusswechsel gegeben haben soll. Eine Reihe von Augenzeugen konnte den Vorfall bestätigen, aber von den Tätern war weit und breit keine Spur. Vier Stunden später, wir fuhren einfach nur durch die leeren Straßen, erhielten wir erneut einen Notruf, dass Schüsse gefallen sein sollen, dieses Mal in einem Wohnblock direkt neben der U-Bahn-Station. Ein liebenswertes Rentnerpaar öffnete die Tür und führte uns ins Wohnzimmer, wo sie uns das Loch im Fensterglas zeigten. Die Kugel hatte die Scheibe glatt durchschlagen, die Usambaraveilchen auf dem Fensterbrett zerfetzt und Blüten und Blätter auf dem Boden verteilt. »Ich liebe doch meine Blumen, die sind für mich wie meine Babys«, sagte die Frau. Anscheinend regte sie sich nur über das auf, was geschehen war, und verschwendete keinen Gedanken daran, was stattdessen hätte passieren können. Die Stelle, wo die Kugel in die Wand eingeschlagen war, hatten wir schnell entdeckt, aber es dauerte dann noch eine ganze Weile, bis wir das Projektil unter dem Kühlschrank gefunden hatten. Hitze und die Wucht des Aufschlags hatten das schlanke Geschoss in einen unförmigen und harmlosen Klumpen verwandelt. Es muss ein ziemlich großes Projektil gewesen sein, Kaliber 45 möglicherweise, und es hätte der Frau den Kopf abgerissen, wenn sie im falschen Augenblick ihre Blumen gegossen hätte. Glücklicherweise lag sie im Tiefschlaf, als die Kugel im Wohnzimmer einschlug; sie hatte es erst vier Stunden später bemerkt und würde auch wieder gut schlafen können, wenn wir abgezogen waren.

Das Geschoss hatte weniger als eine Sekunde gebraucht vom Lauf der Pistole bis zum Einschlag. Aber vor meinem geistigen Auge waren es vier Stunden von dem Moment, da die U-Bahn-Passagiere den Schuss gehört hatten, bis zu dem Augenblick, da die beiden Rentner das Loch in ihrer Fensterscheibe entdeckten. Ich stellte mir vor, wie das Projektil seine Strecke in Zeitlupe zurücklegte, wie eine Seifenblase segelte es in windstiller Nacht zu seinem Ziel. Eine knappe Sekunde und vier Stunden – beide Sichtweisen hatten etwas Wahres, der explosive Moment und die Zeitlupenreise, und ich war genauso verwundert wie froh, dass ich beides sehen konnte. Den Rentnern war nicht bewusst, dass ihnen der Tod in dieser Nacht einen Besuch abgestattet hatte und sie trotzdem den nächsten Morgen erleben durften.

Und plötzlich klappte es doch mit meiner Versetzung. An dem Abend, als ich die Nachricht erhielt, dass ich ins Rauschgiftdezernat wechseln konnte, fuhr ich lauthals singend nach Hause. Auch die nächsten zwei Wochen meiner Fortbildung in der »Bekämpfung des organisierten Verbrechens« sang ich vor Glück, morgens auf dem Weg zum Kurs in Brooklyn und abends auf dem Heimweg. Am liebsten hätte ich auch im Vortragssaal Hymnen an die Güte des Schicksals geschmettert, aber das hätte die Kollegen wahrscheinlich an meinem Verstand zweifeln lassen. Für eine Weile war ich wohl der letzte glückliche Polizist beim NYPD, auch wenn ich mir dafür nicht gerade eine passende Gelegenheit ausgesucht hatte. Zwei Wochen vor meinem Wechsel ins Rauschgiftdezernat hatte nämlich ein SNEU-Beamter aus einem anderen Revier einen Dealer namens Malcolm Ferguson getötet. Bei der Festnahme war es zu einem Handgemenge gekommen, der Dealer wollte dem Cop die Waffe entreißen, dabei hatte sich der tödliche Schuss gelöst. Der Mann hatte ein langes Strafregister – und außerdem sechs Briefchen mit Heroin in der Tasche; brisant war sein Tod vor allem deshalb, weil sich der Vorfall im 43. Revier ereignete, also genau dort, wo Diallo im Kugelhagel der Street Crime Unit gestorben war. Jedenfalls schwor die puertoricanische Gang der Latin Kings[33] Vergeltung für den Tod ihres Dealers, und

---

33
Die Latin Kings sind eine Straßengang, ihr vollständiger Name lautet
»Almighty Latin King Nation« oder kurz ALKN. Sie war in den Sechzigern ausgerechnet aus einem
Projekt hervorgegangen, das soziale Ausgrenzung und die Bildung von Gangs verhindern sollte.
ALKN hat in den USA etwa 25 000 bis 30 000 Mitglieder; ihre Erkennungszeichen sind eine fünfzackige
Krone und das Graffito »Amor de Rey« – Liebe des Königs.

ich verbrachte die letzten Nächte meines Dienstes als Streifenpolizist damit, vor dem Haus des Kollegen Wache zu schieben. Als ich noch bei der SNEU war, haben wir alle immer damit rechnen müssen, dass einmal ein Streifenwagen vor unserer Haustür aufpasst. Der Polizist, den ich jetzt bewachte, hatte auch mal für PK gearbeitet, und der hat mir später versichert, dass der Kollege ein exzellenter Cop war, der in diesem Augenblick keine andere Wahl hatte: »Der Dealer oder er – einer von beiden musste dran glauben.«

Das zweiwöchige Training fand auf dem Gelände des Brooklyn Army Terminals statt, einem riesigen Komplex von Lagerhäusern und Piers, von wo aus die US-Armee im Zweiten Weltkrieg ihre Soldaten nach Europa eingeschifft hatte. In provisorischen Baracken auf dem großen Parkplatz absolvierten wir unseren Crashkurs, wie man das organisierte Verbrechen bekämpft, während draußen auf dem Gelände Polizeihunde ausgebildet wurden. Wenn das Gekläffe zu laut wurde, unterbrach unsere Ausbilderin ihre Erläuterungen, wie ein Bericht ordnungsgemäß verfasst werden muss und wie man seine Fälle optimal managt. »Ich mache mir keine Illusionen, dass mein Vortrag mit dem Geschehen vor der Tür mithalten kann«, sagte sie. »Machen wir doch fünf Minuten Pause.« Und prompt standen wir alle am Fenster und guckten zu, wie ein Deutscher Schäferhund auf seinen Trainer losging. Der Hund schnappte nach den gepolsterten Armen und Beinen seines Opfers und brachte ihn schließlich zu Fall.

Wie jeder Kurs an der Polizeiakademie dauerte auch diese Fortbildung doppelt so lange, wie es eigentlich notwendig gewesen wäre. Glücklicherweise waren unter den Referenten viele erfahrene Detectives, die sich darauf verstanden, einen Fall so packend zu erzählen, dass die Zeit schnell verging. Einer berichtete von einem besonders aufwendig angelegten Undercover-Einsatz, mit dem der Möchtegern-Mafioso Henry Vega überführt werden sollte. Vega hatte einen Polizisten namens George Scheu ermordet, der ihn überrascht hatte, als er gerade ein Autoradio klauen wollte. Um den Mörder in eine Falle zu locken, wurde ein Geselligkeitsverein angeblich aktiver Mafiosi gegründet – dessen Mitglieder allerdings komplett aus den Reihen der verdeckten Ermittler stammten. Vega war sehr viel daran gelegen, in diesen exklusiven Zirkel aufgenommen zu werden, und Schritt für Schritt ließ man ihn näher herankommen. Als Vega schließlich fast schon darum bettelte, Mitglied im Verein der Gangster zu werden, fragten ihn die Schein-Mafiosi, ob man ihn denn mit einem Auftragsmord betrauen könnte. Stolz erzählte Vega in allen schmutzigen Details, wie er George Scheu umgelegt hatte. Und ein Tonband lief die ganze Zeit mit.

Am vorletzten Tag des Kurses trat Lieutenant Russo vor die versammelte Truppe, um bekannt zu geben, wo wir künftig eingesetzt werden würden: »Sofern ihr nicht gestern Abend noch mit Howard zu Abend gegessen und ihm etwas anderes eingeflüstert habt, geht ihr allesamt in die Bezirke Brooklyn Nord oder Manhattan Nord. Da werden Leute gebraucht, und da fangt ihr an.« Mit »Howard« war der amtierende Polizeichef Howard Safir gemeint, und als die Liste der Posten vorgelesen wurde –

»Alvarez ... Brooklyn Nord.«

»Baker ... Brooklyn Nord.«

»Buono ... Manhattan Nord.«

»Calderon ... Brooklyn Nord.«

»Conlon ... Bronx Süd.«

–, drehten sich nicht wenige Leute zu mir um. Wer hatte da also Howard etwas eingeflüstert? Offenbar hatte mein Vitamin B seine Wirkung nicht komplett verfehlt. Meine Beziehungen reichten zwar nicht ganz bis in die oberen Sphären der Hierarchie, aber Inspector Mullen und Lieutenant Nicholson, immerhin mein Cousin, hatten mir versprochen, dass sie versuchen würden, mich ins 40. Revier zu holen. Manhattan Nord wäre auch nicht schlecht gewesen, da gab es für einen Polizisten reichlich zu tun, und bis zur Wohnung meiner damaligen Freundin wäre es nicht weit gewesen. So aber würde die Bronx noch ein Weilchen länger mein Heimatrevier bleiben. Auf dem Weg nach Hause drehte ich das Radio auf und sang lauthals mit.

Beim Rauschgiftdezernat war man nicht nur Cop, sondern auch Großhändler für Drogen. »Buy and Bust« war das Motto des Unternehmens: kaufen und zuschlagen. Von einem Informanten bekamen wir die Telefonnummer eines Dealers, und dann bestellten wir fleißig Stoff wie jeder brave Kunde, bis wir genug in der Hand hatten, um den Laden hochgehen zu lassen. Nachteil des Verfahrens war nur, dass alles genauestens dokumentiert werden musste und so einen Berg an Formularen und Berichten produzierte. Doch es war der einzige Weg, eine Gang von Dealern an den Wurzeln zu packen. Manche

Kollegen bereiteten ihre Operation in epischer Breite und Tiefe vor, für sie war das Ganze ein Strategiespiel, das der beste Taktiker gewann. Andere waren eher auf den schnellen Erfolg aus: ein Lockvogel, der den Kunden spielte, der Dealer händigte die Ware aus – und Zugriff. Das war »Buy and Bust« in Reinkultur oder »B&B«, was bei uns auch mit »Basic Bullshit« oder »Boring Bullshit« übersetzt wurde, weil es zwei- oder dreimal pro Woche auf der Tagesordnung stand und man nicht gerade viel Grips brauchte, um es zu kapieren. Bevor wir loszogen, wurde das Geld für den Einsatz – wir sagten »Buy Money« dazu oder kurz »Bim« – fotokopiert, damit wir vor Gericht jede einzelne Seriennummer nachweisen konnten. Manchmal markierten wir die Scheine zusätzlich mit einem »x« oder einem roten Strich, damit wir es schon auf der Straße leicht wiedererkennen konnten. Das Verfahren unterschied sich nicht großartig von der Arbeitsweise bei der SNEU, aber wo mein altes Team ein paar hundert Leute im Jahr festnahm, kassierte das Rauschgiftdezernat Tausende oder gar Zehntausende. Vor meinem geistigen Auge verwandelte sich diese enorme Zahl in eine endlose Schlange, die sich von der schweren Holztür unserer Wache bis an den Horizont erstreckte, eine endlose Prozession von Gaunern und Gangstern, manche waren schon ewig dabei, andere versuchten noch, ihren Platz in der bösen Hackordnung dieses elenden Geschäfts zu finden. Dass kein Ende in Sicht war bei diesem Job, konnte einen beängstigen – oder abstumpfen lassen; das kam allein auf die persönliche Gemütslage an. Ich selbst hatte den Frust über meine Arbeit zwar gerade abgehakt, aber dass ich jetzt den Sisyphos spielen sollte, weckte nicht unbedingt meine Begeisterung. Geduld, sagte ich mir, das ist eine weitere Prüfung auf dem Weg zum Detective. Da musst du durch.

Jeden zweiten Samstag stand eine späte Runde B&B in unserem üblichen Jagdrevier auf dem Programm, und an den Wochenenden dazwischen arbeiteten wir an einem aufwendigeren Fall, wo ich endlich auch einmal als verdeckter Ermittler zum Einsatz kam. Ziel der Operation war ein Nachtclub, der sich auf Raves spezialisiert hatte: Techno-Musik und Designerdrogen. Alkohol durfte nicht ausgeschenkt werden, denn die Kundschaft bestand zum größten Teil aus Minderjährigen, die jüngsten Raver waren vielleicht dreizehn oder vierzehn Jahre alt. Nur wurden unter der Hand Partydrogen verkauft, und es hatte schon diverse Fälle gegeben, wo Kids mit einer

Überdosis im Krankenhaus gelandet waren. Trotzdem kamen die weißen Teenager mit der U-Bahn von weit her oder ließen sich sogar von den Eltern bis vor die Tür des Nachtclubs chauffieren, so beliebt war der Schuppen. Die ansässigen Gauner konnten ihr Glück kaum fassen und umkreisten die Schar der Partygänger wie die Geier auf der Suche nach ihren Opfern. Raves hatten damals noch etwas von einer radikalen neuen Subkultur, die ich nicht einmal in groben Umrissen beschreiben könnte, ohne dabei fürchterlich alt oder sogar wie mein Vater zu klingen. Manche der neuen Drogen waren uns schon bekannt, Ecstasy zum Beispiel, während wir von GHB oder Ketamin[34] noch nie etwas gehört hatten. Außerdem gab es eine Vielzahl von Rezepturen, deren chemische Formeln wir prompt wieder vergessen hatten. Was war bloß los mit der Jugend von heute? Heroin, Koks oder Crack waren jedenfalls nicht mehr angesagt bei diesen Leuten hier. Bei den Briefings auf dem Revier müssen wir wie Agenten aus der Eisenhower-Ära geklungen haben, die verzweifelt versuchten, neue Vokabeln wie »Beatnik« oder »Haschisch« unfallfrei aufzusagen.

Aber es kam noch schlimmer, und ich war schon kurz davor, an unseren Bericht eine offizielle Beschwerde anzuhängen, dass man uns in der Ausübung unseres Dienstes jeglicher Würde beraubt hatte. Es stellte sich nämlich heraus, dass zu einem überzeugenden Auftritt als Raver auch ein Schnuller und im Dunkeln leuchtende Zauberstäbe gehörten. Der Schnuller sollte wohl verhindern, dass man im Rausch mit den Zähnen knirschte, und der Leuchtstab, langsam hin- und hergeschwenkt, lieferte den ravenden Menschen stundenlang beste Unterhaltung, sofern sie nur die richtigen Medikamente eingeworfen hatten. Wir studierten Videos anderer Techno-Partys und stellten fest: »Zur Uniform des typischen Ravers gehören Fallschirmspringerhosen, diese leichten Dinger aus Nylon.« Also wurden Nylonhosen angeschafft. Geld spielte bei dieser Mission sowieso keine Rolle. Es gab Schmiergeld, um die Schlange vor dem Club zu umgehen, Geld für den Eintritt, für Süßigkeiten, nichtalkoholische Getränke, Leuchtstäbe und Schnuller – und natürlich für

---

34

GHB steht für Gamma-Hydroxybuttersäure und wird in der Medizin als Narkotikum verwendet. In geringer Dosis wirkt es aufputschend und enthemmend. Ketamin ist ebenfalls ein Anästhetikum, das eine Überstimulation des Zentralnervensystems bewirkt und Halluzinationen auslösen kann.

Drogen. Ich hatte außerdem eine Videokamera mit einem Spezialobjektiv für Nachtlichtaufnahmen dabei, und alle verdeckten Ermittler steckten sich einen speziellen Button ans Hemd oder an den Hut, damit wir uns im Dunkeln besser finden konnten; die Dinger gaben eine Art pulsierendes Infrarotlicht ab und leuchteten wie ein Glühwürmchen. Wir waren zu viert, Ricky Duggan und ich von Narcotics und zwei Agenten von der DEA[35].

Ziel der Operation waren die Leute vom Sicherheitsdienst des Clubs, die mit Drogen handeln sollten, wie uns ein zuverlässiger Informant gesteckt hatte. Der Nachtclub bestand aus einem riesigen Saal, der Tanzfläche, etlichen kleineren Nebenräumen und einer Art Flohmarkt mit allen möglichen Verkaufsständen. Auf einem der Tische lag Rave-Literatur aus, und ich nahm mir eine Broschüre, um nachzusehen, was einen ordentlichen Raver ausmacht. An den anderen Ständen wurde Süßkram verkauft, Kaugummi, Mineralwasser und CDs. In den kleineren Räumen lagen viele Kids eng umschlungen, manche waren wie nach einem Hundert-Meter-Sprint japsend kollabiert. Wir hatten Order bekommen, darauf zu achten, ob es hier in aller Öffentlichkeit zu Geschlechtsverkehr kam, und wir gingen auch diese Aufgabe mit der gebotenen Gründlichkeit an. Ricky und ich verbrachten eine ganze Weile damit, an dem Stand zuzuschauen, wo man sich piercen lassen konnte; die Mädchen standen Schlange, um sich Augenbrauen oder Bauchnabel stechen und verzieren zu lassen.

»Na mach schon, Ricky«, piesackte ich meinen Kollegen: »Wäre doch eine echte Überraschung für deine Verlobte, wenn du mit einem schönen Zungenpiercing nach Hause kommst.«

»Würde ich ja nur zu gerne machen, aber irgendwie finde ich es nicht richtig, dass der Steuerzahler dafür aufkommen soll.«

Wir kauften stattdessen noch ein paar Leuchtstäbe.

Anfangs fanden wir die ganze Angelegenheit zum Schreien komisch. Zum einen, weil diese Szene wirklich zu bizarr war, und zum anderen, weil wir auch noch dafür bezahlt wurden, dass wir unsere Arbeitszeit in einem Nachtclub

---

[35] *Die DEA ist die Drug Enforcement Agency, die Drogenvollzugsbehörde. Sie ist eine Bundespolizei wie das FBI, die direkt dem US-Justizministerium unterstellt ist.*

verbrachten. Doch schon nach ein paar Stunden der monotonen Beats quälten einen hämmernde Kopfschmerzen, und jedes Mal, wenn man eine besonders attraktive Frau entdeckt hatte, stellte sich bei näherem Hinsehen heraus, dass sie maximal fünfzehn Jahre alt war. Später gab es dann die ersten Prügeleien; ich sah, wie sich ein riesenhafter Türsteher einen Teenager schnappte und ihn rausschmiss – in einem hohen, formvollendeten Bogen, wie beim Kugelstoßen. Als verdeckter Ermittler hatte ich weder Dienstmarke noch Waffe dabei, und die Musik war zu laut, um Hilfe zu alarmieren. Ganz davon abgesehen, dass damit unsere Operation aufgeflogen wäre. Aber falls sich der Teenager bei der Aktion den Hals gebrochen haben sollte, würde mir keine andere Wahl bleiben. Ich schlenderte ein paar Schritte weiter in Richtung des Jungen, um besser sehen zu können. Doch da torkelte der schon wieder los wie eine Aufziehpuppe und kreischte, dass man ihn sofort wieder reinlassen solle.

Einer der DEA-Leute steckte mir eine Tüte mit Gras zu und raunte mir ins Ohr: »Sie hatten außerdem ein Zeug im Angebot, das sie ›Special K‹ nennen. Keine Ahnung, was das sein soll. Also habe ich ihnen erst mal gesagt: Lass stecken.«

Ich konsultierte meine Raver-Literatur und sagte ihm: »Geh wieder hin und hol Special K.«

In den ersten Stunden kauften wir, was wir kriegen konnten, egal von wem; erst später konzentrierten wir uns auf unser eigentliches Ziel – die Türsteher. Als Dealer hatten sie den Bogen raus; sie waren bestens organisiert und hatten reichlich Vorrat an Stoff gebunkert. Ich spielte den zugedröhnten Raver, der die ganze Aktion total cool fand, und nahm alles mit meiner Kamera auf, bis mir einer der Türsteher sagte, dass ich sofort damit aufhören soll. Nachdem ich Zeuge der Kugelstoß-Episode geworden war, wollte ich es auf eine Konfrontation lieber nicht ankommen lassen und packte meine Kamera weg. Immerhin hatte er nicht darauf bestanden, das Band zu bekommen. Ich rief unseren Einsatzleiter auf dem Handy an und verabredete mich draußen vor dem Club mit ihm, um die Kamera und unsere bisherigen Drogeneinkäufe loszuwerden.

»Du siehst echt scharf aus«, frotzelte er.

Ich nahm den Schnuller aus dem Mund und sagte ihm, dass er sich zum Teufel scheren soll.

Wenn wir bei den Ravern im Einsatz waren, kamen wir nie vor sechs oder sieben Uhr raus aus dem Club. Völlig erschöpft schrieben wir auf dem Revier schnell noch auf, von wem wir welche Drogen bekommen hatten. Es war alles dabei: in flüssiger Form, als Pulver, Pillen. Als wir endlich in den Feierabend entlassen waren, schien draußen längst die Sonne. In dieser Hinsicht war der neue Job wie die Nachtschichten auf Streife – mit demselben sonderbaren Rhythmus. Man verschlief den Tag und frühstückte, wenn es abends schon wieder dunkel wurde. Wirklich komisch aber fühlte es sich an, dass wir ständig so tun mussten, als ob wir einen Riesenspaß dabei hatten, uns so die Nächte um die Ohren zu schlagen. Immerhin sammelten wir fleißig belastendes Material; wir identifizierten die Dealer, wir registrierten die Kennzeichen ihrer Lieferanten, forschten den Hintergrund des gesamten Nachtclub-Business aus. Doch dann wurde von einem auf den anderen Tag klar, dass die Party wohl ohne mich weitergehen würde.

Mitte August bekam ich einen Anruf von Detective Inspector Rising, dass ich so schnell wie möglich bei ihm vorbeikommen sollte. Er war einer von den Vorgesetzten, mit denen ich gut auskam; er wusste von meinem Nebenjob als Schriftsteller und hatte mir sogar einmal den Posten eines Redenschreibers in der Zentrale angeboten. Daraus war nichts geworden, weil der amtierende Polizeichef zur selben Zeit einen Buchvertrag abgeschlossen hatte – und es nicht so aussehen sollte, als hätten sie mich als Ghostwriter angeheuert. Aber ich hatte noch einen gut bei Rising, und deshalb kam er jetzt mit diesem Angebot um die Ecke: »Hör mal, ich hab' für dich und deinen Partner John einen Platz bei den Detectives gefunden. Übergangsweise landet ihr auf irgendeinem Revier, wo gerade Bedarf besteht, und wenn alles gut läuft, bringe ich euch zum Ende des Jahres im Raubdezernat unter. Was sagst du dazu?«

Von mir aus konnte es sofort losgehen, aber John war zuletzt auf einer Stelle im 44. Revier, und ich wollte ihn wenigstens vorher fragen, was er von einem solchen Wechsel hielt. Außerdem wollte ich noch einige Fälle abwickeln, und ein paar Tage Pause vor dem nächsten Einsatz wären auch nicht schlecht gewesen. Also versuchte ich, etwas Bedenkzeit rauszuschinden. Aber Rising wollte davon nichts wissen: »Ich würde das nicht riskieren. Wer weiß, was dann wieder dazwischenkommt.« Er hatte natürlich Recht: Ein kleiner Skandal im 44. Revier oder das Vergehen eines Cops im Rauschgiftdezernat –

und schon war es politisch möglicherweise nicht mehr opportun, jemanden aus diesen Einheiten zu befördern. Ich dachte noch einmal an die vielen Pleiten, die ich im Laufe meiner Karriere erlebt hatte – die SNEU-Crew, die nicht versetzt wurde, meine vergebliche Bewerbung bei der Street Crime Unit und so weiter. Großer Aufwand, null Ertrag. Aber jetzt öffnete sich eine andere Tür. Und wenn die aufgeht, gehst du durch, ist doch klar. »Okay«, sagte ich. »Dann lass es uns so machen.«

Jetzt war ich endlich auf dem Weg, ein echter Detective zu werden; pünktlich um Mitternacht begann ein neuer Abschnitt in meinem Leben. Bye-bye, Rauschgiftdezernat.

KAPITEL 11 / DER GERUCH DES TODES

Mein neues Büro wirkte unscheinbar: Die Einrichtung war billig und abgewetzt; der Boden sah aus, als würde er maximal einmal pro Woche gewischt – und zwar immer mit demselben schmutzigen Wasser. Von den Wänden blätterte die Farbe, aber zum Glück waren sie zum größten Teil mit Fahndungsfotos bedeckt. Jeweils zwei Detectives mussten sich einen Schreibtisch teilen, und die Männer – ja, alles nur Männer – schienen genauso verschlissen und abgenutzt wie ihre Umgebung. Doch wenn sie einen anblickten, etwa weil man ohne zu klopfen in den Raum geplatzt war, spürte man sofort, dass der erste Eindruck wieder einmal getrogen hatte. Diese Leute hatten etwas auf dem Kasten, und wenn man einen Moment länger hinsah, erkannte man auch, dass dieses Büro eben doch besonders war. Das begann schon damit, dass die Detectives keine Uniform trugen, sie waren nicht eingeengt von Schutzwesten und trugen weder schwere Gürtel noch die unhandliche Ausrüstung, die einen Streifenpolizisten so sehr in seiner Bewegungsfreiheit einschränkten. Ihre Dienstmarke trugen die Detectives am Gürtel, sie mussten nur lässig mit einer Hand das Jackett zur Seite schieben, um sich als Polizisten des NYPD zu identifizieren. Alle trugen Krawatte, aber einige von ihnen hatten sie nicht geknotet, sondern lediglich vor der Brust gekreuzt und die sonderbare Konstruktion mit einer Klammer fixiert, was irgendwie nach Tradition aussah, nach einem altmodischen Erkennungszeichen wie ein Homburger Hut oder ein Monokel.

Streifen-Cops waren die Allzweckwaffe der Polizei, einheitlich in Uniform und so für alle zu erkennen, und dafür ausgebildet, auf alles sofort reagieren zu können – egal ob es sich um einen Verkehrsunfall handelte, um eine Prügelei in der Kneipe, einen stecken gebliebenen Aufzug oder einen tollwütigen Hund. Keiner war so unmittelbar nah am Geschehen wie der Streifenpolizist, er war immer als Erster vor Ort und damit der wichtigste Mann in der Reaktionskette des NYPD. Doch auch wenn dieser Einsatz an vorderster Front den besonderen Reiz des Jobs ausmachte, waren ihm doch enge Grenzen gesetzt. Als Streifenpolizist hast du vielleicht den ersten Blick auf einen Tatort gehabt, aber du hast kaum je mitbekommen, wie die Geschichte weiterging oder wer das letzte Wort hatte. Wenn die Ermittler vom Raub- oder Morddezernat vor Ort erschienen, endete die Zuständigkeit der uniformierten Polizei – sofern sie nicht noch für die Absperrung des Tatorts oder die Bewachung von Beweismitteln eingesetzt wurde. Nehmen wir einmal an, es handelt sich um einen Mord, die Leiche liegt im Flur; dann blieb der Cop in Uniform bei dem Opfer, während der Detective die weinende Ehefrau in ein Nebenzimmer zog, um ihr Trost zuzusprechen und die ersten Fragen zu stellen. Wenn sich das Verbrechen auf offener Straße zugetragen hatte, waren es die Ermittler, die ausschwärmten und in der Menge nach Augenzeugen suchten. Hände wurden geschüttelt und Visitenkarten verteilt. Es war ihre Aufgabe, nach dem aufwühlenden Ereignis Ruhe herzustellen, Vertrauen einzuflößen. Und tatsächlich strahlten sie Vertrauen aus, weil sie mit einem gesunden Selbstvertrauen ausgestattet waren, das sie selbst dann nicht verließ, wenn sie in den finstersten Löchern der Stadt den Verbrechern nachspürten.

Der Job war für mich noch einmal genauso neu wie meine ersten Patrouillen als Cop in den Projects, eine echte Herausforderung. Die Schicht bei den Detectives begann damit, dass einer im Team sämtliche Einträge im Log des Reviers vom Vortag durchsah: Beschwerden über laute Musik, Diebstähle, Überfälle, Verlustanzeigen, Suchmeldungen. Konnte ja sein, dass etwas dabei war, das sich zu einem größeren Fall entwickelte. Im Formular 494 wurde dann vermerkt, wer was weiter bearbeiten würde. Ich gehörte zu den drei Teams, die sich um Raubüberfälle kümmerten. Wenn Team A die Spätschicht abdeckte, von vier Uhr nachmittags bis ein Uhr in der Nacht, war Team B mit der Frühschicht dran, von acht Uhr am Morgen bis vier Uhr am Nachmittag. Team C hatte frei, und alle zwei Tage wurde gewechselt.

Man konnte die vielen Jahre fast spüren, die diese Abteilung schon erlebt hatte; wer hier arbeitete, war sich bewusst, welches Erbe er angetreten hatte. Und auch die Leute selbst waren älter, als ich es von meinen vorherigen Jobs kannte: Hier saßen Menschen mit grauen Haaren, die nicht zu den Vorgesetzten zählten. Die ledergebundenen Verzeichnisse der Mordfälle waren sogar älter als das Gebäude, in dem sie heute aufbewahrt wurden. Ich studierte die jüngere Kriminalgeschichte New Yorks und fand auch hier die Bestätigung, dass die jährliche Mordrate von rund fünfzig Fällen in den Achtzigern auf mehr als achtzig Fälle in den Neunzigern gestiegen war, als die Crack-Kriege tobten. Über die letzten Jahre war die Rate deutlich zurückgegangen; das Register der Morde verzeichnete nun weniger als dreißig Fälle pro Jahr. Die Seiten der alten Verzeichnisse waren längst vergilbt, aber immer noch makellos glatt wie am ersten Tag. In Spalten waren alle relevanten Details mit penibel sauberer Handschrift eingetragen: Tatort, Tatwaffe und Motiv, außerdem Name, Alter und Ethnie des Opfers und des Täters. Im Band mit den Fällen aus den Achtzigerjahren fiel mir eine Serie von Überfällen auf: Ältere Damen, vor allem irischer und jüdischer Abstammung, waren von einem Einbrecher in ihrer Wohnung erschlagen worden. Bei einem Opfer dieses Serienverbrechers war unter Ethnie ein »Y« eingetragen, was mich einen Moment stutzen ließ, bis ich den chinesischen Namen der Frau sah – der Detective hatte »Y« wie »yellow« gemeint, gelb. Einige der Ermittler in den alten Verzeichnissen waren direkt nach dem Zweiten Weltkrieg zur Polizei gegangen, und ihre Nachfolger, die sie noch selbst ausgebildet hatten, waren just vor meinem Antritt pensioniert worden. Diese Männer waren alle im Alter meines Vaters, möglicherweise kannten sie ihn oder hatten sogar mit ihm zusammengearbeitet. Kann gut sein, dass ich meinem Vater nie so nah gewesen bin wie in diesen Stunden, als ich durch die alten Mordfälle blätterte.

Das Team der Detectives vom 44. Revier stand unter dem Oberkommando von Lieutenant George Corbiere und seinen zwei Sergeants, Larry Sheehan und Tom Rice; mein unmittelbarer Vorgesetzter vom Raubdezernat war Sergeant Scott Adler. Diese Leute waren stolz auf ihre Arbeit, und ich lernte sehr schnell, warum das so war. Es gab in der Stadt nur wenige andere Reviere, in denen der Dienst so gefährlich war wie hier, und bei der gesamten New Yorker Polizei wahrscheinlich kaum andere Cops, die sich mit einem solchen Ehrgeiz und einer solchen Hingabe an die Arbeit machten. Adler sprach immer davon, wie »erwachsen« die Truppe im 44. Revier sei, und dass ich mich jederzeit an ihn wenden könne, wenn ich Fragen hätte, egal ob es sich um dienstliche oder private Belange handelte. Was das Dienstliche betraf, fügte er noch hinzu, wolle er nur dann unterrichtet werden, wenn es wichtige Entwicklungen in einem Fall gab; ansonsten sei ich frei in meinen Entscheidungen. Letzteres kam mir sehr entgegen, jedenfalls mehr als Adlers Warnung, dass er großen Wert auf ein ordentliches Auftreten legte, und sein striktes Verbot, im Büro zu rauchen.

Trotzdem fühlte sich der neue Job sehr gut an, ich gewöhnte mich schnell an den Rhythmus und die Professionalität, mit der hier gearbeitet wurde. Was mich allerdings erstaunte, war der Berg an Papier, den wir produzierten. Mir kam es vor, als würden wir die meiste Zeit an unseren Schreibtischen verbringen, und es verging nicht eine Minute, in der nicht irgendwo ein Telefon klingelte. An einem Nachmittag hatte ich gleich mehrmals einen Typen dran, der jedes Mal fragte: »Bin ich da richtig bei Crown Donut?« Als das Telefon wieder rappelte, war ich bereit, seine Bestellung aufzunehmen, aber dieses Mal war der Mann aus der Zentrale dran.

»Ich habe hier ein paar Typen, die einen von euch sprechen wollen.«

»Wen denn? Haben sie gesagt, zu wem sie wollen?«

»Nee, aber nach ihrer Beschreibung zu urteilen, suchen sie den dünnen Neuen.«

»Conlon?«

»Kann sein.«

»Na, dann schick sie mal hoch.«

Und so kam der dünne Neue zu seinem ersten Fall, der ihn gleich ins Krankenhaus führte, wohin man Ethan Prescott gebracht hatte. Er war abends nach einer Party auf dem Weg nach Hause gewesen, als ihn ein Mann ansprach, der angeblich Wechselgeld für den Ticketautomaten in der U-Bahn brauchte. Ethan ahnte schon, worauf die Sache hinauslief, und legte einen Zahn zu. Doch der Mann war plötzlich hinter ihm und schlug ihm mit einem Rohr auf den Schädel. Erst Stunden später kam Ethan wieder zu sich, und ein Passant half ihm, nach Hause in seine Wohnung zu kommen. An die nächsten zwei Tage konnte er sich kaum erinnern, mal war er bei Bewusstsein, mal komplett weggetreten. Erst als am dritten Tag ein Sozialarbeiter vorbeischaute, wurden seine Verletzungen endlich behandelt. Sie wären schon unter normalen Umständen schwer genug gewesen, aber bei Ethan gab es noch eine Komplikation: Er hatte Aids. Als Folge des Überfalls war sein Kiefer gebrochen, sein Körper kämpfte gegen eine lebensbedrohliche Entzündung an. Dennoch erklärte er sich bereit, uns bei den Ermittlungen zu helfen, so gut er konnte.

Der Fall war nicht hoffnungslos: Ethan hatte das Gesicht des Täters gesehen und glaubte auch, dass er ihn wiedererkennen würde – nur war leider nicht klar, wann er so weit sein würde, auf dem Revier unsere Datei mit den Fotos der üblichen Verdächtigen durchzusehen. Wenn bis dahin zu viel Zeit verstrich, bestand die Gefahr, dass seine Erinnerung an wichtige Details verblasste. Aber es gab noch einen zweiten vielversprechenden Ansatz: Ethan wusste, dass er einen Anruf von einem Kreditkartenunternehmen bekommen hatte, das die Richtigkeit einer Buchung überprüfen wollte. Offenbar hatte jemand mit seiner Karte zahlen wollen, aber dem Verkäufer im Laden war es verdächtig vorgekommen, dass der Kunde sich beim Unterschreiben so ungeschickt anstellte. Ethan hatte zwei verschiedene Kreditkarten und konnte sich nicht mehr erinnern, welches der Unternehmen angerufen hatte, aber das würde sich ja anhand des Kontoauszugs feststellen lassen. Wenn wir Glück hatten, war in dem betreffenden Laden eine Überwachungskamera mitgelaufen, und mit noch etwas mehr Glück war sogar der Täter auf dem Band zu erkennen. Zurück auf dem Revier tippte ich meinen ersten Bericht als Ermittler des Raubdezernats auf dem pinkfarbenen Formular, das bei uns nur »DD5« heißt. Es fühlte sich noch etwas merkwürdig an, den Namen meiner neuen Abteilung zu schreiben: *44, Robbery Apprehension Module*. Nicht mehr lange, und ich würde mit *Detective Conlon* unterschreiben können. Was sich an meinem ersten Bericht in neuer Funktion aber als wirklich bemerkenswert erweisen sollte, war das Datum. Mein erster Fall fiel auf den 10. September 2001.

Am Abend vorher hatte ich noch einen zweiten Fall reinbekommen, und am 11. September um 8.48 Uhr studierte ich gerade den Bericht über einen bewaffneten Raubüberfall – eine Eckkneipe, zwei Täter, einer mit einer auffälligen Zahnlücke –, als ich den Aufschrei aus unserem Aufenthaltsraum hörte, wo der Fernseher stand. Es war kein gellender Schrei, vielleicht ein wenig lauter, als man ihn sonst bei einem Touchdown hört, der das Match entscheidet. Und wie beim Football wurde die wichtige Szene in Endlosschleife wiederholt, immer wieder von vorne, das ganze Drama. Ich guckte zur Tür rein, als das Flugzeug gerade erneut in die Fassade des World Trade Centers einschlug. Im Fernsehen wirkte der Jet gar nicht so groß, eher wie ein Sportflugzeug oder eine kleine Chartermaschine, und nur dass ich neu im Team war, hinderte mich daran, meine Interpretation des Vorfalls kundzutun. Nämlich, dass immerhin noch die Möglichkeit bestand, dass es sich um einen Unfall handelte, wie damals, als der Sportflieger ins Empire State Building gekracht war. Ich schaute mir die Sequenz noch einmal an, bis wieder schwarzer Rauch aus dem eleganten, silber glänzenden Wolkenkratzer quoll. Als ich den Raum gerade verlassen wollte, schrien die Kollegen erneut auf. Ich drehte mich um und sah, dass meine erste Einschätzung falsch gewesen sein musste. Ein zweites Flugzeug, noch eine Passagiermaschine, der zweite Turm getroffen. Der Flieger kam von Süden und schlug mit einer solchen Wucht ein, dass es auf der anderen Seite wie bei einem glatten Durchschuss eine Austrittswunde gab. »Jetzt sind wir im Krieg«, sagte Sergeant Adler nur. »Macht euch fertig. Heute alle in Uniform. Los geht's.«

Dann warteten wir auf unseren Einsatzbefehl. Ob wir zur Abriegelung des Unglücksorts abkommandiert werden würden oder um Brücken und Flughäfen zu bewachen? Einige der Kollegen waren überzeugt, dass es wohl eher in die Leichenhäuser gehen würde. In beiden Türmen zusammen arbeiteten an die vierzigtausend Menschen, und auch wenn es noch früh am Morgen war und viele aus dem Komplex geflohen sein mochten, als das erste Flugzeug eingeschlagen war, musste man doch mit fünftausend bis sechstausend Toten rechnen. Ein Bus kam und holte einen ersten Schwung Detectives ab, ein zweites Kontingent wurde in die Supermärkte losgeschickt, um einen Vorrat an Taschenlampen und Batterien einzukaufen. Wie konnte ich mich nützlich machen, während wir auf eine neue Order warteten? Ich ging zum Diner an der Ecke und bestellte ein paar Dutzend Sandwiches, Verpflegung für alle. Trotz der extremen Umstände bekam ich für meinen Großeinkauf nicht einen Cent Rabatt.

Bis vier Uhr am nächsten Morgen passierte nichts, dann erfolgte der Befehl zum ersten Einsatz. Wir bekamen Helme, Stiefel mit Stahlkappen und Atemschutzmasken und marschierten kurz vor Tagesanbruch durch den Sperrgürtel der Nationalgarde zur Unglücksstelle. Es war noch dunkel, aber zahllose Scheinwerfer tauchten die Szenerie in ein gespenstisches Licht. Die Luft schmeckte nach Rauch und der beißenden Süße von verbrannten Kunststoffen. Es war ein unheimlicher Zug durch die City: hier ein Restaurant, in dem wir oft gegessen hatten, da ein Bürogebäude, in dem Freunde ihren Arbeitsplatz hatten. Schließlich bogen wir um eine Ecke und blieben unwillkürlich stehen, vor uns die grotesken Überreste des World Trade Centers. 110 Stockwerke hatte es noch gestern gezählt, das höchste Gebäude New Yorks, jetzt waren nur noch Fragmente der Fassade übrig, fünf, sechs Etagen. Die Türme sahen nicht aus, als wären sie eingestürzt, sondern als hätte sie jemand mit einem gewaltigen Hammer zerschmettert, ein Schlag nach dem anderen. Direkt am Ground Zero war der Gestank kaum noch auszuhalten; Fäulnis und Feuer kämpften um die Vorherrschaft, als ob sich die Überlebenden streiten würden, ob sie ihre Toten begraben oder einäschern wollten.

Wortlos gingen wir weiter. Vorbei an Scharen von Polizisten, Bauarbeitern, Feuerwehrleuten, viele hatten sich vor Erschöpfung einfach in den Dreck fallen lassen und stierten ungläubig auf den gigantischen Schutthaufen, der einmal das World Trade Center gewesen war. Die umliegenden Gebäude waren von herabfallenden Stahlträgern der Türme getroffen worden, wie die Pfeile auf einer Wurfscheibe ragten sie aus den Fassaden. Kräne hatten begonnen, die stählerne Struktur zu entwirren, die einmal das Rückgrat der Wolkenkratzer gebildet hatte; selbst dickste Streben waren verknäult wie Schnürsenkel, unentwirrbar verknotet. Bagger wühlten in den Trümmerbergen, und unter ihren Schaufeln kamen Schächte zum Vorschein, die zu noch mehr Tod und Zerstörung in den Kellergeschossen führten. Was wir sahen, war nicht Krieg und nicht einmal wie in einem Film über den Krieg. Das hier war direkt aus einem Horrorstreifen: Ein riesiges, böses Ungeheuer hatte die Stadt attackiert und mit seinen Klauen ihre höchsten Bauten umgerissen. Wir standen davor und starrten und merkten nicht, wie die Zeit verrann. Die Sonne ging auf, und es war ein schöner Tag.

Wir stießen weiter vor in die Trümmerwelt und reihten uns ein in die Eimerkette. Hundert Cops füllten Zwanzig-Liter-Kübel mit Schutt und reichten sie von einer Hand zur nächsten weiter, vom Epizentrum der Katastrophe bis an den Rand der Absperrung. Die Leute in den blauen Overalls gehörten zur FEMA[36], sie folgten ihren Suchhunden und signalisierten den Polizisten,

---

36

FEMA steht für Federal Emergency Management Agency – die US-Katastrophenschutzbehörde. Eingerichtet 1979 von Präsident Jimmy Carter, sollte die FEMA nationale Hilfseinsätze bei Stürmen, Erdbeben und Großbränden koordinieren.

wo sie nach Überlebenden oder weiteren Leichen suchen sollten. Die Kette der Cops mit ihren Eimern folgte dem Bellen der Hunde. Wo Hoffnung aufkeimte, gruben sie – zur Not mit bloßen Händen. Etwa dreißig Meter von uns entfernt ragte ein Rest des Nordturms aus dem Schuttberg, sechs Stockwerke verbogener Stahl. Durch Fensteröffnungen waren noch immer Brandnester und schwarzer Rauch zu sehen. Gelegentlich erschütterten kleinere Explosionen die Trümmer – immer wenn Luft in einen verschlossenen Raum strömte und das Feuer aufs Neue anfachte. Kurz blickte man auf und suchte nach der Ursache der Erschütterung, bis einem jemand auf die Schulter klopfte und auf den nächsten Eimer deutete. Einmal donnerte es besonders laut, und der Boden unter unseren Füßen erzitterte. Flammen züngelten aus den schwankenden Resten der Fassade. Ein Teil der Männer ließ die Eimer fahren und rannte los – doch ich stand nur da. Die Fassade hätte uns alle zerquetscht und begraben, wenn sie gefallen wäre, doch sie hielt. Noch.

Unser menschliches Förderband nahm seinen Betrieb wieder auf, wir schaufelten und schufteten, bis die FEMA-Leute sagten, dass wir Pause machen sollten. Wir zogen uns ein Stückchen zurück und guckten zu, wie Bagger und anderes schweres Baugerät vorrückten. Hatte es überhaupt noch Sinn, weiter per Hand nach den Opfern zu suchen? Wir hatten noch nicht einen Überlebenden aus den Trümmern gerettet, bis jetzt waren ausschließlich Leichen geborgen worden, und dabei hatten sich etliche Männer Verletzungen zugezogen. Zu diesem Zeitpunkt waren wir bereits seit vierundzwanzig Stunden im Dienst. Die Kette setzte sich wieder in Bewegung, doch wir gingen erst einmal nach Hause.

Am nächsten Tag saßen wir wieder im Büro, in Uniform, und warteten auf einen Auftrag. Stunden vergingen, bis wir schließlich unsere Unterlagen herausholten und uns an die Fälle machten, die liegen geblieben waren. Wenn wir schon nicht am Ground Zero schuften mussten, konnten wir wenigstens hier unseren Job machen. An reguläre Arbeit war nicht zu denken, denn unsere Gedanken kehrten immer wieder an den Ort der Katastrophe zurück. Aber irgendetwas zu tun, war immer noch besser, als nur zu warten.

Bald kursierten Gerüchte: von 6000 Toten oder 7000; von drei Arabern, die man angeblich mit einem Lieferwagen voller Sprengstoff auf einer Schnellstraße in New Jersey erwischt hatte; von Cops, die in einem Hohlraum unter den Trümmern eingeschlossen waren und sich bemerkbar gemacht haben sollen, indem sie von ihren Schusswaffen Gebrauch machten. Später hieß es dann, die Polizisten hätten in ihrer Verzweiflung Selbstmord begangen, deshalb die Schüsse.

Wir hörten Geschichten über Leute, die dem Unglück knapp entkommen waren, und von tragischen Zufällen: Eine Frau entging der Katastrophe, weil sie gerade gefeuert worden war. Einer anderen war ebenfalls gekündigt worden, aber sie war ausgerechnet an diesem Tag noch einmal ins Büro gekommen, um ihren Schreibtisch auszuräumen. Ein Mann hatte Urlaub genommen, weil seine Frau Zwillinge zur Welt gebracht hatte; warum nur musste er unbedingt an diesem Tag ein paar Unterlagen einsehen? Ein anderer Angestellter hatte seinen Schreibtisch genau da, wo das erste Flugzeug das Gebäude traf – aber er verfluchte in der Lobby gerade einen Mann vom Wachdienst, weil er den Eingang einer Lieferung quittieren sollte. Bei jedem Opfer schien das Schicksal noch eine besonders grausame Wendung ersonnen zu haben: Die Menschen hatten sich gerade verlobt, waren frisch verheiratet, soeben schwanger geworden oder just befördert.

Es waren schöne Spätsommertage, sonnig und klar – einmal abgesehen von den Rauchsäulen, die noch immer über Ground Zero in den Himmel stiegen, und dem grollenden Donner der F16-Kampfjäger, die ihre Kreise über der Stadt zogen. Unsere nächste Order kam schneller, als wir gedacht hatten: Wir wurden zur Fresh-Kills-Deponie abkommandiert, einer Müllkippe auf Staten Island, die zwei Jahre zuvor stillgelegt worden war. »Kills« ist abgeleitet vom niederländischen Wort für Flussbett, aber in der grausamen Ironie des Schicksals bekam der Name nun genau die Bedeutung, die jeder sofort erkennt, auch wenn er nicht des Niederländischen mächtig ist: Ausgerechnet hier sollten Schutt und Trümmer von Ground Zero zwischengelagert werden, und unsere Aufgabe war es, die Unglücksfracht nach Körperteilen und nach der Blackbox der Flugzeuge zu durchsieben. Ein Bus brachte uns am späten Nachmittag von der Simpson Street im Süden der Bronx über die George-Washington-Brücke nach Staten Island.

Wir bekamen eine weiße Tyvek-Montur, Overalls aus einer dünnen, aber hochfesten Kunstfaser, und dazu den obligatorischen Helm, außerdem Gummistiefel, Schutzbrille und Atemmaske; wir sahen aus wie Wesen von einem anderen Planeten. Schwer zu sagen, wie viele Männer sich an diesem Tag durch den Schutt wühlten, hundert bestimmt, vielleicht sogar zweihundert. Die meisten waren Detectives vom NYPD, denn aus Sicht des Polizeichefs handelte es sich bei den Trümmerbergen vom Ground Zero um einen Tatort, und deshalb war es nur folgerichtig, dass die Untersuchung des gesamten Materials den hauptberuflichen Kriminalisten oblag. Sie kamen allerdings nicht ausschließlich aus den Reihen der Polizei, es waren auch Agenten vom FBI dabei und Ermittler vom Zoll und von der Hafenbehörde. Manche hatten sich gegenseitig mit einem dicken Filzschreiber auf die Rückseite ihrer Anzüge geschrieben, zu wem sie gehörten. Am Rande der Deponie waren Ständer aufgebaut, an denen unser Arbeitsgerät lehnte: Schaufeln, Hacken, Rechen, Spitzhacken. Jeder schnappte sich das Werkzeug seiner Wahl, und dann schwärmten wir aus auf die Müllkippe.

Anfangs verlief die Suche noch sehr chaotisch, weil es nicht genügend Scheinwerfer gab. Areale, die gut ausgeleuchtet waren, wurden wieder und wieder durchkämmt, während wir dunkle Felder links liegen ließen – ohne Licht hatte eine Suche dort nur wenig Sinn. Lastwagen karrten ständig neue Fuhren heran, und Bulldozer breiteten den Schutt in der Fläche aus. Die großen Maschinen schienen ihren eigenen Willen zu haben, jedenfalls pflügten sie durch die Trümmerberge, ohne auch nur eine Sekunde Rücksicht auf die kleinen weißen Figuren zu nehmen, die dort ihrem grässlichen Job nachgingen. Wir sahen die monströsen Maschinen oft erst in der allerletzten Sekunde, weil uns mit den Schutzbrillen nur ein eingeschränktes Sichtfeld blieb und der Lärm der Bagger und Planierraupen so ohrenbetäubend laut war, dass wir nicht merkten, wenn die Gefahr näher kam. Manchmal bekam man plötzlich einen Klaps auf die Schulter, noch so eine weiße Gestalt mit Helm und Maske, die wild gestikulierte, weil eh nicht zu verstehen war, was sie brüllte. Also einfach rennen, weg von den riesigen Baggerschaufeln, die direkt auf einen zusteuerten.

Nach ein paar Stunden hatten wir unseren Rhythmus gefunden und eine rudimentäre Form von Organisation etabliert. Wenn ein Truck eine Ladung vom Ground Zero brachte, warteten wir mit einem Dutzend Männer, bis eine Planierraupe den Berg ausgebreitet und Bagger die größten Trümmerstücke herausgezogen hatten, bevor wir uns daran machten, die neue Lieferung per

Hand zu durchwühlen. Wir fanden alles – und nichts. Denn das meiste war nicht einmal mehr Dreck, sondern eine Mixtur aus Asche und Staub: Wände, Schreibtische und die Menschen, die dahinter gesessen hatten – alles war zertrümmert worden, verbrannt und schließlich in Löschwasser ertränkt. Wir stießen auf winzige Dinge, die überlebt hatten, und große Strukturen, die es in der Katastrophe pulverisiert hatte. Wir machten wundersame Entdeckungen und nicht so wunderbare. Wie zum Beispiel den Kopf eines Hammers. Direkt aus dem Stahl schien menschliches Haar zu wachsen, in einer natürlichen Welle, ein wenig fettig vielleicht und grau, von der Form her wie ein altmodischer Staubwedel. Ich hob das seltsame Gebilde hoch und zeigte es dem Mutanten neben mir. Wegen des Lärms verschwendete ich keine Luft, um meine Frage zu brüllen. Ich wies mit dem Zeigefinger auf die makabre Kreuzung aus Hammer und Perücke und zuckte mit den Schultern: *Was zum Teufel ist das?* Die weiße Figur zog für einen Moment ihre Maske vom Mund und brüllte: »Kunstfaser! Der Stiel des Hammers war aus Kunststoff! In der Hitze geschmolzen!«

Wir fanden viele Knochen. Und Stücke von Löschschläuchen. Weißes Blech, offenbar Fragmente der Flugzeughülle. Einen Toyota, den Trümmer plattgedrückt hatten. Viele Schuhe. Alle möglichen Dokumente, zum Teil erstaunlich gut erhalten, von den Unternehmen in den Türmen – Cantor Fitzgerald, Blue Cross Blue Shield, Aon[37]. Ich fand die Personalakte eines Mannes namens Irish Williams, der im Juni 1992 eine Verwarnung erhalten hatte, weil er zu spät zum Dienst erschienen war. Ich hoffte für ihn, dass er auch am 11. September nicht pünktlich gewesen war. Eine Weile stieß ich immer wieder auf seltsame gelbliche Steinchen und ich bückte mich jedes Mal, weil sie wie Zähne aussahen. Wir hatten weiße Tonnen aufgestellt, in denen wir die Knochen sammelten. Inzwischen hatten wir gelernt, verkohlte menschliche Knochen von Holzstücken oder Plastikteilen zu unterscheiden, aber um sicherzugehen, mussten

---

37

Cantor Fitzgerald ist ein Finanzdienstleister, der in den Stockwerken 101 bis 105 des Nordturms seine Büros hatte und 658 Mitarbeiter verlor. Die Krankenkasse Blue Cross Blue Shield hatte ihren Sitz in den Etagen 17 bis 31 des Nordturms – von 1900 Mitarbeitern kamen 9 ums Leben. Der Rückversicherer Aon, 1100 Mitarbeiter, saß im Südturm, Stockwerk 98 bis 105, und hatte 175 Opfer zu beklagen.

wir sie einmal in der Mitte durchbrechen. Der Punkt, an dem sie nachgaben, war bei Knochen anders als bei Kabelresten oder Holzstäben. Anfangs fühlte sich das frevelhaft an, wie eine Schändung der Geschundenen, aber es sparte uns tatsächlich viel Zeit.

Niemand mochte ans Essen denken, doch wir mussten schließlich eine Pause einlegen, weil wir keine Kraft mehr hatten. Wir zogen unsere besudelten Tyvek-Overalls aus und stellten fest, das wir schweißgebadet waren. Zum Glück gab es ein Zelt, in dem man saubere T-Shirts und Socken bekommen konnte, und ich wechselte meine Wäsche im Laufe des Tages gleich mehrmals. Als Verpflegung hatten sie anfangs lediglich Süßkram zu bieten, Schokoriegel und Butterkekse; dazu wurde von der Heilsarmee Kaffee ausgeschenkt, den man nur runterbekam, wenn man wirklich fest an Gott glaubte. Später übernahm die Feuerwehr die Versorgung mit Proviant und schaffte mit großen Lieferwagen substanziellere Mahlzeiten heran – Pizza, Lasagne und Sandwiches. Wir sahen uns gegenseitig mit einer Mischung aus Dankbarkeit und Mitgefühl an: Sie bedauerten uns, weil wir graben mussten, und wir trauerten mit den Leuten von der Feuerwehr, weil unter unseren Funden auch die Überreste ihrer Kollegen waren. Wir überreichten ihnen Helme und Stiefel, die wir geborgen hatten, und sie hielten die Fundstücke in den Armen, wie man ein neugeborenes Baby halten würde. Wir zogen uns an und machten uns wieder an die Arbeit.

Am Ende der Nacht stiegen wir völlig erledigt in unsere Busse. Ich blickte noch einmal auf die inzwischen von Flutlicht erhellte Deponie zurück, wo Bagger und Bulldozer weiter die Überreste aus der City auf dem Morast von Fresh Kills verteilten. So also endet die Welt, dachte ich. Vor Erschöpfung schliefen wir im Sitzen ein, und als wir aufwachten, waren wir noch immer nicht zu Hause; der Mann am Steuer hatte sich verfahren. Wir nickten wieder ein und landeten schließlich doch in der Bronx. Ich hatte kaum noch Kraft in den Armen und brauchte eine Ewigkeit, bis ich die Gummistiefel ausgezogen hatte. Dann stand ich eine halbe Stunde unter der Dusche, das Wasser so heiß, dass ich es gerade noch ertragen konnte, und schrubbte und schrubbte. Den Gestank der Deponie bekam ich trotzdem nicht aus der Nase.

Die üblen Gerüche waren ein Dauerthema auf der Deponie. Zum Teil war es Methan, das aus den Tiefen der Müllkippe an die Oberfläche stieg, aber dazu mischten sich die säuerlichen Aromen, die mit jeder neuen Ladung von Ground Zero stärker wurden.

»Fies hier. Aber es geht noch«, sagte ein Cop.

»Könnte schlimmer sein«, stimmte ein Kollege zu.

»Was bei Toten so übel riecht, also dieser ekelhafte Gestank der Fäulnis, sind Gase, die sich im Körper bilden und ihn anschwellen lassen«, wusste einer der Mutanten in Weiß zu berichten. »Wenn die Leichen platzen, wird es noch schlimmer. Aber diese Körper sind ja schon so zerfetzt, da kann das nicht mehr passieren, denke ich.«

Wir schauten den Möwen zu, die wie Geier über der Deponie kreisten. Als sie fünfzig Meter entfernt von uns landeten und gierig anfingen zu picken, rannten wir los wie menschliche Vogelscheuchen, denn es durfte natürlich nicht sein, dass die Viecher sich über Leichen hermachten. In diesem Fall hatten sie einen runden Klumpen Fleisch entdeckt, blutig und grau vom Staub. Wir beugten uns darüber und fragten uns, was es sein könnte. Kein Hirn, so viel war klar, das Gewebe schien sehr ebenmäßig, Falten und Furchen waren nicht zu erkennen, und das Gebilde kam uns auch zu groß vor.

»Ich glaube, das ist eine Arschbacke«, sagte ich.

»Da könntest du recht haben.«

Wir schoben unseren Fund auf ein Stück Pappe und trugen ihn zu dem Arbeitscontainer, in dem sich die Gerichtsmediziner provisorisch eingerichtet hatten. Kaum waren wir wieder draußen, sahen wir, wie die Schar der Möwen erneut zum Sturzflug ansetzte; sie hatten das nächste Opfer gefunden. Wie Suchhunde zeigten sie uns, wo wir graben mussten, was eigentlich ganz hilfreich war. Doch ein paar Tage später hatte jemand einen Falkner auf die Deponie bestellt. Der Raubvogel stieg auf und stürzte sich von oben auf die Möwen; er schoss mitten hinein in den Schwarm und schlug die Leichenfledderer in die Flucht. Dann schraubte er sich in immer weiteren Kreisen in die Höhe; wie ein Schutzengel schwebte er über der Deponie des Grauens. Die Möwen kehrten nicht wieder zurück.

Am selben Abend wühlte ich an der Seite von Mike Donnelly durch den Schutt und fand einen Spaßwürfel, der irgendwo in einem Schreibtisch gelegen hatte. Auf seinen sechs Seiten waren keine Augen aufgemalt, keine Zahlen, sondern Sprüche, was man mit seinem Tag anfangen sollte: *Geh zum Sport –*

Verabrede dich mit Freunden – Los, ins Kino! Ich guckte mich nach einer ebenen Fläche um und ließ den Würfel rollen. *Nimm dir heute frei*, lautete sein Rat für mich. Mike und ich zogen unsere Atemmasken runter und setzten uns hin, um eine Zigarette zu rauchen. Wir starrten auf den Würfel. *Nimm dir heute frei.*

»Arme Sau«, sagte Mike.

»Vielleicht hat er ja wirklich freigenommen.«

Dann kamen die Leichenspürhunde. Deutsche Schäferhunde, junge Tiere allesamt, tänzelten leichtfüßig über unsere Trümmerwüste, die Nase immer knapp über dem Boden. Einer hatte etwas gefunden, er legte sich flach in den Staub und bellte ein weißes Stück Blech an, das ich sofort als Teil der Flugzeughülle erkannte. Als ich begann, das Blech hochzustemmen, kamen mir Zweifel. Würde mich jetzt wieder ein Gesicht ansehen? Dreißig Meter weiter hatten wir eben erst eines entdeckt, das wie ein Stück Rinde an einem halben Schädel hing. Ich wollte das nicht noch einmal erleben – und musste es doch tun. Denn jeder Fund bedeutete, dass jemand seine Würde zurückbekam. Ich warf das Blech zur Seite und machte mich mit meiner Taschenlampe an die Suche. Stofffetzen, Holzreste, Betonbrocken und alle möglichen bis zur Unkenntlichkeit zerbrochenen oder verbogenen Dinge, aber nichts, was einmal zu einem Menschen gehört hatte. Wir schauten auf den Hund, fast vorwurfsvoll, als hätten wir ihn der Lüge überführt, und er fiepste leise. In diesem Moment hatte ich es verstanden: Hier war zwar kein einzelner Körperteil zu sehen, doch die Leichen waren überall, die Deponie war wie durchdrungen vom Sterben der Menschen, der Geruch ihres schrecklichen Schicksals stieg überall auf. Nur wenig später schlug ein anderer Leichenspürhund an, er legte sich vor mich hin und kläffte. Ich scheuchte ihn weg. *Hau ab! Ich bin noch nicht tot, ich rieche nur so.*

Wenn wir nicht auf der Deponie schufteten, schliefen wir, und wochenlang kam es mir vor, als würden wir überhaupt nicht mehr ins Bett kommen. Immerhin konnten wir so das Chaos in unseren Köpfen auf den Schlafmangel schieben: Für wen arbeiteten wir eigentlich? War unsere Verpflichtung gegenüber den Toten größer als die Verantwortung für die Lebenden? Welche Opfer bedurften unserer Hilfe am meisten? Oft blieb uns weniger als ein Tag in der Woche, um an unseren regulären Fällen zu arbeiten, und die Zahl der Raubüberfälle nahm rapide zu. Es dauerte nicht lange, bis die Verbrecher genug davon hatten, den lieben langen Tag nur Patrioten-TV zu gucken, und sich wieder ihrem eigentlichen Geschäft zuwandten – Geschäfte überfallen, Menschen ausrauben. Nur wenige Tage nach 9/11 hatten wir bereits diverse Schießereien, wie immer an solchen warmen Tagen im Ghetto, nur dass einem der Gangster-Bullshit jetzt wie ein historischer Affront vorkam. Oder zumindest wie eine trotzig-verquere Begründung, warum man unbedingt weitermachen musste wie zuvor: Wenn wir uns nicht wieder dem Verbrechen widmen, haben die Terroristen ihr Ziel erreicht! In seltener Eintracht benahmen sich die Opfer und ihre Angehörigen genauso merkwürdig: Keiner redete mit uns, und in einem Fall rasten die Verwandten sogar ins Krankenhaus, um belastendes Material in Sicherheit zu bringen, bevor wir auf der Bildfläche erschienen. Oder noch sonderbarer die Mutter, die vom Fenster aus beobachtete, wie ihr Sohn niedergeschossen wurde, und in der Befragung später nur eine Sorge hatte – dass wir bloß nicht das Zimmer ihres Sprösslings durchsuchten. Am liebsten hätte ich alle zusammen eingesperrt, wegen Verschwörung, Verrat, was weiß ich.

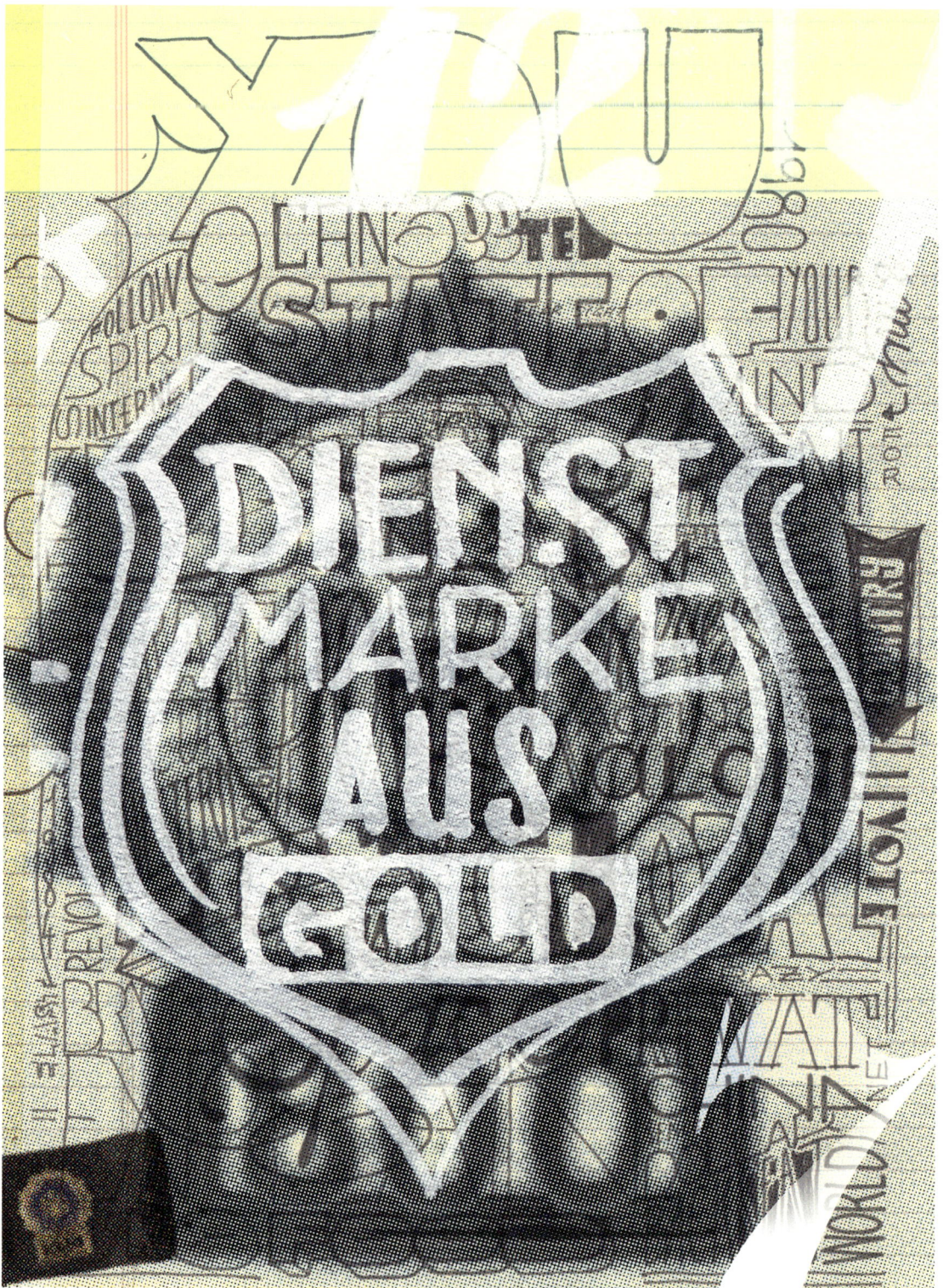

Vier Tage nach dem Einsturz des World Trade Centers hatte ich meinen ersten Überfall auf ein Geschäft, und ich fuhr mit meinem Kollegen Matt Crowley an den Tatort in einer Nebenstraße des Grand Concourse[38]. Nur fünfzehn Minuten zuvor war der Räuber in ein kleines Reisebüro marschiert, wo eine Frau allein hinter dem Tresen stand. Es war einer dieser typischen winzigen dominikanischen Läden, der alles im Sortiment hatte, was man irgendwie auf zehn Quadratmetern unterbringen konnte: Man konnte Flüge buchen, Handys und SIM-Karten kaufen, telegrafisch Geld überweisen – und an der Rückwand stand sogar ein Friseurstuhl. Die Frau hinter dem Tresen sprach kein Englisch und der Täter kein Wort Spanisch, aber er machte sich auch so verständlich, indem er auf die Pistole in seinem Hosenbund zeigte. Obwohl mehr als tausend Dollar in der Kasse waren, zog er die Waffe und fragte ungläubig: »Ist das alles?« Er wirkte unsicher, planlos und versuchte schließlich, den Rollladen herunterzuziehen, um zu verhindern, dass Kundschaft hereinkam, aber der Mechanismus hakte. Einen Moment zögerte er, als wollte er sich entschuldigen für seine Tat, doch er fand die Worte nicht und verschwand. Normalerweise hatten wir in unseren Reihen immer auch Leute, die Spanisch sprachen, doch in diesem Fall mussten wir die Geschichte aus wenigen Brocken in zwei verschiedenen Sprachen zusammenpuzzeln:

»Qué color?«

»Blanco.«

»Er war also weiß?«

---

[38]
Der Grand Concourse ist eine der Hauptverkehrsachsen in der Bronx.
Vorbild für den 1909 eingeweihten Boulevard waren die Champs-Élysées in Paris.

»Nein, como, fast wie weiß.«

»Hellhäutig also?«

»Sí, ich denke, so sagt ihr.«

»War er Hispano? Dominikanisch? Aus Puerto Rico? Habla él español o inglés?«

»No, blanco.«

»Er sprach weiß?«

»Sí.«

Wir gingen mit unserer Zeugin von Tür zu Tür, um die Leute zu befragen, doch ohne Erfolg. Keiner der Nachbarn hatte den Räuber gesehen, als er aus dem Laden kam. Eine Überwachungskamera gab es nicht, also mussten wir wohl oder übel darauf hoffen, dass die Spurensicherung einen verwertbaren Fingerabdruck fand. Die Frau konnte nicht gleich mitkommen, um sich die Fotos in unserer Verbrecherdatei anzuschauen, versprach aber, dass sie sich später melden würde, um einen Termin zu vereinbaren. Sie war zwanzig Jahre alt, erst wenige Monate im Land und seit ein paar Wochen in diesem Job. Der Überfall war ein Schock für sie, und unsere Fragerei nur frustrierend – wegen der Sprachbarriere, aber auch weil die Prozedur unserer Ermittlungen gleichzeitig bedrohlich und umständlich schien. Immer wieder dieselben Fragen aus fünf verschiedenen Richtungen, während sie doch einfach nur nach Hause und endlich zusammenklappen wollte.

Manchmal führten mich meine Ermittlungen zurück in den Kosmos, den ich hinter mir gelassen hatte, wie bei dem Taxi-Raub, an dem ich zusammen mit John arbeitete. Der Täter hatte im Wagen seinen Pager verloren, und es war John tatsächlich gelungen, das Geschäft ausfindig zu machen, wo der Räuber das Gerät gekauft hatte. Der Besitzer des Ladens stammte aus dem Jemen und wirkte sehr nervös, als wir ihm einen Besuch abstatteten. Wir fragten ihn, ob sich seit 9/11 etwas verändert habe im Verhältnis zu seiner Kundschaft, aber er meinte, es sei alles okay. Wir zeigten ihm unseren Pager, und er gab die Registriernummer in seinen Computer ein. »Könnte problematisch werden«, sagte er. Anders als bei Handys, wo jeder Kunde einen Vertrag mit einem Mobilfunkanbieter abschließt und seine Personalien nebst einem Nachweis seiner Kreditwürdigkeit hinterlegt, konnte der Ladenbesitzer bei den Pagern einen Komplettservice anbieten. Er meldete die Geräte selbst an und kassierte die monatlichen Gebühren von seinen Kunden; von einigen hatte er nur den Vornamen und nicht einmal eine Telefonnummer. Sein Computer sagte ihm eigentlich nur, ob ein Account noch aktiv war oder nicht. In unserem Fall gehörte der Pager einer Frau namens Arlene, Nachname unbekannt, und ihr Anschluss wurde nicht mehr genutzt. Sie hatte den Funkmelder auch nicht selbst gekauft, sondern von einem gewissen »Don Q« erhalten, der insgesamt acht Geräte für verschiedene Frauen angeschafft hatte. Der Ladenbesitzer zeigte auf die Liste der Frauen auf seinem Bildschirm. »Sieht nach einem Zuhälter aus, oder?«, hakten wir nach. Der Mann aus dem Jemen schaute sich nervös um, als würden wir von Don Q persönlich belauscht, aber dann erzählte er uns alles, was er über den Zuhälter wusste: den Nachnamen, so ungefähr wenigstens, den Namen seines Bruders und so weiter.

Der Ladenbesitzer erwies sich wirklich als sehr hilfsbereit, und wir fragten uns, ob die jüngsten Ereignisse der Grund dafür sein mochten. Seit 9/11 hatte ich es fast schon zum Prinzip gemacht, meine Tageszeitung und Zigaretten in Läden zu kaufen, die von Arabern geführt wurden, um mich unauffällig zu erkundigen, ob sie eine Veränderung in ihrem Alltag spürten, ob man ihnen Probleme machte. Aber sie hatten allesamt Nein gesagt, alles gut, kein Ärger bislang. Trotzdem kam uns die Bereitwilligkeit merkwürdig vor, mit der unser Pager-Mann mit Details über Don Q herausrückte, der übrigens nicht nur mit Frauen handelte, sondern auch mit Waffen, wie sich bald herausstellte. Als ich das letzte Mal einen Pager erstanden hatte, mochte der Verkäufer vielleicht geahnt haben, dass ich ein Cop bin, aber dass er auch den Namen meines Bruders wusste, schien mir wenig plausibel. Wie auch immer, wir hatten jetzt eine echte Spur in unserem Taxi-Raub, und der jemenitische Ladenbesitzer sowie unsere Sorgen um die arabische Bevölkerung New Yorks mussten erst einmal zurückstehen.

Ich machte viele Überstunden, was zumindest eine gute Seite hatte: Es fühlte sich schnell so an, als würde ich meine neuen Partner schon ewig kennen. Vor allem Eddie McDonald, John Swift und Chris Perino haben in den ersten Wochen unermüdlich alle Fragen beantwortet und sich immer wieder über meine Berichte gebeugt und geprüft, ob alles stimmte. Wertvoll war auch der Rat von Steve Rodriguez, der mir einbläute: »Hör auf, wie ein Cop zu denken. Du musst Dir angewöhnen, wie ein Strafverteidiger zu argumentieren.«

Wenn es eine Schießerei gab oder einen Mord, schwärmte das gesamte Team aus. Zu unserer Mannschaft zählten Norbie Tirado und Matt Crowley, die beide von der Abteilung für Straßenkriminalität ins Raubdezernat gekommen waren, außerdem Danny Mullarkey, Jose Morales, Bobby D'Amico und Bobby Nardi. Morales und Mullarkey waren so verschieden, wie zwei Leute nur sein konnten: Jose war ein Muster an Disziplin, immer cool, früher als Scharfschütze bei den US-Marines und im Golfkrieg. Alles an ihm war Zurückhaltung und Beherrschung pur, die schweren Augenlider und seine tiefe Stimme passten perfekt ins Bild – aber man durfte sich davon nicht täuschen lassen, er war stets auf der Hut, extrem wachsam. Mullarkey hingegen war ein Knallkörper auf zwei Beinen, immer kurz vor der Explosion. Fehlte bloß noch, dass er zu viel Koffein intus hatte, dann war er kaum noch zu bremsen, weshalb alle aufpassten, dass er keine Überdosis abbekam. Bobby D'Amico wiederum war pedantisch, gründlich und professionell in allem, was er tat. Wenn er sich einen Fall vornahm, so lautete der Running Gag über ihn, bekannte sich am Ende nicht nur der Täter schuldig, sondern auch gleich seine gesamte Familie. Bobby Nardi hatte schon sein zwanzigjähriges Dienstjubiläum hinter sich, aber er dachte nicht daran, sich in den Ruhestand zu verabschieden. Für ihn war es eine echte Berufung, Polizist zu sein. »Manchmal denke ich, so ein Astronaut hat schon einen tollen Job«, sagte er, »aber davon einmal abgesehen, kann ich mir nichts Besseres vorstellen. Wer hat schon eine Verantwortung wie wir? Wir jagen Mörder und sperren sie ein.« Ein Leben im Ruhestand, sagte Bobby immer, kam für ihn erst dann infrage, wenn alle Mordfälle auf seinem Tisch gelöst waren. Er habe mal eine Filmszene gesehen, erzählte er mir, die es genau auf den Punkt brachte, wie er sich fühle: »Kannst du dich an *Heat* erinnern mit Al Pacino in der Hauptrolle? Wie er von seinem wiederkehrenden Albtraum erzählt, dass er auf eine Party geht, und die anderen Gäste sind allesamt Figuren aus seinen ungelösten Mordfällen. Und sie starren ihn aus blutunterlaufenen Augen an. Ganz so schlimm ist es bei mir noch nicht, aber ich bin mir sicher, dass Pacino sich vorher mit echten Cops vom Morddezernat unterhalten hat. Du schläfst einfach besser, wenn du einen erwischt hast. Und wenn der Mörder vor Gericht sein Urteil bekommen hat, schläfst du sogar noch besser. Als ob jemand zu beiden sagen würde: Ruhet in Frieden.«

Alle Kollegen hatten solche Geschichten zu erzählen, in die sie ihre Cop-Weisheiten verpackten. Es gab nämlich ein paar eherne Regeln, die man nie verletzen durfte. Wenn man zum Beispiel Fragen stellte, durfte man es sich niemals anmerken lassen, wenn einen die Antwort überraschte, weil einen so viele Antworten immer wieder auf dem falschen Fuß erwischten. Es gab Dinge, die man tun konnte, wenn man einen Fall knacken wollte, und solche, die unter keinen Umständen erlaubt waren – sowie eine dritte Kategorie, wo es auf einen Versuch ankam. Zu abstrakt? Für Bobby D'Amico war es beispielsweise völlig okay, einen Verdächtigen im Verhör mit einer Lüge kleinzukriegen: »Wir haben deine Fingerabdrücke auf dem Messer gefunden.« Was nicht ging, war eine Manipulation der Indizien, man konnte also nicht im Bericht entsprechend vermerken: *Fingerabdrücke von Max Mustermann auf Tatwaffe gefunden*. Ein Versuch der dritten Kategorie, der vor Gericht allerdings keinen Bestand hatte, war der »Lügendetektor«, den sich Ermittler selbst gebastelt hatten, um einen Täter zum Reden zu bringen. Sie hatten ihm eine Salatschüssel aus Metall auf den Kopf gesetzt, die mit allerhand bunten Kabeln versehen und an den Fotokopierer im Revier »angeschlossen« war. Im Scanner des Kopierers lag ein Zettel mit der Aufschrift *LÜGE*. Die ersten Fragen, sagte der Beamte, der das Verhör führte, seien nur als Test vorgesehen, um die Maschine zu kalibrieren.

»Okay, Joe. Sag: Ich heiße John.«

»Ich heiße John …«

Ein zweiter Cop drückte auf den Startknopf. Klick, ssssst: *LÜGE*.

»Siehst du? Die Maschine liegt niemals daneben, sie sagt uns, wenn du lügst. Noch ein Versuch. Sag: Mein Name ist Jim.«

»Mein Name ist …«

Klick, ssssst: *LÜGE*.

»Okay. Ein letzter Test noch, bevor wir richtig anfangen. Jetzt sag uns, wie du wirklich heißt.«

Nach der Antwort suchte der Detective am Kopierer demonstrativ im Ausgabefach. Aber da war nichts, nichts als die Wahrheit. Joe sah ein, dass es keinen Sinn machte, sich gegen diese überlegene Technik zu wehren, und legte ein umfassendes Geständnis ab. Die Richter aber fanden, dass man seine Dummheit ausgenutzt habe, und natürlich teile ich ihre Position. Klick, ssssst: *LÜGE*.

Ganz am Anfang seiner Karriere sollte D'Amico die Umstände eines Suizids klären; ein junger Mann hatte sich erhängt, was schlicht nach einer Tragödie aussah, bis sich die Kollegen vom 47. Revier meldeten und sagten, dass auch die Freundin des Toten vermisst werde. D'Amico und sein Partner saßen im Wagen vor der Wohnung des Verstorbenen und zögerten noch, erneut in die Privatsphäre der trauernden Familie einzudringen, als ein Typ mit dem Fahrrad auf sie zukam und ihnen steckte, was ihm der Selbstmörder eine Woche zuvor gesagt hatte: »Stell dir mal vor, ich hätte meine Braut ermordet und unter den Bodenbrettern in meinem Zimmer versteckt.« Die Cops klingelten also wieder bei der Familie und sahen sich den Fußboden im Zimmer des Toten an. Tatsächlich: Der Boden unter dem Teppich war aus Sperrholz, und eine Platte war mit Schrauben befestigt, die nagelneu aussahen. D'Amico alarmierte seinen Captain und die Spezialisten von der Notfalleinheit ESU, und dann wurde unter dem Holzboden gegraben. Ein halber Meter und immer noch nichts, der Captain guckte verlegen drein, die gesamte Familie war in einem Schockzustand, und im Zimmer des Toten sah es inzwischen aus wie in einem Kohlebergwerk.

»Bist du sicher, dass du das weiter durchziehen willst?«, erkundigte sich der Captain.

»Nur noch ein kleines Stück«, erwiderte Bobby. Dreißig Zentimeter weiter stießen sie auf Beton – und unter dem Beton auf die Leiche des Mädchens. Später stellte sich heraus, dass der Junge davon überzeugt war, dass ihn seine Freundin mit Aids angesteckt hatte. Er war noch ein letztes Mal mit ihr ins Bett gegangen und hatte sie danach erwürgt. Am folgenden Tag nahm er sich das Leben.

Die Fälle kamen wie am Fließband, manchmal waren es drei oder vier am Tag. Als Erstes studierte man die Anzeige gründlich, in der Hoffnung, dass einem auf dem Papier ein bekannter Name begegnete oder die Zeugen schon konkrete Angaben zur Identität des Täters machen konnten. Manchmal war die Angelegenheit auch schon so gut wie geklärt, wenn die Streifenbeamten den Verbrecher auf frischer Tat ertappt und gleich festgenommen hatten. Wahrscheinlicher aber war, dass die Kläger keine näheren Angaben zum Täter machen konnten, und dann ging die Suche los. Jeder Fall, egal ob weiterverfolgt oder gleich geschlossen, wurde ein Vorgang in der Verwaltung des Raubdezernats. Nur selten genügte es, die bekannten Fakten noch einmal zusammenzufassen, um einen Fall zu den Akten zu legen. Denn die Vorgaben, die für einen mustergültigen Abschluss erfüllt werden mussten, waren streng. Der Kläger musste erneut befragt werden, wenn er keine Angaben zum Täter machen konnte, und auch eine weitere Runde durch die Nachbarschaft war obligatorisch: Gab es eventuell doch Zeugen, die bislang noch nicht im Protokoll aufgetaucht waren? Am nervigsten waren Kläger, die eine Straftat angezeigt hatten, aber dann nicht zum verabredeten Termin erschienen, um eine formelle Aussage zu machen. Wenn man versuchte, sie telefonisch zu erreichen, gingen sie nicht ran oder der Anschluss war abgemeldet. Dann musste man ihnen einen Besuch abstatten, um ihnen eine weitere Gelegenheit zu geben, ihre Anzeige zu begründen. Und wenn man sie an der Adresse nicht antraf, die sie als Wohnsitz gemeldet hatten, blieb noch eine Recherche bei der Post, bei der möglicherweise eine Nachsendeanschrift hinterlegt war. Erst wenn wirklich gar nichts mehr ging, tackerte man einen Abschlussbericht an den Vorgang: *C-3 – Kläger nicht kooperativ.*

Alles musste dokumentiert werden; wenn man am Tatort eines Überfalls drei Zeugen befragte, musste dreimal das Formular 5 ausgefüllt werden, Namen, Datum, alle relevanten Informationen. Ausfüllen hieß bei uns grundsätzlich, dass mit der Schreibmaschine getippt wurde, mit Durchschlagpapier, in dreifacher Kopie, was leider bedeutete, dass Tippfehler auf den Kopien nicht korrigiert werden durften. Wenn man mit geschlossenen Augen in unser Büro kam, hörte man nur diese Kakofonie der Schreibmaschinen, ein permanentes Tippen, Ratschen, Klingeln – man kam sich vor wie in der Zeitungsredaktion in einem Film aus den Vierzigern: *Tap-tap, tap-tap-tap ... Hey, da muss die Lokalredaktion sofort ran: Lepke Buchalter ist aus Sing-Sing ausgebrochen!*[39] Das NYPD war wahrscheinlich die einzige Polizeibehörde nördlich von Tijuana, die noch mit Schreibmaschinen und Kohlepapier arbeitete. Unsere Klimaanlage funktionierte nur sporadisch, und an heißen Tagen wirbelten die großen

---

[39]
Das wäre eine Sensationsnachricht gewesen, denn Louis »Lepke« Buchalter
war der Anführer einer Verbrecherorganisation mit dem ominösen Firmennamen Murder, Inc. –
Mord AG. Auf ihr Konto gingen in den Dreißigern und frühen Vierzigern Hunderte Morde.
Buchalter wurde 1944 im Hochsicherheitsknast Sing-Sing auf dem elektrischen Stuhl hingerichtet.

Ventilatoren unter der Decke unbewachte Formulare durchs Büro wie Blätter im Herbststurm. Als wir nach der Großlage von 9/11 und der Aufholjagd bei unseren eigenen Fällen endlich wieder freinehmen konnten, ackerte ich auch zu Hause weiter durch die Unterlagen, weil wir bei der Arbeit nie genug Zeit für unseren eigentlichen Job hatten. Als John einmal vor dem enormen Papierberg auf seinem Schreibtisch saß, flippte er regelrecht aus: »Ich komme mir vor wie eine Sekretärin, verdammt noch mal, ich habe seit Monaten nicht mehr wie ein echter Cop gearbeitet.«

Die lausigen Fälle machten uns so viel Mühe, dass wir nicht genügend Zeit in die wirklich wichtigen investieren konnten, aber wir gingen auch so schon unter in den Anforderungen der Bürokratie. Da alle strampelten, um ihr Papierpensum zu schaffen, zogen wir oft alleine los, ohne Partner, wenn wir denn endlich mal rauskamen. Die Arbeitsbelastung war einfach enorm, weil wir mehr als tausend Raubüberfälle im Jahr hatten. Ich war der frische Rekrut, und da draußen tobte ein Krieg. Die Kollegen hatten Mitleid – aber keinen Trost für mich: Raubüberfälle, sagten sie mir gleich zu Beginn, sind viel schwerer aufzuklären als Morde, weil die meisten Mörder ihre Opfer kennen. Es gibt also eine Verbindung, die man finden kann, während Räuber ihre Opfer in der Regel völlig willkürlich auswählen. Was unseren Job zusätzlich erschwerte, war das Chaos der Personalplanung. Sergeant Adler bekam aus heiterem Himmel den Bescheid, dass man ihn zur Spezialeinheit für Sexualverbrechen versetzt habe. Er machte sich trotzdem keine Sorgen, weil man ihn im Laufe des vergangenen Jahres schon viermal auf einen neuen Posten verschoben hatte – und immer war die Entscheidung im letzten Augenblick wieder rückgängig gemacht worden. Doch dieses Mal zogen sie es wirklich durch, er war weg. Als Ersatz für Adler kam Sergeant Mike Guedas, der genauso verblüfft über seine Versetzung war, weil man ihn erst wenige Wochen vorher ins Rauschgiftdezernat geschickt hatte.

Trotz der schwierigen Umstände hatte ich schnell verstanden, was bei einem Fall den Durchbruch bringt: eine Aussage, Spuren am Tatort, Augenzeugen. Nichts davon liegt in der Macht des Ermittlers, es kommt, wie es kommt, und nur wenige Täter machen es uns so leicht wie der Räuber, der eine Frau auf offener Straße überfiel und dabei ein paar interessante Dinge aus der Jackentasche verlor. Nämlich einen Schnappschuss von sich selbst und einen Zettel mit seiner Adresse und einer Wegbeschreibung, wie man zu seiner Wohnung kommt. Danny hatte diesen Fall erwischt, und er war sehr froh damit. »Jetzt plustere dich nicht so auf«, lästerte ich. »Den Fall hätte doch sogar eine Cartoon-Figur wie Scooby-Doo gelöst.«

Mit der Zeit tauchten in jedem Fall wichtige Hinweise auf, etwa wenn ein anderer Verbrecher mit seinem Wissen über die Tat einen Deal aushandeln wollte, doch darauf konnte man nicht warten. Also versuchte man, mit dem verfügbaren Material zurechtzukommen – und das waren in absteigender Ordnung der Wahrscheinlichkeit: Videoaufnahmen, Fingerabdrücke, DNA-Spuren oder gestohlene Gegenstände, die sich weiterverfolgen lassen, ein Handy zum Beispiel oder eine Kreditkarte. Auch wenn immer mehr Läden eine Sicherheitskamera installiert haben, wird man höchstens in einem von fünf Fällen mit den Aufnahmen etwas anfangen können. Manche der Kameras funktionierten gar nicht und sollten nur abschreckend wirken – wie ein Schild mit der Aufschrift: *Vorsichtig, bissiger Hund!* Andere waren überhaupt nicht an ein Aufnahmegerät angeschlossen und wurden lediglich vom Kassenpersonal verwendet, um schlecht einsehbare Ecken im Laden zu überwachen. Und wenn in den Rekordern tatsächlich mal ein funktionsfähiges Band lag, war es oft so häufig überspielt worden, dass man auf den Bildern nicht mehr erkannte als auf dem Turiner Grabtuch. Einmal hatten wir nach dem Überfall auf eine Kneipe Aufnahmen von erstklassiger Qualität, doch dann drückte ein Mitarbeiter auf den falschen Knopf, und anstelle der Bilder vom Übeltäter hatten wir ein wirklich schönes Video davon, wie Danny, Matt und ich den Laden betraten. In Ermangelung guter Bilder von einer Kamera – und das war leider die Regel – zeigten wir den Zeugen die Bilder aus unserer Verbrecherdatei. Für eine Festnahme reichte es zwar aus, wenn jemand den Täter auf einem Foto erkannte, aber vor Gericht war eine Identifizierung nur dann verwertbar, wenn sie bei einer Gegenüberstellung mit Vergleichspersonen eindeutig bestätigt wurde. Mit einem überzeugenderen Beweis konnte man einen Fall nicht abschließen – der Augenzeuge schaute auf die Reihe der Kandidaten, zeigte mit seinem Finger auf den Richtigen und sagte dazu die magischen drei Worte: »Das ist er!«

Wir zeigten den Opfern Fotos auf dem Computer, in dem alle Straftäter sowie Verdächtige gespeichert waren, die seit 1997 durch das System gegangen waren. Die Präsentation auf dem Bildschirm war ein großer Fortschritt gegenüber den alten Verbrecheralben, aber die Rechner hatten auch ihre Macken und funktionierten nicht immer so, wie wir uns das vorstellten. Dasselbe konnte man natürlich auch über unsere Zeugen sagen. Wir trichterten ihnen jedes Mal ein, dass sie sich nur auf die Gesichter konzentrieren und sonstige Äußerlichkeiten – Frisur, Bart, Kopfbedeckung, Kleidung – komplett ausblenden sollten, weil die sich schnell ändern konnten. Doch ich hatte immer wieder Zeugen wie den Mann, der ein Foto lange anstarrte und dann sagte: »So ungefähr sah er aus, aber der kann es nicht sein, der Täter trug ja einen Hut.« Geduldig erklärte ich ihm, dass Straftäter bei der erkennungsdienstlichen Erfassung Hüte, Kappen, Mützen und sonstigen Kopfschmuck abnehmen müssten und dass selbst die hingebungsvollsten Träger von Hüten selbige gelegentlich ablegen würden.

»Schauen Sie sich das Gesicht noch einmal genau an und versuchen Sie, sich zu erinnern. Meinetwegen können Sie sich auch den Hut dazudenken.«

»Oh, jetzt sehe ich es, das ist er!«

Wenn man schon eine Ahnung hatte, um wen es sich bei dem Täter handeln könnte, druckte man eine Fotoreihe aus, den Verdächtigen plus ein paar ähnliche Gesichter als »Auffüller«, und legte sie dem Zeugen vor. War der Straftäter durch besondere Merkmale gezeichnet, eine auffällige Narbe auf einer Wange zum Beispiel, dann brauchte man auch bei den Auffüllern Narbengesichter – zur Not musste man auf dem Papier eben nachhelfen und den Schmiss per Hand einzeichnen. Problematisch wurde es, wenn Zeugen nur eine sehr allgemeine Beschreibung ablieferten: zwanzig Jahre, hispanische Abstammung, 1,75 Meter groß und siebzig Kilo schwer. Denn von dieser Sorte hatten wir bestimmt tausend Bilder im System, und wenn ein Opfer oder Zeuge sich da durchklicken musste, wurden die Augen schnell müde und der Täter ging in der großen Menge der Möglichkeiten einfach unter. Je mehr man über einen Raubüberfall wusste oder sich wenigstens zusammenreimen konnte, desto besser konnte man den Kreis der möglichen Verdächtigen einengen. Wenn eine Meute auf offener Straße über ein Opfer herfiel, war das meistens eine spontane Aktion von Typen aus der unmittelbaren Nachbarschaft – dann suchte man Fotos von allen Straftätern aus der Gegend heraus, die auf die Beschreibung der Zeugen passten, auch wenn sie vorher in Drogendelikte oder

Autodiebstähle verwickelt waren. Bei Einzeltätern, die gezielt ihre Opfer aus-
wählten oder Läden ausraubten, suchte man hingegen nach Spezialisten. Also
stellte man nach den Angaben der Zeugen eine Galerie von Fahndungsfotos
zusammen, die alle bekannten Räuber aus einem größeren Umkreis versammelte, etwa der gesamten Bronx oder ganz Brooklyn. Schwierig wurde es häufig, wenn Zeugen Täter einer anderen Ethnie identifizieren sollten. Es kann
einem passieren, dass ein chinesischstämmiger Bote sechs schwarze Gesichter gezeigt bekommt und voller Überzeugung sagt: »Das sind sie, alle.«

Ein Kollege hat mir empfohlen, meine Zeugen jedes Bild auf einer Skala
von eins (sieht gar nicht aus wie der Täter) bis zehn (genau so, das ist er!) ein-
stufen zu lassen. Doch dann hatte ich als Zeugin eine ältere Dame, die das
Konzept überhaupt nicht verstand. Der Räuber war ihr bis zur Haustür gefolgt, und als sie die Schlüssel aus der Handtasche kramte, hatte er sie nieder-
geschlagen und sich mit ihrer Geldbörse davongemacht. Am Computer wählte
sie zehn Gesichter aus, die infrage kamen. Ich druckte die Bilder aus und bat
sie um eine Bewertung, wie ich es gerade neu gelernt hatte. Eins bis zehn, welches Bild kam ihrem Täter am nächsten? Ich legte ihr das erste Foto hin.

»Mmm … sechs.«

»Okay, schon ähnlich, aber passt nicht ganz. Wie sieht es mit diesem hier
aus?«

»Sieben.«

»Also schon näher dran. Und dieser?«

»Neun.«

»Wirklich? Sie sind also fast sicher, dass es dieser Mann gewesen ist?«

Sie zuckte mit den Schultern. Beim nächsten Foto rief sie sofort: »Zehn!«

»Zehn – so sieht er also aus?«

»Nein, eigentlich gar nicht!«

»Aber er sieht dem Täter noch etwas ähnlicher als die neun?«

»Nein, würde ich nicht behaupten.«

Für diese Zeugin war es wie Bingo spielen – sie rief einfach Zahlen auf,
die ihr gerade in den Kopf kamen. Die Skala von eins bis zehn habe ich nach
diesem Erlebnis schnell wieder abgeschafft.

* * *

An meinem ersten Fall, dem Überfall auf Ethan Prescott, arbeitete ich wochenlang, was schon allein daran lag, dass es so schwierig war, mit ihm Kontakt aufzunehmen. Er war immer wieder zur Behandlung im Krankenhaus, dann umgezogen, und es war gar nicht so leicht, von seinem Fürsorger die neue Adresse herauszubekommen. Als ich endlich vor seiner Tür stand, schien er mich nicht zu erkennen.

»Ethan, wie geht es Ihnen? Ich bin Conlon, der Cop, der Ihren Räuber sucht.«

Er schien die Information zu verarbeiten und sagte schließlich: »Oh sorry, ich wollte ja eigentlich ... bei Ihnen vorbeikommen.«

Ich frage mich, ob er dabei war, sein Gedächtnis zu verlieren, was ja durchaus möglich war, doch dass er mein Gesicht an der Tür nicht erkannte, war seltsam. Aber dann führte er mich in seine Wohnung und lieferte die Erklärung nach: »Ich weiß nicht, ob ich Ihnen bereits gesagt hatte, dass ich schon vor dem Überfall auf einem Auge blind war. Seit dem Schlag auf den Kopf habe ich auch auf meinem anderen Auge achtzig Prozent der Sehkraft verloren. Es ist ständig entzündet, deshalb die vielen Aufenthalte im Krankenhaus. Gleichzeitig bemühe ich mich um eine Aufnahme in die Blindenförderung. Ich bin überhaupt noch nicht dazu gekommen, nach den Details der verdächtigen Kreditkartenbuchung zu suchen. Wie Sie sehen, habe ich meine Umzugskisten noch nicht ausgepackt ... und vielleicht schaffe ich das auch gar nicht mehr. Ich weiß es wirklich zu schätzen, dass Sie sich solche Mühe geben, aber ich habe im Moment andere Prioritäten, wie Sie sich vielleicht vorstellen können.«

Später gab er mir die Nummer seiner Kreditkarte am Telefon doch noch durch, aber als ich sie dem Unternehmen vorlegte, stellte sich heraus, dass vier der siebzehn erforderlichen Ziffern fehlten. Bis ich Ethan wieder an der Strippe hatte, waren auch die letzten Unterlagen zu seiner Kreditkarte nicht mehr auffindbar. Gleichzeitig wurde das Kreditinstitut von einem Konkurrenten übernommen, der wenig später mit einer anderen Bank fusionierte. Wie die Kugel im Flipperautomaten prallte ich zwischen einem Dutzend Anlaufstellen hin und her, die alle nicht zuständig sein wollten – Kundenberater, Kontobetreuer, Anwälte der betroffenen Banken und diverse Behördenvertreter. Ich hatte einen Namen, das Geburtsdatum, die Sozialversicherungsnummer, doch niemand sah sich imstande, das Konto von Ethan Prescott ausfindig zu machen, was mich rasend machte, denn ich war mir sicher, dass sie seine Kontonummer in Nullkommanix parat gehabt hätten, wenn er etwa eine Erweiterung seines Kreditrahmens beantragt hätte. Ich schrieb einen anklagenden Brief an die zuletzt zuständige Bank, mit vollem Druck auf die Tränendrüse, und endlich hatte ich die Aufmerksamkeit eines Menschen, der Nachforschungen anstellte. Leider war das Konto zu diesem Zeitpunkt längst erloschen und alle Informationen darüber, wo die Karte zuletzt verwendet worden war, waren verloren. Ich forstete alle in New York registrierten Fälle durch, in denen Kreditkarten geklaut oder gestohlene Karten zum Einkaufen verwendet wurden, doch ich fand keine Verbindung zum Überfall auf Ethan Prescott. Mitleid für das Opfer und verletzter Stolz – das waren die Antriebskräfte, die einen motivierten, nicht lockerzulassen. Wenn man Pech hatte, erwischte man eine Niete, und die Ermittlungen führten in eine Sackgasse. Mit etwas Glück brachte ein kleines Detail wie die Nummer auf einer Kreditkarte den Fahndungserfolg. Also blieb ich dran bis zuletzt, immer.

✳ ✳ ✳

Aufgrund von Vorgängen in der Verwaltung, die ich wohl nie verstehen werde, wurde das Datum meiner offiziellen Beförderung zum Detective angesetzt und wieder verschoben, wieder verkündet und noch einmal vertagt. Schließlich war ich mir nicht mehr sicher, ob es überhaupt je dazu kommen würde; bis ich Bescheid erhielt, dass es am folgenden Tag tatsächlich passieren würde. Es blieb nicht einmal mehr genug Zeit, meine Paradeuniform in die Reinigung zu bringen, es würde auch so gehen müssen. Bobby Nardi borgte mir seine Krawattenklammer, und bei John ließ ich ein Paar weiße Handschuhe mitgehen, die bei einem solchen Auftritt obligatorisch waren. Meine Geldbörse trug ich an einer Kette, die schon zur Standardausrüstung meines Onkels Eddie gehört hatte. Und dann fuhr ich in einem Cadillac vor, der eines Pat Brown würdig gewesen wäre. Der ganze Tag war der Beweis für den langen Arm der eigenen Vergangenheit, in meinem Fall gehörte dieser Arm vor allem zu meinem Vater. Dass ich hier stand, hatte ich vor allem seinen guten Ratschlägen zu verdanken – und meinem Trotz, nicht allen zu folgen.

Wir mussten bereits eine Stunde vor der eigentlichen Zeremonie erscheinen und den üblichen Hindernisparcours absolvieren, den eine Bürokratie selbstverständlich auch für eine solche Feier vorsieht – Formulare über das später zu erwartende Ruhegehalt, vom Arbeitgeber zu erstattende Kosten für Zahnersatz und Vorsorge für die nächsten Angehörigen. Eine Stunde vor der offiziellen Beförderung war eine Stellprobe angesetzt: Wir übten, in gemessenem Schritt die Bühne zu besteigen, in Richtung der Würdenträger zu salutieren und dann in einer seltsamen Pose mit gekreuzten Armen in die Mitte der Bühne zu treten. Als wir kurz vor der Zeremonie unsere Plätze einnahmen, ließ ich meinen Blick über die hinteren Reihen im Saal schweifen, eine schnelle Suche nach bekannten Gesichtern. Familie und Freunde waren da, alte Partner und neue Kollegen, John war natürlich gekommen und meine Mutter, die noch am Blitz ihrer Kamera herumfummelte ... und da: Inspector Mullen. Auch Eddie, mein alter Buddy aus der Highschool und wichtigster Vertrauter, ließ sich diese Veranstaltung nicht entgehen. Eigentlich fehlten nur noch meine zuverlässigsten Informanten, und der Reigen wäre komplett gewesen.

Es war alles zu schön, um wahr zu sein, und deshalb schien es mir absolut passend, dass die Zeremonie mit einem Film begann, der auf drei große Leinwände projiziert wurde. Präsentiert wurden Cops in Aktion, auf Streife, im Einsatz sprintend, den Samariter spielend, Menschen tröstend. Das Ganze war professionell gemacht, erstklassig gefilmt und geschnitten, und als Sprecher aus dem Off war der Schauspieler James Earl Jones zu hören. »Das ist unser NYPD ...«, begann er im selben kellertiefen Bariton, der schon Darth Vader die Stimme geliehen hatte. *Luke, ich bin dein Vater!* Der Film übertrieb es zwar ein bisschen mit der Darstellung der tollkühnen New Yorker Cops – mit ESU-Teams, die sich von Dächern abseilten, Hubschraubern in Formation über der Skyline und Patrouillenbooten im Sturm. Doch die Zuschauer genossen die Vorstellung. Dann ein abrupter Schnitt, und der Film widmete sich dem Anschlag von 9/11. Wieder brannten die Türme, wieder stürzten sie ein, und die Kamera hielt auf die dreckverkrusteten Gesichter der Polizisten im Rettungseinsatz. Es folgten Porträts der dreiundzwanzig Kollegen, die an diesem Tag am World Trade Center ums Leben gekommen waren, und wir waren alle froh, dass danach erst mal Reden geschwungen wurden, denn sonst hätten wir mit unseren roten, verheulten Augen auf die Bühne gemusst. Ich wischte mir mit meinen weißen Handschuhen über das Gesicht und dachte: Nur noch ein paar Minuten, und dann wird das Wunder der Alchemie meine Dienstmarke aus Blech in Gold verwandeln.

Weil der Polizeichef selbst verhindert war, führte sein erster Stellvertreter, Joe Dunne, durch die Veranstaltung. Ich kannte ihn von einem Gespräch vor drei Jahren, als er noch Chef der Spezialeinheit für Sexualdelikte war und ich alle Hebel in Bewegung setzen wollte, um endlich versetzt zu werden. Im Nachhinein war ich froh, dass es anders gekommen war, denn er gab mir jetzt, was ich mir immer am meisten gewünscht hatte. Dunne stand kurz vor seiner Pensionierung, und er schleppte sich durch eine Rede, die vor großen Gefühlen nur so triefte. Dann legten die neuen Detectives, Sergeants und Lieutenants ihren Eid ab. Dunne hatte ein paar Worte zu jeder Position zu sagen, am kürzesten allerdings fiel sein Kommentar zu den Detectives aus: »Kein anderer Dienstausweis auf der Welt hat einen Nimbus wie die goldene Marke des NYPD.« Unsere Namen wurden aufgerufen, wir stiegen der Reihe nach auf die Bühne und salutierten wie vorgeschrieben. Als ich vor Dunne stand, wurde mir plötzlich klar, warum wir vorher diese merkwürdige Haltung mit vor dem Körper gekreuzten Armen geübt hatten – mit der Rechten schüttelte Dunne meine Hand, während er mir mit der linken die Ernennungsurkunde überreichte. Ich muss dabei gestrahlt haben wie die goldene Dienstmarke, die ich von nun an tragen würde, denn Dunne sagte lachend: »Alle Achtung, Eddie! Sie sind bis jetzt der Einzige, der mir sein Lächeln mit auf die Bühne gebracht hat.«

Erst ein paar Wochen zuvor war mir etwas Merkwürdiges mit meiner alten Dienstmarke passiert. Meine Nummer war die 9786, und aus einem unerfindlichen Grund hatte sich die 7 gelöst und war verloren gegangen. Weil ich zu diesem Zeitpunkt sieben Jahre bei der Polizei war? Keine Ahnung, jedenfalls schauten sie mich in der Zentrale schräg an, als ich mit meiner Dienstmarke ankam. Ich hatte Eigentum des NYPD beschädigt und den Vorfall nicht sofort gemeldet. Was wäre, wenn jetzt ein Straftäter die 7 gefunden und damit eine falsche Marke fabriziert hätte? Der zuständige Beamte nahm das Stück Blech und warf es in eine Kiste. Die Verwaltung würde es reparieren lassen, und irgendwann würde es ein neuer Cop an seine Uniform stecken. Nach den vielen Jahren, in denen ich von meinen Vorgängern und Vorfahren profitiert hatte, sollte dies der erste Beitrag zu meinem Nachlass sein: eine alte Dienstmarke, ramponiert und wieder aufpoliert, die ich eine Zeit lang getragen hatte.

ACNk986

Wir von Ankerherz legen Wert auf hochwertige
Bücher und lieben es, edles Papier und Leinen
in den Händen zu halten.
Wir möchten aber auch, dass Sie unsere
Geschichten am Strand oder im
Flugzeug auf Ihrem Reader genießen können.
Mit diesem Code können Sie sich die
Geschichten ganz bequem herunterladen.

Viel Vergnügen!